# VIVACES

# VOL. 1
# VIVACES

## ROGER PHILLIPS ET MARTYN RIX

ASSISTÉS DE PETER BARNES, JAMES COMPTON ET ALISON RIX
TRADUCTION DE JÉRÔME GOUTIER, PERRINE MAILLET ET ROSELINE MANIÈRE
MISE EN PAGE DE JILL BRYAN ET GILL STOKOE

LA MAISON RUSTIQUE

# Remerciements

Les auteurs tiennent à remercier James Compton pour sa collaboration aux chapitres sur les *Labiatae* et les *Kniphofia*, Peter Barnes pour sa collaboration concernant les fougères, Brian Mathew pour les photographies d'*Iris* et d'*Acanthus*, Martin Gardiner pour les photographies prises au Chili et Jacqui Hurst pour sa participation aux prises de vues faites en studio.

La plupart des échantillons photographiés en studio proviennent des jardins dont la liste suit, et les auteurs tiennent à remercier tous ceux qui ont contribué à la réalisation de cet ouvrage :

The Crown Estate Commissioners au Savill garden, Windsor Great Park ; Jardin botanique royal, Edimbourg ; Jardin botanique royal, Kew ; Jardin de la Royal Horticultural Society, Wisley ; Jardin botanique de l'Université, Cambridge ; The Chelsea Physic Garden ; Eccleston Square, Londres ; Pépinières Washfield, Hawkhurst, Sussex ; Jardins Beth Chatto, Elmstead Market, Essex ; Middelton House, Enfield, Middlesex ; David Austin Hardy Plants ; Kelways, Langport, Somerset ; Green Farm Plants, Bentley, Hants ; Goldbrook Plants, Hoxne, Suffolk ; Hopleys Plants, Much Hadham, Herts ; Sandling Park, Hythe, Kent.

Les auteurs tiennent aussi à remercier pour leur aide, leurs encouragements ou parce qu'ils ont fait pousser les plantes photographiées : Crynan Alexander, John D'Arcy, Claire et David Austin, Bill Baker, David Barker, Igor Belolipov, Alan Bloom, John Bond, Sandra Bond, Roger Bowden, Chris Brickell, Patty Carr, Beth Chatto, Duncan Donald, John Drake, Alec Duguid, Pamela Egremont, Jack Elliot, George Fuller, Martin Furness, Jim Gardiner, Martin Gardiner, Geoffrey et Kathleen Goatcher, François Goffinet, Tony Hall, Brian Halliwell, Carolyn et Alan Hardy, Harry Hay, Diana Hewitt, Nigel Holman, Tinge Horsfall, Christopher Lloyd, John Lloyd, David McClintock, Keith MacDevette, Deborah Maclean, John et Marisa Main, Brian Mathew, Philip McMillan Browse, Michael Metianu, Bob Mitchell, Shirley Moorhead, Mikinori Ogisu, Andrew Paterson, Roger Poulett, Charles et Brigid Quest-Ritson, Richard Rix, Ted Rix, Tony Schilling, Bill Smalls, Gordon Smith, Geff Stebbings, Elizabeth Strangman, Greta Sturdza, Harriot Tennant, Ann Thatcher, Piers Trehane, Rosemary Verey, Peter Yeo.

Les auteurs tiennent enfin à remercier Brent Elliott et l'équipe de la Lindley Library pour leur aide et leur patience si bénéfiques à la préparation du texte de cet ouvrage.

N° d'édition 0418
Composition P.A.O. : Société de Composition Moderne, Toulouse.
Imprimé à Singapour par Toppan Printing Co.

# Sommaire

Pour recevoir gratuitement notre catalogue général
demandez-le à LA MAISON RUSTIQUE
la plus ancienne librairie agricole, horticole,
forestière et ménagère
librairie de l'Académie d'Agriculture
26, rue Jacob 75006 Paris

*Primula* hybrides de Candelabra et *Iris Laevigata* à Trebah, Cornouaille

# Introduction

Ce livre illustre plus de 2 500 plantes vivaces herbacées. S'il ne s'agit là que d'un petit nombre parmi les espèces qui prolifèrent dans les jardins, nous espérons toutefois présenter suffisamment de plantes couramment cultivées, ainsi qu'une sélection de raretés pour satisfaire les débutants et aiguiser l'intérêt des spécialistes. Nous nous sommes limités aux plantes assez rustiques pour supporter au moins - 5°C et rester dehors durant l'hiver. Nous ne traitons pas des plantes alpines, des plantes de rocaille, ni des plantes succulentes et des plantes de désert, ni des vivaces herbacées qui exigent une protection du froid, ni des annuelles et des bisannuelles. Tous ces végétaux seront décrits ultérieurement dans d'autres volumes de cette série.

# Photographies

Pour prendre des photographies sur le terrain, mieux vaut travailler sur trépied afin de pouvoir utiliser une vitesse d'obturation lente, donc d'obtenir l'ouverture du diaphragme la plus petite, ce qui donne une profondeur de champ accrue. En pratique, on emploie une vitesse d'1/15ᵉ de seconde, voire 1/30ᵉ ou 1/60ᵉ par vent fort.

Dans la nature, les photographies ont été prises avec un Nikon FM, en studio, avec un Bronica 120, une lentille normale et deux unités Bowen comme source lumineuse. Dans les deux cas, le film retenu est un Ektachrome 64.

# Classification

Les plantes sont classées selon leur période de floraison : printemps, début d'été, été, fin d'été et automne. Au sein de chaque groupe, les plantes sont répertoriées par famille selon un ordre botanique, de la famille des *Ranunculaceae* aux graminées et aux fougères. Quand une ou deux espèces seulement d'un genre ne fleurissent pas à la même époque que les autres espèces de ce genre, elles sont tout de même citées avec leur famille : ainsi *Iris unguicularis* qui fleurit en hiver est décrit avec tous les iris. Quand on observe chez le même

genre plusieurs groupes de floraison différente, comme chez *Anemone*, ce genre est décrit en groupes séparés. La période de floraison mentionnée est celle qui se produit dans la nature ; elle diffère évidemment de celle observée dans les jardins du globe. Les espèces d'un même genre sont citées par ordre alphabétique.

Nous avons adopté la classification des familles traditionnelle que donnent P. H. Davis et J. Cullen dans *The Identification of Flowering Plant Families*. Elle correspond à peu près à celle de Clapham, Tutin et Warburg dans *Flora of the British Isles* et celle de P. A. Munz dans *A California Flora*, mais diffère radicalement de l'ordre modifié préconisé par Engler et Prantle dans *European Garden Flora*.

# Nomenclature des plantes

Le nom vernaculaire n'apparaît que pour les plantes très répandues dans notre pays. Toutes les plantes sont mentionnées par leur nom botanique en latin. Ainsi, prenons l'exemple de *Primula florindae* Kingdon-Ward 'Rubra' (*Primulaceae*) : le premier nom est celui du genre, *Primula*. Il est suivi du nom spécifique, qui est souvent

James Compton et John d'Arcy à Carlyle's Hock, Province du Cap

descriptif ou fait allusion à l'habitat ou à la personne à l'origine de sa culture : ici, *florindae* fait allusion à Florinda, première femme de Frank Kingdon Ward qui a découvert et cultivé cette plante. (*Lilium macklinae* doit son nom spécifique à sa seconde femme, Jean, née Macklin). Vient ensuite le nom de l'auteur de l'espèce, ici Kingdon-Ward. Il est souvent abrégé : ainsi, L. évoque Linnée dont l'ouvrage *Species Plantarum* (1753) servit de point de départ à la classification botanique. En outre, une plante cultivée peut avoir un nom de cultivar, faisant référence à une variété particulière de l'espèce, généralement un clone, ou bien comme ici, à une mutation de couleur reproduite par semis. Le nom du cultivar est entouré d'une apostrophe, comme 'Rubra', qui signifie rouge. Le nom des cultivars n'est pas forcément en latin : ainsi 'Normandie' ou 'Gei-sho-ui', deux iris. Le nom de la plante est suivi du nom de la famille (en latin, finissant par *ae*). Les noms latins s'écrivent en italique tandis que les noms vernaculaires ou les noms des cultivars sont en caractères romains.

Nous avons adopté les noms employés par Piers Trehane dans *Index Hortensis, Volume I : Perennials*, un excellent ouvrage qui est une source pratique pour les noms de toutes les plantes vivaces, dont les bulbes et les plantes alpines, et qui contient également dans son introduction des détails supplémentaires sur la nomenclature des plantes. Dans ce livre, les genres sont décrits avec leur nom le plus courant (ainsi pour *Polygonum*), le nom employé par Trehane figurant toujours comme alternative. Pour les genres moins importants, nous retenons ici le nom le plus familier : *Peltiphyllum* Engler par exemple au lieu de *Darmera* Voss. Toutefois, nous nous sommes efforcé d'adopter les noms spécifiques les plus récents ; de toute façon, en cas de changement de nom d'espèce, il est aisé de retrouver l'équivalent à partir du moment où le nom spécifique figure avec le nom de l'auteur. Pour une plante bien connue, mieux vaut souvent ne pas retenir le nom spécifique dernièrement créé, car on revient souvent à sa dénomination précédente.

## Description des plantes

Pour chaque plante, sont mentionnés son origine, son habitat, sa distribution et sa période de floraison dans la nature. Ceci afin d'aider, non seulement le voyageur curieux de voir ces plantes dans leur élément naturel, mais aussi le jardinier désireux de cultiver ces plantes au mieux sous son climat. Souvent nous avons ajouté de brefs conseils de culture, en annexe à la description de l'habitat, description aussi détaillée que possible, faite en tenant compte de notre expérience ainsi que des renseignements pris dans les flores locales.

Pour chaque plante, le texte, volontairement sommaire, n'est là que comme complément de la photographie pour aider à l'identification.

## Rusticité

Toutes les plantes décrites dans ce livre peuvent être cultivées en Europe, moyennant des précautions. Dans les régions à climat froid, les plantes herbacées caduques gagnent à être protégées en hiver sous un paillage très épais. On améliore les chances de survie des plantes de rusticité incertaine en leur offrant un sol très bien drainé et en les maintenant le plus possible au sec durant l'hiver. Au sein d'une même espèce, il existe de grandes variations concernant la rusticité. En outre, de nombreuses plantes ne tolèrent pas la chaleur en été. L'habitat originel et la distribution d'une espèce renseignent sur son aptitude à supporter la chaleur. En général, les plantes qui tolèrent le moins chaleur ou sécheresse estivales sont celles qui viennent de l'Himalaya ou de régions à climat très humide l'été comme la Nouvelle-Zélande.

Le tableau ci-contre compare les températures minimales (en degrés Fahrenheit et Celsius) des zones de rusticité, établies pour l'Amérique du Nord par le département de l'Agriculture des Etats-Unis, avec les zones européennes décrites dans *European Garden Flora*. Le système californien employé entre autre dans le *New Western Garden Book* est plus complexe, mais il faut noter que, pour les amateurs de vivaces, les notions de chaleur et sécheresse sont des facteurs tout aussi importants que celles du froid.

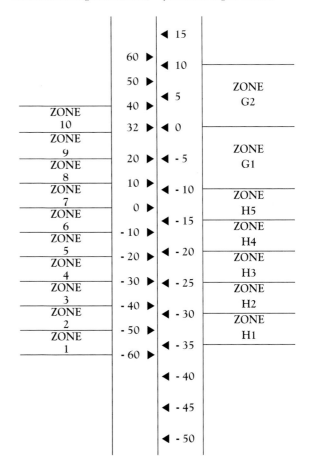

Zones établies par le département de l'Agriculture des Etats-Unis (moyenne annuelle des températures minimales en degrés Farenheit)

Zones décrites par *European Garden Flora* (moyenne des températures minimales de janvier en degrés Celsius)

| USDA | °F | °C | EGF |
|---|---|---|---|
| | | ◄ 15 | |
| 60 ► | | ◄ 10 | |
| 50 ► | | | ZONE G2 |
| 40 ► | | ◄ 5 | |
| ZONE 10 | 32 ► | ◄ 0 | |
| ZONE 9 | 20 ► | ◄ -5 | ZONE G1 |
| ZONE 8 | 10 ► | ◄ -10 | |
| ZONE 7 | 0 ► | | ZONE H5 |
| ZONE 6 | -10 ► | ◄ -15 | ZONE H4 |
| ZONE 5 | -20 ► | ◄ -20 | ZONE H3 |
| ZONE 4 | -30 ► | ◄ -25 | ZONE H2 |
| ZONE 3 | -40 ► | ◄ -30 | ZONE H1 |
| ZONE 2 | -50 ► | ◄ -35 | |
| ZONE 1 | -60 ► | | |
| | | ◄ -40 | |
| | | ◄ -45 | |
| | | ◄ -50 | |

« Jardin de lupins » à Chatsworth

*Rodgersia podophylla* dans son coloris automnal

## Les vivaces herbacées dans leur élément naturel

Les plantes vivaces rustiques de nos jardins viennent de régions à climat tempéré de toutes les parties du monde, la plupart étant issues de régions à hivers froids et secs, et étés humides. Certaines plantes exigent de l'humidité en hiver et au printemps et tolèrent la sécheresse estivale : ce sont surtout des plantes bulbeuses ou annuelles, issues d'Asie centrale ou occidentale, des régions méditerranéennes d'Europe ou du sud-ouest de l'Amérique du Nord. Les plantes qui survivent dans ces climats s'avèrent très précieuses pour des régions arides comme le sud de la Californie ou le sud de l'Europe, où l'arrosage est souvent soumis à des restrictions. Parmi ces plantes, beaucoup ont des racines renflées, comme les iris barbus, pivoines et gypsophiles, leur permettant de survivre à des périodes de sécheresse. Voici, pour les principales plantes vivaces cultivées, l'habitat originel ainsi que les conditions requises pour une croissance optimale.

**Anémones du Japon** – Chine, sur roches, escarpements, à l'ombre ; étés humides.

**Asters** – Amérique du Nord, en bois et sur prairies ; étés humides.

**Astilbes** – Chine et Japon, sur roches humides, au bord de ruisseaux ; étés humides.

**Delphiniums** – Europe centrale, en bois et sur pelouses subalpins, au sol riche mais bien drainé ; étés humides.

**Hémérocalles** – Chine et Japon, sur prairies marécageuses et pentes rocailleuses ; étés humides.

**Hostas** – Japon et Chine, en bois, sur roches et sur escarpements à l'ombre ; étés humides et nuageux.

**Iris barbus** – Europe de l'Est et Asie occidentale, sur pentes rocailleuses ; printemps humides, étés secs.

**Kniphofias** – Afrique du Sud, sur sols tourbeux ou sablonneux, humides, souvent en marécages ; étés humides, hivers secs.

**Nénuphars** – Europe et Amérique du Nord, dans l'eau stagnante.

**Œillets** – Sud de l'Europe, sur roches, escarpements et vieux murs ; étés secs.

**Penstémons** – Mexique, Amérique du Nord, sur habitats variés, souvent en sol sec et rocailleux.

**Pivoines** (*Paeonia lactiflora*) – Sibérie, Nord de la Chine, sur prairies et fourrés clairs au sol riche et profond ; étés pluvieux, hivers très froids.

**Primevères** – Europe et Asie occidentale, en bois et sur roches à l'ombre, souvent en sol lourd ; étés humides.

Dans la nature, les plantes herbacées entrent en compétition pour l'eau et la lumière avec les arbres et les arbustes. La plupart de celles qui s'épanouissent tôt au printemps poussent en bois de caducs, et fleurissent avant la naissance des feuilles sur les arbres. Ainsi survivent-elles en été avec très peu de lumière ; et en fait, sous l'assaut du soleil ou d'un vent sec en été, elles risquent de brûler et de mourir rapidement ; il est souvent aussi important d'offrir aux plantes un emplacement à l'abri du vent qu'un lieu humide l'été. Certaines plantes prolifèrent en des lieux où les arbres ne peuvent pousser, comme sur les steppes arides ; elles exigent un emplacement dégagé en plein soleil et, supportent généralement bien les sécheresses estivales. On trouve également de petites colonies de vivaces herbacées le long des ruisseaux en sous-bois très humide, sur des roches en milieu sec ou humide, dans des couloirs d'avalanche ou en zones d'éboulis où les glissements de terrain sont fréquents. Les plantes de prairies ou de montagne au-dessus de la limite des arbres doivent supporter le pâturage ; elles se révèlent souvent épineuses, toxiques ou désagréables au goût, comme les delphiniums, les primevères, les chardons maritimes, les hémérocalles … La plupart de ces plantes aiment bénéficier d'humidité au niveau des racines en été, tandis que leurs parties aériennes réclament soleil et vent. Ce sont surtout les plantes originaires des montagnes au climat très nuageux comme l'Himalaya qui supportent l'ombre au jardin durant l'été. Mais comme elles tolèrent mal la chaleur, il est bien difficile de les acclimater dans les régions de plaines aux étés chauds.

## Multiplication

Pour la majorité des vivaces, celles qui forment des touffes multiples, le plus simple est de les multiplier par division de ces touffes. On opère au printemps sous climat humide, en automne dans les régions où le printemps et l'été sont assez secs. Mieux vaut procéder tôt pour la division (ou la plantation de pieds achetés) : ainsi, les plantes ont du temps pour s'établir avant d'affronter la chaleur de l'été. Dans les régions aux hivers humides et où l'on peut arroser en été, il est souhaitable de diviser les plantes au printemps afin d'éviter la pourriture qui sévirait chez les jeunes plants mis en place en hiver. Pour diviser une plante, rien n'est plus simple : il suffit d'arracher les parties périphériques des touffes à la bêche et de les fragmenter à la main ou avec un outil si ce n'est pas possible.

Anémones, agapanthes et sedums

Ravissante union de feuillages à Barnsley House

Mais toutes les plantes ne sont pas ainsi dotées de rhizomes ramifiés ou de racines fibreuses permettant cette division. Certaines se caractérisent en effet par une racine pivotante, profonde, charnue, au sommet de laquelle naît une rosette de feuilles. C'est le cas des pavots d'Orient, des acanthes et des anémones du Japon. Pour ces plantes, la transplantation est difficile et la reprise lente. Elles se multiplient cependant fort bien par boutures de racines ; on tronçonne celles-ci en fragments de quelques centimètres, fragments que l'on met à enraciner dans le bon sens, au sein d'un substrat sablonneux. Cette multiplication s'effectue en automne, la mise en place des jeunes plants, au printemps, une fois qu'ils sont bien enracinés. Le bouturage des tiges s'avère précieux pour les plantes qui présentent une souche radiculaire dense et de nombreuses tiges persistantes pour celles qui sont ligneuses à la base et ne se prêtent donc pas à la division. C'est le cas des œillets, des giroflées comme le cv. 'Bowles Mauve', de l'origan et du diascia. Les boutures se font en plein été, dans un lieu ombragé, maintenu humide jusqu'à l'enracinement. En procédant tôt, les plantes ont le temps de bien se développer avant l'hiver et ainsi de mieux résister.

Pour les espèces difficiles à multiplier par boutures ou division, reste le semis. En général, mieux vaut semer dès que l'on récolte les graines ; chez de nombreuses plantes de sous-bois en effet, comme l'épimédium, le corydalis et de nombreuses primevères, les graines perdent leur viabilité très rapidement et il faut, si possible, les conserver en un lieu humide entre la récolte et le semis. Certaines semences au contraire exigent pour germer une période de froid après le semis ; semées en été ou en automne, ces graines ne lèveront qu'au printemps. Pour germer, certaines graines réclament en outre une période chaude et humide, suivie d'une période froide ; quelques-unes exigent même d'être légèrement brûlées. Il est donc bien difficile de savoir les conditions exactes requises pour le semis d'une espèce ; il faut pour cela se référer à un catalogue de graines bien détaillé. Dans le doute, mieux vaut semer les graines juste après leur récolte et, si elles ne germent pas de suite, les laisser au froid durant l'hiver.

# Les plantes vivaces au jardin

Les plantes vivaces trouvent traditionnellement leur place dans les plates-bandes qui peuvent être, comme Outre-Manche, longues et rectangulaires, souvent par deux, séparées par une allée engazonnée et adossées à une haie d'if. Ces massifs sont entièrement dévolus aux vivaces herbacées pour la bonne raison que l'on peut les désherber et les enrichir de fumier au printemps alors que l'on arrache les vivaces pour les diviser et les replanter. Si ces plates-bandes restent complètement dénudées en hiver, elles s'avèrent fort décoratives et colorées durant toute la belle saison, avec l'emploi judicieux d'annuelles pour combler les zones défleuries et dégarnies. C'est le type même des *mixed-borders* anglaises des années 1900, composées d'énormes buissons de pivoines, d'épis géants de delphiniums parmi des nuages de gypsophile. De nos jours, il reste encore de beaux parterres de ce type dans quelques jardins privés de

Bordure de lavande à Mottisfont

*Plate-bande à Crathes Castle, Arberdeenshire*

Grande-Bretagne, ainsi, par exemple, à Newby Hall dans le Yorkshire et Pitmedden près d'Aberdeen.

Aujourd'hui, les vivaces se plantent de diverses façons : dans un massif, en compagnie d'arbustes, annuelles et bulbes ; sur une prairie jardin ou en groupes sur une pelouse bien rase ; dans les fentes d'un mur ou fichées sur une pente rocailleuse ; comme couvre-sol, voire pour constituer une haie. Il existe des plantes adaptées pour les lieux les plus humides, même détrempés, comme pour les endroits les plus secs.

Mais un bel effet ne peut être obtenu que si les plantes vivaces se plaisent vraiment là où elles sont installées et si elles sont heureusement associées entre elles.

## Associations de plantes au jardin

L'engouement récent pour les vivaces au jardin remonte à 1870, date à laquelle un Irlandais de Stradbally, William Robinson, eut beaucoup de succès avec son livre, *The Wild Garden* (*Le Jardin naturel*). Il préconisait la plantation de fleurs sauvages et de grandes vivaces herbacées sur la pelouse ou au pied des arbustes, comme la pivoine à fleurs doubles, rouges, *Pæonia officinalis* 'Rubra Plena', ainsi que la création de grandes scènes de jonquilles, anémones, ou autres bulbes. Si Robinson échoua à mettre ses idées en pratique

*Polemonium* 'Lambrook Manor'

dans son propre jardin de Gravetye Manor sur une terre argileuse très lourde, il y réussit avec bonheur dans d'autres jardins : ainsi, à Mells Park dans le Somerset, il planta des pivoines, pulmonaires et *Epimedium alpinum* qui survivent toujours. Les conceptions de Robinson naquirent à point nommé, à un moment où sévissait une polémique sur l'emploi forcené de plantes gélives dans les massifs des jardins de cette époque. Dans *The Wild Garden*, une illustration intitulée *Un heureux hasard* dévoile une belle association de *Myrrhis odorata*, *Campanula persicifolia* blanches et *Campanula alliariifolia*. Dans une édition ultérieure de 1894, un passage intéressant mentionne une liste de plantes que G. F. Wilson avait adoptées dans son « jardin naturel » récemment créé à Wisley : *Lilium superbum*, *Galax aphylla*, *Gentiana asclepiadea*, des vivaces toujours appréciées de nos jours. Quand on disait à Wilson que « Wisley était fascinant mais n'avait rien d'un jardin », celui-ci répliquait : « j'estime que ce jardin doit être un lieu où prolifèrent comme dans la nature les plantes de toutes les parties du monde ».

Les conceptions de Robinson furent reprises plus tard par Gertrude Jekyll, qui était une artiste avant de s'intéresser au paysagisme vers 1880 ; l'influence se remarque dans son livre *Colour Schemes in the Flower Garden*, publié en 1911, et dans ses travaux en collaboration avec l'architecte en vogue, Edwin Lutyens. Elle dessinait en effet les jardins des maisons qu'il avait conçues, et s'attachait avant tout à « imaginer des scènes vivantes avec des fleurs simples, bien connues ».

Si Jekyll a été l'une des premières à envisager des massifs d'une seule couleur, elle reconnaissait en même temps la nécessité d'une certaine souplesse. Ainsi : « Un jardin bleu, pour l'amour de la beauté, gagne à être égayé d'une note blanche avec des lis, ou d'un tendre jaune pâle. » Certaines de ses idées d'associations de plantes méritent d'être décrites ici. Pour un massif printanier, elle préconisait l'emploi de fougères en grand nombre, comme *Dryopteris filix-mas*, parsemées d'hellébores, de bulbes, de Bergenia et de taches de *Valeriana phu* 'Aurea', en prenant soin de bien séparer les roses et les jaunes. Elle adorait les plantes à feuillage argenté et celles intéressantes par la forme de leurs feuilles comme le yucca, l'acanthe, *Bergenia*, le crambé et *Aesculus parviflora*. Dans son parterre gris, elle recommandait *Eryngium*, *Echinops*, *Gypsophila*, l'héliotrope bleu pâle (que Robinson aurait approuvé) et des delphiniums mauve pâle. Elle mariait les iris aux népétas, lupins, roses anciennes et œillets. C'est probablement à cause de leur manque de subtilité qu'elle n'appréciait pas les hostas, alors dénommés *Funkia*, bien qu'il en existât déjà de nombreuses variétés. Autre absente remarquée dans ses listes, l'alchémille (*Alchemilla mollis*), désormais si employée dans les massifs. Originaire des régions de l'Autriche à la Turquie (Ulu Drag), cette plante fut introduite en Grande-Bretagne en 1874, mais elle ne figure pas chez Robinson ni dans le catalogue remarquable de Gauntlett, *Hardy Plants Worth Growing*, paru vers 1930. En 1948, W. T. Stearn recommande l'alchémille aux jardiniers, mais ce n'est que dans les années 1960 que la plante acquit une réelle popularité, après avoir reçu l'Award of Merit de la Royal Horticultural Society lors de sa présentation par les Pépinières Sunningdale en 1958. Il existe toutefois une photographie prise à Hidcote dans les années 1920, qui montre une grande plantation d'alchémilles.

E. A. Bowles, l'un des écrivains les plus célèbres du début du vingtième siècle, connaissait mieux les plantes que Jekyll ; il adorait les plantes rares, inhabituelles, ainsi que les mutations fortuites, et rendait compte de ses expériences à travers ses livres et sa longue collaboration avec la Royal Horticultural Society.

Avec ses écrits sur le jardin du château de Sissinghurst, qui demeure toujours l'un des plus beaux jardins de plantes herbacées au monde, Vita Sackville-West fut vraiment un précurseur, s'intéressant aussi bien aux plantes rares qu'à la redécouverte des plantes anciennes et à la façon de planter avec art. Dans un cadre formel, Sissinghurst propose des massifs simples, dénués de toute prétention, avec des plantes décoratives par leur effet artistique, mais aussi beaucoup de plantes rares, fort intéressantes. Vita Sackville-West s'intéressait aussi beaucoup aux roses anciennes, démodées, et elle les employa avec bonheur dans de nombreuses parties du jardin. Le jardin de Crathes Castle au nord-est de l'Ecosse présente une structure aussi formelle avec, outre de splendides plates-bandes vivaces, une très belle collection d'arbustes rares.

Hidcote, autre grand jardin créé en 1903 par un Américain, Lawrence Johnston, fut aussi une source d'influences si l'on en juge par le nombre de vivaces qui portent ce nom. Johnston possédait aussi un grand jardin dans le Midi de la France, la Serre de la Madone, où il put introduire de nouvelles plantes. L'importance d'Hidcote vient de la création de tout un ensemble de jardins clos de haies, mais aussi de sa réputation d'être un lieu où de nouvelles plantes ont fait leur preuve.

Sissinghurst, Hidcote et Crathes dépendent du National Trust, organisme qui prend en charge de nombreux jardins Outre-Manche. Du fait de son statut de conseiller horticole au National Trust, et grâce à ses livres à partir de 1940, Graham Thomas eut une influence importante sur le jardinage. Avec des ouvrages sur les roses anciennes, les vivaces, les couvre-sol, et l'art des plantations, ouvrages qui sont tous devenus des classiques, il remit au goût du jour les théories de Robinson, Jekyll et Sackville-West.

La mode des jardins de curé, connus par leur profusion extrême de plantes simples, on la doit à Margery Fish qui était journaliste avant de s'intéresser avec son mari, aux abords de la retraite, à leur jardin de Lambrook Manor. Douée d'un grand enthousiasme, elle eut plein d'idées d'associations étonnantes avec des feuillages panachés, pourpres ou argentés. Les nombreux cultivars qui portent le nom de son jardin sont la preuve de sa compétence pour découvrir des plantes remarquables. *Polemonium* 'Lambrook Manor' montré ici, est une de ses sélections, sans être pour autant forcément originaire de son jardin.

De nos jours, la mode des vivaces naît de l'influence des jardins et des pépinières. A Great Dixter dans le Sussex, Christopher Lloyd a créé de superbes prairies jardins. A travers ses articles hebdomadaires dans *Country Life*, il a popularisé maintes plantes et déconseillé certaines.

Alan Bloom et son fils Adrian possèdent probablement la plus grande collection de plantes vivaces dans leurs pépinières de Bressingham dans le Norfolk. Depuis de nombreuses années, Alan Bloom s'efforce d'introduire de nouvelles plantes en culture et de créer des hybrides chez des genres non encore recherchés, comme *Aconitum* 'Ivorine', forme à floraison précoce et à port compact avec de nombreuses tiges. Ce fut aussi l'un des premiers à suggérer la création sur une pelouse d'îlots informels de vivaces, soigneusement choisies de hauteurs progressives de façon à éviter le tuteurage (les grandes plantes, adoptées pour leur vigueur, se trouvant au centre, avec des vivaces plus petites sur les bords). On en voit de bons exemples dans les jardins de Bressingham.

Beth Chatto suit une démarche similaire à travers sa pépinière, judicieusement appelée Unusual Plants, son propre jardin, ses écrits

Massif de vivaces à Great Dixter, Sussex

et ses lectures ; pour rechercher le meilleur effet, elle n'hésite pas à marier des plantes à silhouette horizontale avec des plantes à port vertical, ni à combiner différents feuillages et divers coloris. Ainsi fait-elle connaître maintes plantes grâce à sa pépinière.

Aux Etats-Unis, les pépinières White Flower Farm de Litchfield, dans le Connecticut jouent un rôle semblable en proposant deux fois par an un joli catalogue qui fourmille d'intéressantes vivaces et de conseils de culture pour les jardiniers américains. En cette fin de siècle, les Etats-Unis peuvent aussi revendiquer de grands obtenteurs de plantes, surtout pour les hémérocalles, les hostas, les iris barbus et les iris *spuria*. Ces dix dernières années, en Amérique du Nord, comme en Europe, on note un accroissement constant de l'intérêt pour les vivaces rustiques.

*Lysimachia ephemerum* parmi des rosiers

*Trollius europaeus dans le Perthshire*

## Associations naturelles de plantes

Un mariage heureux de plantes tient à plusieurs choses : les plantes choisies doivent avoir les mêmes exigences de culture, la texture de leur feuillage doit joliment contraster et les coloris de leurs fleurs doivent bien s'harmoniser. En outre, il convient que les plantes aient une vigueur comparable afin d'éviter que des espèces de végétation plus faible ne soient étouffées par des plantes plus robustes. Bien que la durée de floraison d'une plate-bande soit généralement limitée à quelques semaines, il est possible toutefois de prolonger l'intérêt du massif du printemps à l'automne, avec un choix convenable d'espèces : les bulbes printaniers comme les perce-neige ou les aconits tolèrent en effet d'être recouverts à la belle saison par des plantes herbacées à floraison estivale. En outre, les vivaces à floraison précoce comme les pavots d'Orient peuvent être relayées par des plantes à floraison plus tardive. Le coloris des massifs peut changer à travers les saisons : il peut offrir par exemple des bleus moyens et des jaunes vifs acides au printemps, puis des teintes rafraîchissantes (rose, gris et bleu) en été, enfin des tons chauds (orange, rouge et jaune) en automne.

Outre les jolies unions de coloris et de feuillages, on peut aussi rechercher l'association de plantes issues des mêmes lieux géographiques. Voici quelques exemples, faciles à reproduire, qui mêlent aussi des bulbes et quelques arbustes nains.

**1. Prairie caucasienne** – Mariage de plantes familières, herbacées et bulbeuses, issues du Caucase et du nord de la Turquie. Sol riche, bien drainé, humide en été. Espèces typiques : *Galanthus, Scilla siberica, Cyclamen coum, Iris histrioides, Omphalodes cappadocica, Helleborus orientalis, Brunnera macrophylla, Hesperis matronalis, Lilium monadelphum, Campanula lactiflora, Campanula alliariifolia, Geranium psilostemon, Geranium platypetalum* (et autres espèces), *Salvia forskahlii, Pæonia mlokosewitscii, Cephalaria gigantea, Telekia speciosa, Gentiana asclepiadea, Colchicum speciosum, Crocus speciosus.*

**2. Pelouses subalpines d'Europe du Nord** – Association fréquente aux pieds des Alpes et, sous une forme moins opulente, sur les collines calcaires du nord de la Grande-Bretagne. Espèces typiques : *Leucojum vernum, Crocus vernus, Erythronium dens-canis, Narcissus poeticus, Narcissus pseudonarcissus, Geranium pratense, sylvaticum et phæum, Aquilegia alpina, Aquilegia atrata, Salvia glutinosa, Ranunculus aconitifolius, Trollius europaeus, Lunaria rediviva, Pulmonaria* (plusieurs espèces), *Campanula latifolia, Colchicum autumnale.*

**3. Bois de caducs humides d'Amérique du Nord** – Association répandue du sud du Canada à la Géorgie et sur les Appalaches. Espèces à floraison printanière pour la plupart. Humus acide, humide en été. Espèces typiques : *Erythronium americanum, Trillium grandiflorum, Trillium erectum, Dicentra eximea et canadensis, Adiantum pedatum, Clintonia umbellulata, Mertensia virginica, Tiarella cordifolia, Podophyllum peltatum, Phlox ovata, Veratrum viride* (en lieu humide), *Lilium canadense* (en lieu humide), *Similacina racemosa, Geranium maculatum, Actæa rubra et alba, Cimicifuga racemosa, Aquilegia canadensis* (en lieu sec), *Monarda didyma, Gillenia trifoliata, Helianthus decapetalus, Matteuccia pensylvanica.*

**4. Prairie humide de l'Himalaya** – Association répandue dans les clairières ou au-dessus de la limite des arbres dans les régions du centre et de l'est de l'Himalaya et dans l'ouest de la Chine. Etés frais, extrêmement pluvieux, hivers froids et secs. Sol tourbeux, acide ou neutre. Espèces typiques : *Primula* (nombreuses espèces), *Meconopsis* (nombreuses espèces), *Thalictrum chelidonii, Ligularia* sp., *Polygonum macrophyllum, Euphorbia griffithii, E. shillingii et E. wallichiana, Rodgersia* sp., *Iris clarkei et delavayi, Aconitum* sp., *Codonopsis* sp., *Allium wallichii, Hemerocallis forrestii, Nomocharis* sp., *Rheum alexandræ.*

**5. Pente sèche méditerranéenne** – Habitat à étés chauds et secs, hivers et printemps frais et humides. Association comportant des arbustes nains (lavandes, cistes), des annuelles, des bulbes et des vivaces parmi lesquelles : *Iris* (types barbus), *Pæonia rhodia et arietina, Stipa gigantea, Asphodeline lutea, Echinops ritro, Centranthus ruber, Origanum* sp., *Convolvulus althæoides, Euphorbia characias, rigida et myrsinites, Erysimum* sp., *Cheiranthus* sp., *Acanthus spinosus, Phlomis lychnitis, Anchusa azurea, Dictamnus albus.*

**6. Bois secs d'Europe** – Habitat répandu en Italie et au sud de l'Europe, sec en été et souvent très ombragé (conditions très difficiles dans les jardins). Espèces typiques : *Geranium macrorrhizum et nodosum, Lithospermum purpureocæruleum, Epimedium alpinum, Doronicum orientale, Vinca difformis, et V. minor, Acanthus mollis, Iris graminea, Ranunculus creticus, Cyclamen* sp., *Anemone blanda, Digitalis lævigata.*

**7. Bois secs de Californie** – Conditions semblables aux bois secs d'Europe, mais bulbes davantage répandus, spécialement *Erythronium.* Grande quantité d'espèces à fleurs rouge vif dues à l'importance des colibris comme pollinisateurs dans ces régions. Espèces typiques : *Aquilegia formosa, Dicentra formosa, Delphinium cardinale, Ipomopsis aggregata, Vancouveria chrysantha, Heuchera* sp., *Iris innominata* et la section des *Californicæ, Geranium richardsonii.*

*Athyrium niponicum 'Pictum', une jolie forme*

# INTRODUCTION

Etendue de *Geranium clarkei Nepeta* et *Pedicularis* dans le Cachemire

**8. Steppe d'Asie centrale** – Type d'habitat s'étendant de la Turquie centrale au nord-ouest de la Chine et à la Mongolie. Étés chauds et secs, hivers froids et gelés, saison de croissance limitée à quelques semaines en automne et printemps écourté. Flore très riche, comportant de nombreux bulbes et les vivaces suivantes, résistant à la sécheresse : surtout *Pæonia anomala* et *Tulipa fosterana*, et aussi, *Iris albertii* et *I. scariosa*, *Iris spuria* en lieu humide, *Gypsophila paniculata*, *Eremostachys* sp., *Salvia* sp., *Eremurus* sp. (voir *Bulbes*), *Limonium platyphyllum*, *Perovskia atriplicifolia*, *Althaea rugosa*, *Achillea filipendulina*, *Ligularia macrophylla*.

**9. « Prairie » et prés d'Amérique du Nord** – Habitat répandu sur sols très superficiels et en clairières enherbées ou marécageuses, à l'est des Appalaches où la végétation naturelle consistait en la forêt pour une grande part, mais habitat plus fréquent dans le Midwest, plus aride. Espèces typiques : *Phlox maculata*, *Aster novæ-angliæ*, *Coreopsis verticillata*, *Asclepias tuberosa* (en lieu sec), *Solidago* sp., *Echinacea purpurea*, *Lobelia cardinalis* (le long de ruisseaux), *œnothera speciosa*, *Veronicastrum virginicum*, *Helianthus* sp., surtout *Helianthus salicifolius*, *Lupinus perennis*.

**10. Prairie « tussock » de Nouvelle-Zélande** – Type d'habitat surtout répandu en montagne, principalement dans l'île du Sud. Végétation dominée par des touffes d'herbes et de carex. Sols tourbeux, humides l'été. Espèces typiques : *Ranunculus lyallii*, *Astelia nervosa*, *Celmisia* sp., surtout *Celmisia spectabilis* à haute altitude, *Aciphylla* sp., *Phormium cookianum*, *Acaena microphylla*, *Carex flabellata*.

**11. Bois de Chine occidentale** – Les anciennes forêts du Mont Omei et d'autres régions du Sichuan occidental comportent de nombreuses plantes endémiques ainsi que des animaux comme le grand panda. Bois très denses, chauds et humides l'été, plus secs et plus ensoleillés l'hiver, avec plusieurs espèces d'*Acer*, *Corylopsis*, *Styrax* et de nombreux autres jolis arbres et arbustes. Sols très riches en humus, mais aussi souvent sur roches calcaires. Espèces typiques : *Epimedium acuminatum* et *E. davidii*, *Corydalis flexuosa* et autres espèces, *Adiantum venustum*, *Anemone flaccida*, *A. davidii* et *A. tomentosa*, *Cardiocrinum yunnanense*, *Paris polyphylla*, *Meehania fargesii*, *Sanicula* sp., *Paeonia mairei*, *Primula* sp., *Tiarella polyphylla*, *Iris japonica* (en lieux moins sombres), *Hosta* sp., *Rodgersia æsculifolia*.

**12. Pelouses du Drakensberg** – Les plus hauts sommets des montagnes du Drakensberg dans le Natal comportent des prés d'une flore riche, maintenue par des mises à feu régulières et raisonnées en fin d'hiver. Sols souvent tourbeux, sur un sous-sol graveleux. Orages fréquents l'après-midi en été. Nombreuses espèces familières le long des ruisseaux ou en lieux marécageux. Plantes bulbeuses fréquentes comme *Cyrtanthus*, *Dierama*, *Gladiolus*, *Moraea*, *Watsonia*. *Rhodohypoxis* en sols tourbeux, humides, superficiels. Vivaces herbacées : *Kniphofia*, *Agapanthus*, *Diascia*, *Phygelius*, *Leonotis* (en lieu sec), *Glumicalyx gosoleoides*.

Massif coloré en fin de printemps

# HELLÉBORES

Helleborus fœtidus

Helleborus fœtidus
'Wester Flisk'

Helleborus vesicarius

Helleborus × nigercors

Helleborus lividus

Helleborus purpurascens

Helleborus niger

Helleborus argutifolius

Photos prises le 10 fév. Réduction à 50 %

# HELLÉBORES

Helleborus niger dans le jardin botanique de l'Université, Cambridge

Helleborus × nigercors 'Alabaster'

Helleborus × nigristern

Helleborus lividus 'Boughton's Beauty'

**Helleborus argutifolius** Viv. syn. *H. corsicus* Willd., *H. lividus* subsp. *corsicus* (Willd.) Tutin (*Ranunculaceae*) – Or, Corse et Sardaigne, dans les fourrés du maquis, les clairières sèches et herbeuses parmi les fougères aigle, au bord des ruisseaux et des routes, flor. jan.-juin. Tiges att. 75 cm, et plus en largeur chez les grands spécimens. Fl. 2,5 à 5 cm diam. Folioles vertes, à bord denté grossier et épineux. Sol bien drainé ; R.-10°C si abrité. Plante de courte vie mais se ressème génér.

**Helleborus fœtidus** L. Hellébore fétide – Or. S.-O. Europe (de l'Angleterre au Portugal jusqu'en Allemagne et Italie), pentes rocheuses, talus des routes et bois clairs, génér. en sol calcaire, flor. jan.-avr. Tiges att. 80 cm, fll. en rosette autour de l'infl., génér. vernissées, vert très foncé : R.-20°C si abrité du vent. Chez Var. **'Wester Flisk'**, vert-gris à folioles plus étroites, et tiges florales teintées de rouge ; se ressème fidèlement. Sol bien drainé, au soleil ou à mi-ombre, supporte bien l'ombre sèche.

**Helleborus lividus** Aiton – Or. Majorque, rochers calcaires, bois et fourrés, flor. fév.-avr. Tiges att. 45 cm. Folioles marquées de gris, non dentées ou à petites dents fines. Fl. et tiges souvent rosâtres. R.-5°C. **'Boughton Beauty'** forme robuste de *H.* × *sternii* Turrill, hybride alliant la plus grande taille et la résistance de *H. argutifolius* à la couleur de *H. lividus*. R.-10°C.

**Helleborus niger** L. Rose de Noël – Or. des

bois de montagne, génér. sur sol calcaire dans l'E. Alpes et au N. des Apennins (S. Allemagne, Suisse (Ticino), Italie et Yougoslavie), dans les bois de conifères jusqu'à l'altitude de la zone du *Pinus mugo*, et parfois dans les prairies dégagées, flor. jan.-avr. Fl. de 4 à 8 cm diam. ; tiges att. 30 cm dans les formes les plus élevées, quand les fl. se fanent. De nomb. formes de jardin ont été sélectionnées, surtout pour leurs longues tiges et leurs grandes fl. Subsp. *macranthus* (Freyn) Schiffner, du N. Italie et de la Yougoslavie (malgré les revendications de certains obtenteurs) se distingue par ses fll. à dents épineuses sur folioles grisâtres largement lancéolées, et par ses fl. blanches non teintées de rose, à pétales plus étroits. La culture n'en est pas toujours facile, mais on aura de bonnes chances de succès à mi-ombre, en sol riche, calcaire, profondément travaillé et en protégeant des limaces les bourgeons, les jeunes fll. et les racines.

**Helleborus × nigercors** J.T. Wall – C'est l'appellation commune pour les hybrides entre *H. niger* et *H. argutifolius*, qui allient les grandes fl. blanches de la première à la floribondité de la dernière. Malheureusement ces hybrides sont stériles, et très difficiles à multiplier par voie végétative ; ils sont donc génér. obtenus par semis avec pollinisation manuelle utilisant le pollen de *H. argutifolius* sur *H. niger*. Les semis ainsi obtenus, comme ceux que vous voyez là, sont plus proches de *H. niger* : l'un d'entre eux fut dénommé **'Alabaster'** en 1967. J'ai vu d'autres formes, plus proches de *H. argutifolius* avec une

Helleborus argutifolius

tige plus longue, qui pourraient être le croisement inverse. Le croisement entre *H.* × *sternii* et *H. niger* se nomme **H. × nigristern** et on peut s'attendre à ce qu'il soit nuancé de rose.

**Helleborus purpurascens** Waldst. & Kit. – Or. S.-E. Pologne, Hongrie, Tchécoslovaquie, jusqu'en Roumanie et O. Ukraine, bois clairs et fourrés, flor. mars-avr. Fll. caduques, génér. à 5 folioles, divisées par le milieu en 2-5 lobes. Tiges 5-20 cm à la flor. Fl. 5-7 cm diam. verdâtres ou violacées, parfois glauques à l'ext. Situation chaude à mi-ombre en sol riche en humus mais non acide. Probablement l'esp. la plus rustique.

**Helleborus vesicarius** Auch. – Illustration du fruit et texte : voir p. 17.

# HELLÉBORES

*Helleborus cyclophyllus* dans le N. de la Grèce

*Helleborus multifidus* subsp. *bocconei* près de Florence

*Helleborus purpurascens*

*Helleborus atrorubens*

**Helleborus atrorubens** Waldst. & Kit., syn. *H. dumetorum* Waldst. & Kit. subsp. *atrorubens* (Waldst. & Kit.) Merxm. & Podlech – Or. N.-O. Yougoslavie dans des endroits herbeux ou dans les fourrés. Flor. fév.-avr. Fll. caduques att. 45 cm avec de 7 à 11 folioles indivises. Fl. de 4 à 5 cm diam. brunâtres à pourpre foncé à l'intérieur comme à l'extérieur. Emplacement chaud et abrité. R.-15°C.

**Helleborus cyclophyllus** Boiss. – Or. Albanie, Bulgarie, S. Yougoslavie et Grèce, dans les bois, les broussailles et à flanc de coteaux herbus, flor. fév.-avr. Tige att. 60 cm; fll. caduques de 5 à 9 folioles ovales-lancéolées génér. entière. velues en dessous. Fl. de 6 cm diam. génér. vert-jaunâtre, et non pas blanchâtre comme *H. orientalis*. De culture facile au soleil ou à mi-ombre.

**Helleborus multifidus** Vis. subsp. **bocco nei** (Ten.) B. Mathew, syn. *H. siculus* Schiffner (*Ranunculaceae*) – Or. C. et E. Italie et Sicile, collines, bois clairs et fourrés, flor. fév.-mars. Tiges att. 20 cm; fll. persistantes, att. 42 cm de large, à 5-7 folioles poilues en dessous, chacune divisée à mi-hauteur en 3 à 5 segments. Fl. 4,5-6 cm diam. Parfum doux à nuance fauve, s'ouvrant parfois dans les jardins fin nov. comme la forme illustrée ici, photographiée sur les collines autour de Florence. De culture facile en sol lourd et calcaire à mi-ombre.

**Helleborus multifidus** Vis. subsp. *multifidus* – Or. Albanie et Yougoslavie (Dalmatie), dans les fourrés et à flanc de coteaux herbus et rocheux, flor. mars-avr. Tiges 50 cm; fll. finement divisées en 9 à 15 folioles, comprenant chacune 3 à 7 lobes. Fl. de 3 à 4 cm diam. vertes. L'intérêt de cette esp. réside dans ses fll. profondément découpées, et non dans les fl. qui sont assez petites. Au jardin, cette plante a besoin d'un emplacement abrité.

**Helleborus purpurascens** Waldst. & Kit. – Or. Roumanie, Hongrie, E. Tchécoslovaquie, S.-E. Pologne et Russie occid., en lisière de bois ou de fourrés, souvent sur sol sablonneux; flor. mars-avr. La plante forme à la longue des tapis ras. Tiges de 5 à 20 cm lors de la floraison. Fll. caduques, de 2 à 6 folioles, velues en dessous. Fl. 5 à 7 cm diam. apparaissent avant les fll.; elles sont violacées, rougeâtres ou verdâtres à l'intérieur, glauques à l'extérieur. Sol riche en humus, mais non acide à mi-ombre.

**Helleborus vesicarius** Auch. – Or. N. Syrie et S. Turquie, depuis le S.-O. Adiyaman jusqu'à l'Amanus et le Mont Cassius (aujourd'hui Akra Dag); dans les rochers calcaires et dans les fourrés de chênes de 550 à 1 300 m d'altitude, flor. mars-mai. Fr. en mai-juin. Plante à racines charnues et coriaces. Tiges atteignant 45 cm, très ramifiées. Fl. 16 à 18 mm de long; follicules gonflés 5 à 7 cm de long, contenant de 1 à 6 grosses graines sphériques 5 à 6 mm diam. Le fllge disparaît en été et repousse à l'automne. De culture facile en chassis à plantes bulbeuses, ou dans tout autre emplacement très chaud et maintenu au sec en été. La plante ne supporte pas la transplantation; s'installe donc mieux si elle est issue de semis effectués en godet. En culture, les fruits curieux n'apparaissent qu'après fécondation croisée. R.-10°C.

Helleborus vesicarius portant des fruits, près de Maras, dans le S. Turquie

Helleborus vesicarius

Helleborus viridis subsp. *occidentalis* et Anemone nemorosa à Postling, Kent

**Helleborus viridis** L. subsp. *occidentalis* (Reuter) Schiffner – Or. N.-O. Europe, depuis le N. Angleterre jusqu'en France, Espagne et Allemagne occid. (la subsp. *viridis* à grandes fl. et à fll. velues se trouvant au centre de la France, en Autriche, jusqu'au N.-O. de l'Italie), dans les bois et sur les talus ensoleillés et calcaires ; flor. fév.-avr. Tiges 20 à 40 cm. Fll. caduques, de 7 à 11 folioles, glabres en dessous, finement elliptiques, à bords en dents de scie. Fl. de 3 à 5 cm diam., vert glauque, souvent ponctuées de pourpre à l'intérieur. C'est une plante élégante malgré la petitesse de ses fl. ; de culture facile en sol lourd et frais, et à mi-ombre.

Helleborus multifidus subsp. *multifidus*

Helleborus viridis subsp. *occidentalis*

# HELLÉBORES

Orientalis blanc issu
de semis,
à Boughton

'Sirius'

Plant issu de semis

Plant issu de semis

Plant issu de semis

'Celadon'

'AEneas'

'Dido'

H. orientalis
dans la
nature en
Turquie

Helleborus orientalis,
dans la nature
en Turquie

H. orientalis
(plant issu de semis
à fl. doubles)

'Race Zodiac'

Plant issu de semis

'Atrorubens'

Helleborus
orientalis
subsp.
guttatus

Plant issu de semis

'Queen of the Night'

'Philip Ballard'

Hybride de
Helleborus atrorubens

Cosmos

Sélection de plants issus de semis et de cultivars dénommés de *Helleborus orientalis*, provenant des pépinières Washfield, 14 février. Réduction à 66,66 %

# HELLÉBORES

*Helleborus orientalis* Lam. (*Ranunculaceæ*)
**Rose de carême** – Or. N.-E. Grèce et Turquie
septent., le long de la mer Noire jusqu'au
S. Caucase, à la Géorgie soviétique, et jusqu'à
2 200 m d'altitude en Turquie, dans les fourrés
en lisière de bois, génér. en sol lourd, dans des
prés où elle vient bien lorsqu'on n'y fait pas
paître le bétail. Hampes florales att. 60 cm.
Fll. att. 60 cm, persistantes, sauf en cas d'hivers
exceptionnellement froids, de 7 à 10 folioles
génér. entières ou fourchues, att. jusqu'à 45 cm
de large. En Turquie ou en Grèce, fl. génér.
blanchâtres ou verdâtres, rarement roses sur les
bords. Dans le Caucase, on trouve deux autres
sous-espèces : subsp. *abchasicus* (A. Br.)
B. Mathew, à fl. pourpre foncé ou gris-rosé,
souvent ponctuées de taches minuscules ; on la
trouve principalement en Abchasie, dans
l'O. Caucase. Elle s'hybride dans la nature
avec subsp. *orientalis*. La seconde sous-espèce,
subsp. *guttatus* (A. Br. & Saur) B. Mathew a
des fl. blanches avec des taches rougeâtres plus
importantes. On la trouve près de Tbilisi dans
le C. Caucase, et plus à l'est. Toutes les formes
viennent bien en sol riche, lourd, au soleil ou à
mi-ombre, dans un emplacement chaud et
abrité, maintenu humide en été. R.-15°C,
et plus, bien que les fll. grillent si elles sont
exposées à des vents autour de -10°C. Il arrive
que les formes verdâtres récoltées dans la
nature en Turquie occid. commencent à fleurir
dans les jardins dès le mois de nov.
De nombreux cv. ont été sélectionnés et
dénommés. On s'est attaché à des
particularités telles que des fl. pourpre-
noirâtre, blanches ou jaunes, des nectaires de
couleurs contrastées, des taches plus ou moins
importantes, et des fl. qui ne penchent pas la
tête. Malheureusement, le nombre des
nouvelles var. n'augmente pas très vite et elles
se croisent entre elles et se ressèment dans la
plupart des jardins. Quelques pépiniéristes font
donc un effort pour produire de bonnes lignées
de jeunes plants. Vous voyez ici une sélection
de plants issus de semis qui proviennent de la
pépinière Washfield dans le Sussex.
**'AEneas'** une forme à fl. doubles de
*H. torquatus*, trouvée par Elizabeth Strangman
dans le Crna Gora (Montenegro),
en Yougoslavie, en 1971.
**'Atrorubens'** syn. 'Early Purple'. Ce n'est pas
la même que *H. atrorubens* Waldst. & Kit.
mais c'est une ancienne forme de *H. orientalis*
subsp. *abchasicus*, que l'on connaît depuis
1843, à fll. caduques et fl. violet-rougeâtre
apparaissant plus tôt que la plupart des
autres cv.
**'Celadon'** probablement hybride de *H. odorus*,
obtenu par Elizabeth Strangman.
**'Cosmos'** obtenu par Eric Smith en 1973.
**'Dido'** un *H. torquatus* double, trouvé par
Elizabeth Strangman dans le Crna Gora
(Montenegro), Yougoslavie, en 1971.
**'Old Ugly'** obtenu par Elizabeth Strangman
dans les années 60. Un hybride de *H. viridis*.
**'Philip Ballard'** obtenu par Mme Ballard de
Malvern, Worcs, en 1986, qui s'est spécialisée
dans l'hybridation des noirs et des jaunes,
à grandes infl. horizontales.
**'Pluto'** obtenu par Eric Smith en 1960.
Un hybride de *Helleborus torquatus*, avec des
nectaires pourpres.
**'Queen of the Night'** obtenu par E. Strang-
man dans les années 70. Nectaires foncées.
**'Sirius'** odorant ; peut-être un hybride de

*Helleborus orientalis* (issu de semis, à fl. doubles)

*Helleborus* 'Cosmos II'

'Old Ugly'

*Helleborus orientalis* (issu de semis, à fl. blanches)

Plant jaune issu de semis, aux pépinières
Washfield

*H. odorus* obtenu par Eric Smith en 1974.
**'Zodiac'** obtenu par Eric Smith en 1974.

*Helleborus orientalis* s'obtient facilement par
semis et se ressème volontiers autour des pieds
mères. Il y a donc un risque que ces semis
fassent du tort aux parents si ce sont des cv.
dénommés. Transplanter ou diviser les plants
en hiver ou au début du printemps lorsqu'ils
sont en fl. Ne pas les laisser se dessécher
jusqu'à établissement complet.

*Orientalis* à fl. rouges issus de semis

'Pluto'

*Caltha howellii* dans le nord-est de la Californie

*Caltha howellii*

*Hylomecon japonicum*

*Chelidonium majus* var. *grandiflorum* près de Yumin dans le Sinjiang

**Caltha howellii** (Huth) Greene (*Ranunculaceae*) – Or. Etats-Unis : S. Orégon et Californie depuis Tulare vers le N., et sur les chaînes de montagne de la côte N. à 1 500-3 000 m, dans les marais et sur les terrains humides près des ruisseaux, flor. mai-juil. selon l'altitude. Plantes en touffes, att. 30 cm. Fll. 3-10 cm de large. Pétales 12-16 mm de long ; follicules pétiolés. Fl. solitaires, sur une tige aphylle et non ramifiée. C. *leptosepala* DC de O. Amérique du N. (d'Alaska jusqu'à Washington, Montana et Nouveau-Mexique) diffère par des follicules portées par de très courtes tiges, et des fll. plus longues que larges. Il leur faut à chacune un sol humide et tourbeux, de préférence près d'eau courante. R.-20°C.

**Caltha palustris** L. **Populage, Souci des Marais** – Or. hémisphère N. de l'Irlande à l'Espagne, et de Sibérie au Japon, et d'Amérique du N. de Terre-Neuve à la Caroline du S. et à l'O. jusqu'au Saskatchewan, dans les marais, les bois humides d'aulnes, ou près des ruisseaux, flor. mars-juin, selon la latitude. Plante à plusieurs tiges creuses étalées partant d'une souche centrale, att. 60 cm. Fll. 5-20 mm de large. Fl. att. 5 cm, génér. jaunes ou blanches chez var. *alba*, la forme blanche qui appartient probabl. à var. *himalayensis* (D. Don) Mukerjee. Dans l'Himalaya, où elle est commune à 2 400-4 000 m, du Cachemire au Bhoutan à l'E., elle fleurit couramment blanc ; flor. mai-août, selon l'altitude. De culture facile en sol humide, de préférence au bord de l'eau. 'Flore Pleno' est une plante assez petite à fl. doubles.

**Caltha palustris** var. *polypetala* Hochstt. – Or. Bulgarie, Caucase, N. et N.-O. Iran et N.-E. Turquie, pousse le long des ruisseaux dans les prairies alpines à 1 700-3 000m, fl. avr.-juil., génér. près de la neige fondante. Diffère de C. *palustris* par ses 7-10 pétales, mais est identique autrement et requiert probabl. les mêmes soins en culture.

**Caltha 'polypetala'** des jardins. Cette grande Populage est courante dans les jardins, et se nomme génér. *'polypetala'*. Elle est pourtant très différente de l'esp. sauvage C. *polypetala* Hochstt. q.v. Elle a 5, parfois 6 pétales, et non 7-9, ce qui est le trait caractéristique de la vraie C. *polypetala*. La grande Populage se reconnaît à sa grande taille, att. 80 cm, à ses tiges rampantes et munies de racines, à ses fll. de 10-25 cm de large, et à ses fl. clairsemées mais grandes, 5 cm de large ou plus. Elle est assez diff. de la subsp. rampante *minor* (Mill.) Clapham des montagnes du N. Angleterre et d'Irlande, qui a toujours des fll. et des fl. plus petites. Par ses tiges rampantes, elle ressemble aussi à var. *flabellifolia* (Pursh) Torrey & Gray, mais n'a pas forcément de grandes fl. Var. *barthei* Hance, du Japon, a de grandes fll. et fl., mais n'est pas rampante. 'Polypetala' pousse facilement en sol humide ou en eau peu profonde. R.-20°C.

**Chelidonium majus** L. (*Papaveraceae*) **Grande Eclaire** – Or. d'une grande partie du S. & E. Europe, N.-O. Afrique, Turquie, Asie jusqu'au Japon, et naturalisée à l'E. Amérique du N., sur pentes rocheuses, dans les bois et les fourrés, flor. avr.-août. Plante vivace éphémère à

Caltha 'polypetala'

Caltha palustris var. alba

Caltha polypetala dans le Caucase

Caltha palustris 'Flore Pleno'

souche charnue et tiges att. 90 cm. Fl.
2-2,5 cm de large normalement, mais 3,5 cm
dans les plantes montrées ici, poussant au
Sinjiang. C'est la var. **grandiflorum** (DC.)
Fedde d'Asie C. et du N.-O. Chine. On cultive
couramment une var. à fl. doubles, et une var.
à fl. découpées, var. *laciniatum* (Miller) Syme.
De culture facile dans tout sol de jardin ; se
rencontre couramment comme mauvaise herbe
dans les vieux jardins. Rustique. Son suc jaune
est un remède populaire contre les verrues.

**Hylomecon japonicum** (Thumb.) Prantl &
Kuen. (*Papaveraceae*) – Or. Honshu, Corée et
N.-E. Chine jusqu'à Hubei, dans les bois des
vallées et des collines, flor. avr.-juin. Ressemble assez à un coquelicot amélioré, à rhizomes
courts et tiges florales de 30-40 cm. Fl. à pétales 2-2,5 cm de long. Vient bien en sol humifère à mi-ombre ou à l'ombre. Une autre esp.,
*H. vernalis* Maxim., vient de Sibérie occid.

**Stylophorum diphyllum** (Mich.) Nutt.
(*Papaveraceae*) – Or. E. Etats-Unis (entre l'O.
Pennsylvanie, l'Ohio, le Tennessee,
le Wisconsin et le Missouri), dans les bois
humides, flor. mars-mai. Souche vigoureuse,
tiges peu nomb., assez fines 30-45 cm de haut.
Fll. profondément et irrégulièrement lobées,
lobe terminal à peine plus grand que les
latéraux. Fl. 5 cm diam. Capsules ovoïdes,
à bec pointu. Vient bien en sol humide
humifère. R.-20°C.

**Stylophorum lasiocarpum** (Oliv.) Fedde
(*Papaveraceae*) – Or. C. & E. Chine (Hubei et
Sichuan), dans les bois et les fourrés, flor. mai.
Forme des touffes denses et feuillues de 30 cm
de haut et 45 cm de large. Fll. de pissenlit,
avec un grand segment terminal ovale et
denté. Fl. 5 cm de large. Capsule étroite, cylindrique, 5-8 cm de long. Sol humifère, en situation fraîche et abritée ; R.-15°C. Cultivée en
Chine pour les propriétés médicinales de sa
racine charnue qui contient un suc rouge.

Caltha palustris près de Sellindge, dans le Kent

Stylophorum lasiocarpum

Stylophorum diphyllum

# RENONCULES

'Helios'

'Superbus'

Trollius europaeus

'Alabaster'

*Ranunculus acris*
'Flore Pleno'

'Feuertroll'

Echantillons de chez Beth Chatto, 20 mai. Réduction à 60 %

# RENONCULES

Trollius acaulis au Cachemire

Trollius chinensis

Trollius ranunculinus en Turquie

Trollius pumilus

Trollius yunnanensis

Ranunculus baurii à Bustervoedpad

**Ranunculus acris** L. 'Flore Pleno'
(*Ranunculaceae*) – C'est une forme à fl. doubles
du bouton d'or caractéristique des pâturages
humides en Angleterre et dans l'O. France, flor.
mai-juil. On la trouve aussi dans la nature en
Eurasie du Groenland au Japon. Tiges att. 1 m.
Fll. inférieures à trois lobes plus ou moins égaux
profondément découpés. Pas de stolons comme
chez *R. repens* , ne risque donc pas de devenir
envahissante. On connaît la forme à fl. doubles
(voir photo) depuis 1580, et on dit l'avoir
trouvée dans la nature en Angleterre. R.-25°C.

**Ranunculus baurii** MacOwan syn. *R. cooperi*
Oliv. – Or. Afrique du S. (Drakensberg), et les
montagnes environnantes dans le Transvaal,
et le N.-E. de la province du Cap,
à 1 900-3 000 m, dans les lieux marécageux
et tourbeux, les flaques saisonnières, les marais
et au bord des ruisseaux ; flor. oct.-nov. ou
avr.-mai dans les jardins de l'hémisphère N.
Forme des touffes de fll. charnues caduques.
Pétiole att. 25 cm ; limbe pelté, de 8 cm diam.
muni de dents courtes et émoussées. Fl. 4 cm
diam. jaune brillant, à nomb. pétales. Sol
humide et tourbeux en plein soleil. R.-15°C.

**Trollius acaulis** D. Don (*Ranunculaceae*) – Or.
N. Pakistan à l'O. Népal (surtout au
Cachemire), pentes herbeuses humides à
3 000-4 300 m, fleurit près de la neige fondante en mai-juin. Forme de petites touffes.
Tiges 10 cm à la flor. dans la nature, s'allongeant rapidement. Fl. 5 cm diam. Pour sol
humide et tourbeux au soleil ou à mi-ombre,
de préférence près d'eau courante. R.-20°C.

**Trollius chinensis** Pritz syn. *T. ledebourii* hort.
– Or. N. Chine, dans les prairies humides et au
bord des ruisseaux, flor. juin-juil. Forme de
belles touffes à tiges att. 1 m. Fll. profondément divisées en lobes étroits. Fl. att. 3,5 cm
diam. jaune-orange, pétales remarquables,
étroits et dressés, plus longs que les étamines.
Sol riche et humide en bord de rivière ou
d'étang. R.-20°C.

**Trollius ✕ cultorum** – Un groupe d'une trentaine d'hybrides entre T. *asiaticus*, T. *chinensis*
et T. *europaeus*, sont cultivés aujourd'hui. Flor.
avr.-juin selon la var. Sont illustrés ici :
**'Alabaster'** d'un ravissant jaune-vert très pâle.
**'Feuertroll'** d'un jaune-orangé riche.
**'Helios'** var. à fl. précoce. 'Earliest of all' est
aussi hâtive.
    Il faut aussi aux Trolles un sol riche et
humide au soleil ou à mi-ombre pour s'installer
et bien fleurir. R.-20°C.

**Trollius europaeus** L. **Boule d'or** – Or.
Europe (Ecosse, N.-E. Irlande, Finlande,
N. Russie, au S. dans les Alpes, en Yougoslavie
et Roumanie dans les montagnes) ; aussi dans
le Caucase et le N.-E. des Etats-Unis, dans les
prairies humides ou ombragées, près des
rochers, dans les ruisseaux et dans les bois
clairs, flor. mai-août. Tiges 30-70 cm ne
s'allongeant pas durant la flor. Fl. att. 3 cm
diam., nectaires jaunes, aussi longs que les
étamines. Les fl. de 'superbus', une forme
haute, ne sont pas exceptionnellement
grandes. Sol riche et humide au soleil ou à
mi-ombre. R.-20°C.

**Trollius pumilus** D. Don – Or. Himalaya
(Népal et Bhoutan jusqu'à Gansu et Shaanxi),
dans les prairies alpines et au bord des
ruisseaux, flor. juin-août. Forme de petites
touffes à tiges att. 30 cm, mais génér. 15 cm.
Fll. 5 cm diam. Fl. 3 cm diam. s'ouvrant à plat,
jaune ou jaune-orange. Petite plante pour un
emplacement humide au soleil ou à mi-ombre.
R.-20°C.

**Trollius ranunculinus** (Smith) Stearn, syn.
*I. caucasicus* Stev., *I. patulus* Salisb. – Or.
Caucase (N.-O. Iran et N.-E. et E. Turquie),
au bord des ruisseaux, dans les prairies alpines
à 2 000-3 000 m, flor. mai-juin génér. près de
la neige fondante. Tiges 9-70 cm, courtes
d'abord et s'allongeant à la flor. Pétales 5-7 ;
fl. 2,5-3,5 cm diam. étalées, étamines
découvertes. Sol humide en plein soleil près
d'eau courante R.-20°C.

**Trollius yunnanensis** (Franch.) Ulbr. – Or.
N.-E. Birmanie et S.-O. Chine (montagnes de
Dali et Lijiang, au Yunnan, Sichuan et
Shaanxi), dans les pâturages de montagne à
3 000-3 500 m, flor. juin-août. Atteint 75 cm
mais génér. 30 cm, à tige florale ramifiée et peu
feuillée. Fll. à 3-5 larges lobes se chevauchant.
Fl. étalées, 4 cm diam. génér. sans pétales
étroits et allongés. Sol humide, tourbeux
mais bien drainé au soleil ou à mi-ombre.
R.-20°C.
*T. stenopetalus* Stapf est très ressemblant et
n'est peut-être qu'une var. de *I. yunnanensis*,
mais il en diffère par ses fll. plus profondément
divisées et ses pétales plus étroits.

# RENONCULES

Ranunculus aconitifolius au bord d'un ruisseau dans le Valais, Suisse

Ranunculus aconitifolius 'Flore Pleno'

Ranunculus lingua

***Ranunculus aconitifolius*** L. – Or. Europe
(Alpes, Jura, S. Carpates, C. Italie et
C. Yougoslavie), dans les prairies subalpines et
près de ruisseaux jusqu'à 2 500 m, flor.
juin-août. Tiges att. 50 cm, formant une belle
touffe. Fll. 3-5 lobes, celui du milieu séparé des
autres ; pédicelles 1-3 fois aussi longs que la fll.
en dessous, pubescente vers le sommet. Fl.
10-20 mm diam. **'Flore Pleno'**, 'Fair Maids of
France' ou 'Fair Maids of Kent', est connue
dans les jardins depuis le xvie siècle. Ses tiges
att. 60 cm et ses fl. sont très doubles. Sol riche
et humide à mi-ombre pour chacune. *R. planta-
nifolius* L. est plus grande. att. 130 cm, à tiges
plus droites. Fll. 5-7 lobes, moins profondément divisées. Pédicelles 4-5 fois plus longs que
la fll. en dessous, génér. glabre vers le sommet.
Commune en Europe, au N. de la Belgique, de
la Norvège et de la Suède et s'étendant à
l'Espagne, à la Corse, à la Sardaigne, à la Grèce
et S.-O. Russie. Chacune R.-20°C.

***Ranunculus bulbosus*** L. **'F.M. Burton'** –
L'esp. est or. d'Europe, Turquie (très rare),
Caucase et Afrique du N., endroits herbeux
relativement secs, prairies et surtout collines
dénudées crayeuses, flor. avr.-juin. Espèce
variable divisée en plusieurs subsp. Plante en
touffe à base renflée, parfois aussi racines
charnues. Fll. tripartites, le segment du milieu
génér. sur tige. Fl. à sépales réfléchis et pétales
7-15 mm de long. **'F.M. Burton'**, montré ici,
a des fl. jaune pâle.

***Ranunculus constantinopolitanus*** (DC)
d'Urv. **'Flore Pleno'** syn. *R. bulbosus*

'Speciosus Plenus' – Or. S.-E. Europe
(Roumanie, Bulgarie, Grèce, Turquie, Syrie,
Crimée, Caucase, Iran), dans les prairies
humides, flor. avr.-juin. Forme des touffes
denses. Tiges florales 20-75 cm. Fll. basales
cordées à la base avec 3 lobes profonds,
chacun profondément denté. Pétales 8-15 mm
de long. La forme double, montrée ici,
est cultivée depuis le xviiie siècle, souvent en
tant que *R. bulbosus* 'Speciosus Plenus' ou
'Flore Pleno'. *R. bulbosus*, cependant, a un
réceptacle pubescent. Vient bien dans toute
bonne terre humide. R.-20°C.

***Ranunculus cortusifolius*** Willd. – Or.
Açores, Madère, Canaries, lieux humides,
à l'ombre et le long des routes dans les bois
de bruyères et de lauriers, flor. mars-avr.
Tiges peu nomb. att. 100 cm, partant d'un
ensemble de longues racines charnues.
Fll. basales att. 30 cm de large. Fl. att. 50 mm
de diam. Sol riche au soleil ou à mi-ombre,
humide au printemps, sec mais ombré en été.
R.-5°C.

***Ranunculus creticus*** L. – Or. Crète,
Carpates, Rhodes, sur rochers calcaires sous les
arbres jusqu'à 400 m, flor. mars-mai.
Vivace dense, à tiges peu nomb. att. 60 cm,
partant d'une touffe de racines charnues.
Fll. basales 3-15 cm de large. Pétales
1,5-2,5 cm de long. Sépales non réfléchis.
Vient bien en sol bien drainé, en situation
chaude et sèche, se dessèche en été. R.-10°C.
*R. cortusifolius* en diffère par sa plus grande
taille et ses fll. épaisses et coriaces.

*Ranunculus lyallii*　　　*Ranunculus penicillatus*　　　*Ranunculus creticus* à Rhodes

**Ranunculus lingua** L. **Grande Douve** – Or.
Europe (Ecosse au Caucase, N. Turquie et
Sibérie), dans les marais de roseaux et au bord
des étangs et des canaux en eau peu profonde,
flor. juin-sept. Tiges érigées 50-120 cm.
Rhizome rampant. En automne, fll. basales
ovales ou oblongues-ovales, cordées, absentes
à la flor. Fll. des tiges étroites lancéolées.
Fl. 2-5 cm diam. Jolie plante pour bords
d'étangs et de rivières à courant lent ; les fl.
se succèdent tout l'été.

**Ranunculus lyallii** Hook. fil. **Bouton d'or
géant** – Or. Nouvelle-Zélande (Ile du S. de
Marlborough vers le S.), dans les prairies
subalpines et au bord des ruisseaux de
montagne à 450-1 500 m, flor. oct.-janv.
Tiges att. 1,50 m, mais rarement plus d'1 m
dans les jardins. Fll. à limbe pelté, en forme
de coupe peu profonde, 12-30 cm de large.
Fl. 5-7,5 cm diam. *R. insignis* Hook fil. est plus
petite, à fll. légèrement lobées et fl. jaunes
cireuses 2-5 cm diam. Pousse dans les pâturages
alpins, sur les falaises mouillées et les fissures
de rochers à 1 000-2 000 m dans les 2 îles,
du Cap Est à Kaïkoura. Il faut à ces deux esp.
une situation fraîche et un sol tourbeux
humide. Elles viennent mieux en climat
humide et frais, comme en Ecosse. On a fait
des hybrides entre ces deux esp., à fl. crème,
mais je n'en ai jamais vu.

**Ranunculus penicillatus** (Dumort.) Bab. syn.
*R. pseudo-fluitans* (Syme) Newbould – Or. N.
et O. Europe, au S. jusqu'à la Hongrie et à la
Crimée, dans les ruisseaux à courant rapide,
flor. mai-août. Souvent ne présente pas de fll.
flottantes. Fll. filiformes plus longues que les
mérithalles formant des tapis vert vif génér.
submergés. Fl. à pétales 10-15 mm de long.
Cette espèce est intéressante dans les ruisseaux
rapides car elle procure un couvert à poissons,
sans engendrer de vase. Comme on le voit ici,
elle est aussi très décorative en fl. génér.
en mai.

*Ranunculus constantinopolitanus* 'Flore Pleno'

*Ranunculus bulbosus* 'F.M. Burton'　　　*Ranunculus cortusifolius*

# PULSATILLES

*Pulsatilla alpina* subsp. *apiifolia* au-dessus de St Luc, dans le Valais

*Pulsatilla alpina* subsp. *apiifolia*

*Pulsatilla alpina* près de Crans, dans le Valais

**Pulsatilla alpina** (L.) Delarbre syn. *Anemone alpina* (*Ranunculaceae*) – Or. Pyrénées et Alpes, et à l'E. jusqu'en Autriche, Yougoslavie et Caucase, dans les prairies alpines et subalpines, flor. mai-août, selon l'altitude, peu après la fonte des neiges. Forme des touffes de nombreuses tiges att. 45 cm. Fl. 4-6 cm diam. Pour sol bien drainé, riche, profond, sableux et tourbeux en plein soleil. On dit que la graine met 2 ans à germer, même lorsqu'elle est semée fraîche. On connaît 2 sous-espèces : subsp. *apiifolia* (syn. *Anemone sulphurea* L.), à fl. jaune pâle, génér. en sol acide et subsp. *alpina*, à fl. blanches, génér. en sol calcaire. Les hybrides entre les deux ne sont pas rares. *Pulsatilla alba* Rchb., proche parent, a des fl. plus petites, 2,5-4,3 cm diam. et la nervure médiane. On la trouve en sol acide du C. France vers l'E. jusqu'à la Roumanie et à l'O. Russie.

**Pulsatilla armena** (Boiss.) Ruprecht syn. *P. violacea* Rupr., *Anemone albana* Stev. subsp. *armena* (Boiss.) Smirn. – Or. N. et E. Turquie (Amasya et Erciyas Dag près de Kaysari) jusqu'en Arménie soviétique jusqu'à 4 200 m en Turquie, flor. mai-juin, pousse souvent en sol volcanique. Fl. toujours penchées, 2-3,5 cm de long. Tiges 3-20 cm. Fll. finement divisées, soyeuses. R.-25°C.

**Pulsatilla chinensis** (Bunge) Regel – Or. N. Chine et E. Sibérie, endroits secs, herbeux et à flancs de coteaux rocheux, flor. avr.-mai. Commune au N. de Pékin, près de la Grande Muraille et dans les ruines des tombeaux Ming. Forme de petites touffes de rosettes peu nombreuses. Les fll. s'agrandissent pendant la flor. pour att. 15 cm ou plus, à segments plats att. 1 cm de large. Tiges 10-15 cm à la flor., att. 30 cm en fruit. R.-20°C., mais on la dit difficile à cultiver sous nos climats, probabl. plus facile à l'E. Amérique du N. car il lui faut un hiver et un printemps sec et un été chaud et humide.

**Pulsatilla halleri** (All.) Willd. syn. *Anemone halleri* All. – Or. de régions dispersées en Europe ; cinq sous-espèces, différant surtout par leurs fll. proviennent de cinq régions : les Alpes du S.-O. et du C, les monts Rhodope, la Crimée, l'O. Carpates (Pologne et Tchécoslovaquie), l'Autriche du S.-E., à 1 500 m dans les prairies subalpines rocheuses et ensoleillées. Plante entière très soyeuse, même après la flor. Fll. pennées, à 3-5 lobes, le terminal à long pédoncule ; fl. violet foncé à pâle, très soyeuses à l'intérieur chez subsp. *grandis* (Wenderoth) Meikle, la sixième, or. du S. Allemagne, d'Autriche, Tchécoslovaquie et Hongrie, au S. jusqu'à la Crimée, les poils sur la tige et les fll. sont exceptionnellement denses, argentés ou brunâtres. 'Budapest' est (ou était ?) une forme à fl. bleu pâle de cette subsp., ramassée autrefois dans la région de Budapest. Sol bien drainé en plein soleil, protégé de l'humidité en hiver ; R.-20°C.

# PULSATILLES

*Pulsatilla chinensis* près des Tombes Ming

*Pulsatilla vulgaris*, lande de Royston, G.B.

*Pulsatilla vulgaris f. rubra*

*Pulsatilla occidentalis* au col de Carson, dans l'E. de la Californie

*Pulsatilla vulgaris f. alba*

**Pulsatilla occidentalis** Freyn. syn. *Anemone occidentalis* Wats. – Or. C. Californie vers la Colombie-Britannique et le Montana, pentes rocheuses abruptes à 1 700-3 000m, flor. juin-août, selon l'altitude ; souvent dans les ravines orientées au N. Fleurit près de la neige fondante. Touffes de tiges att. 60 cm, s'allongeant pendant la flor. Fll. 4-8 cm de large, ternées, soyeuses, finement bigarrées en lobes linéaires. Pétales 5-8, blancs, bleuâtres à l'extérieur ou pourpres, 2-3 cm long. Sol tourbeux bien drainé. R.-20°C.

**Pulsatilla vulgaris** Miller syn. *Anemone pulsatilla* L. **Pulsatille** – Or. Angleterre (East Anglia) et du S. Suède à la Finlande et à l'Ukraine, pâturages secs, souvent en sol calcaire. Souche fibreuse émettant de nomb. tiges att. 15 cm et s'allongeant à la flor. pour att. 30 cm. Fl. violettes 5,5-8,5 cm diam. apparaissant avec les fll. Fll. à 40 lobes. On cultive des formes de *Pulsatilla vulgaris* de différentes couleurs, les plus communes étant f. **alba** (blanche) et f. **rubra** (à fl. rouges). Une autre 'Barton's Pink' n'est pas montrée ici ; 'Mrs van der Elst' est rose aussi, mais je ne les ai vues ni l'une ni l'autre. *Pulsatilla rubra* (Lam.) Delarbre est une espèce distincte du C. & S. France et d'Espagne, à fl. penchées brun-rougeâtre ou noirâtres. Toutes exigent un sol calcaire bien drainé. R.-20°C.

*Pulsatilla halleri* au col de Glaize, France

*Pulsatilla armena*

*Pulsatilla halleri* subsp. *grandis*

# ANÉMONES

Anemone demissa à Lijiang

Anemone trifolia

Anemone rivularis

Anemone flaccida à Baoxing, Sichuan, avec *Corydalis flexuosa*

Anemone davidii à Baoxing

Anemone sylvestris

Anemone rupicola au Cachemire

Anemone narcissiflora (forme jaune)

Anemone narcissiflora (forme rose)

Anemone narcissiflora dans le Caucase près du Mont Elbrus

# ANÉMONES

*Anemone tetrasepala* au-dessus du lac Vishensar, au Cachemire

**Anemone davidii** Franch. (*Ranunculaceae*) –
Or. O. Chine (Sichuan), endroits herbeux
au bord des ruisseaux à 2 000 m, flor. mai-juin.
Rhizomes souterrains traçants, formant des
colonies lâches. Taille très variable. Fl. att.
7 cm diam. mais 4 cm seulement dans la forme
illustrée ici. De culture facile en sol humide
et tourbeux. Bien installée dans les massifs de
tourbe à Kew. Photographiée près de Baoxing
fin mai.

**Anemone demissa** Hook. & Thomas – Or.
O. Népal (Sikkim et Bhoutan) au S.-O. Chine
(Yunnan), prairies alpines et clairières
herbeuses, dans la forêt et les fourrés,
et sur les éboulis et les saillies rocheuses,
vers 3 000-4 750 m, flor. mai-juil. selon
l'altitude. La souche vigoureuse, entourée
des restes des départs de fll. de l'année
précédente, émet quelques tiges poilues et
soyeuses. Tiges 10-30 cm, avec 3-6 fl. sur
courts (2-4 cm) pédicelles. Pétales 7-15 mm
longs, blancs, jaunes, violets ou bleus. Plein
soleil, sol tourbeux, bien drainé, maintenu
humide en été et sec en hiver et au printemps.
R.-20°C.

**Anemone flaccida** Schmidt. – Or. E. Sibérie
île Sakkaline, N. et O. Chine et Japon,
à l'ombre dans les ravins en sol tourbeux et
meuble, et le long des ruisseaux dans les bois,
fl. avr.-juin. Rhizome court, noir, traçant,
formant des touffes. Fll. assez charnues,
divisées jusqu'à la base en 3 à 5 lobes
profondément dentés. Tiges 15-30 cm ;
une paire de fll. sessiles et 1-3 fl., 1,6-3,5 cm
de large. Graines vertes à style très court
mûrissant quand la fl. est encore fraîche.

Sol tourbeux humide à l'ombre. R.-20°C.
Plante modeste, intéressante en sous-bois.

**Anemone narcissiflora** L. – Or. N.-E. Espagne,
Pyrénées, Alpes, N. Turquie, Caucase, Oural,
montagnes de la Sibérie au N. Japon et
O. Amérique du N., prairies tourbeuses mais
bien drainées, parfois à mi-ombre. Fleurit mai
(avr. dans nos jardins) à août selon l'altitude et
la latitude. Très variable ; en ombelles génér.
blanches, teintées de rose à l'extérieur
(Reginald Farrer les compare justement à des
fl. de pommier), mais parfois roses ou jaune
pâle dans le Caucase. Tiges att. 40 cm ;
graines aplaties. De culture facile au soleil
ou à mi-ombre, mais rare dans les jardins
parce que lente à venir de graine et difficile
à diviser.

**Anemone rivularis** Buch.-Ham. ex DC. – Or.
Cachemire et N. Inde jusqu'au Tibet et au
S.-O. Chine (Yunnan), vers 1 800-3 060 m,
dans les prairies, les clairières, sur les talus
entre les rizières, près des ruisseaux et dans les
haies, flor. avr.-août. Souche en touffe,
tiges arquées att. 1 m. Fl. assez petites,
1,5-3 cm diam., 5-8 pétales étroits souvent
bleus à l'extérieur. Très distincte de
*A. narcissiflora* et de ses proches : fl. portées
par de longues tiges de différentes longueurs,
et non pas en ombelle. De culture facile en
sol humide mais bien drainé, au soleil ou
à mi-ombre. Flor. à la fin du printemps.
R.-20°C.

**Anemone sylvestris** L. – Or. Europe, du S.
Suède et du N.-E. France jusqu'au Caucase,
mais pas dans les Alpes, bois clairs et collines

rocheuses, flor. mai-juin. La plante se propage
par œilletons et forme des colonies denses.
Tiges att. 15-50 cm. Fl. solitaires, 4-7 cm
diam., avec 5-8 pétales. Vient bien à mi-ombre
en sol humide et humifère. R.-20°C.

**Anemone tetrasepala** Royle – Or. Afghanistan
jusqu'au N. Inde, fréquente au Cachemire,
dans les prairies, souvent parmi de grands
rochers ronds, à 2 100-3 500 m, flor. juin-août.
Très semblable à *A. narcissiflora*, mais fll.
basales profondément divisées en 5 lobes assez
larges et peu découpés. Fl. blanches, souvent
à 4 pétales, mais jusqu'à 7. Tige 30-75 cm.
Sol tourbeux bien drainé, de préférence
humide et frais en été. R.-20°C.

**Anemone trifolia** – Or. N. Portugal., N. & E.
Espagne, en sol acide (subsp. *albida*
Moriz Tutin), Italie, C. Autriche jusqu'en
Hongrie et N. Yougoslavie sur calcaire (subsp.
*trifolia*) dans les champs, les prairies humides et
les bois clairs. flor. avr.-mai, jusqu'en juil. en
montagne. Ressemble à *Anemone nemorosa*,
mais rhizomes moins traçants et touffes plus
denses. Fll. 3, chacune à folioles dentées non
lobées. Fl. blanches, 2 cm diam. Anthères
blanches et pétales elliptiques chez subsp.
*albida*; anthères bleues et sépales ovales chez
subsp. *trifolia*. Emplacement humide en sol
humifère ou à mi-ombre. On trouve génér.
subsp. *trifolia* en sol calcaire ; subsp. *albida* en
sol acide. R.-15°C.

# ADONIDES

*Adonis chrysocyathus* au Cachemire

*Adonis vernalis* à Wisley

*Adonis volgensis* en Turquie

*Adonis brevistyla* près de Lijiang

**Actaea alba** (L.) Mill. syn. *A. pachypoda* Elliot (*Ranunculaceae*) – Or. E. amérique du N. entre la Nouvelle-Ecosse, la Géorgie, le Minnesota et le Missouri, dans les bois, flor. avr.-juin selon latitude. Souche vigoureuse. Tiges peu nomb. att. 90 cm s'allongeant jusqu'à 1,20 m à maturité. Fl. att. 10 mm de long, 4-10 pétales étroits et nomb. étamines plus longues. Fruits blancs sur pédicelles rouges charnus et épais. De culture facile en sol humifère à l'ombre ou à mi-ombre. R.-20°C.
**Forma *rubrocarpa*** (Killip) Fernald – A des fruits rouges sur pédicelles épaissis, contrairement à *A. rubra* chez qui les baies sont rouges aussi, mais portées par de fins pédicelles formant une infl. dense.
**Actaea spicata** L. **Herbe de Saint Christophe** – Or. des bois de montagne en Europe (du N. de l'Angleterre vers l'E. et en Turquie du N.), a des baies noires.

**Actaea rubra** (Ait.) Willd., **f. neglecta** (Gillman) Robinson – Or. Amérique du N. entre la Nouvelle-Ecosse, le New Jersey, le S. Dakota et le Nebraska, ainsi que subsp. *arguta* (Nutt.) Hulton poussant aussi plus à l'O. jusqu'en Californie et en Alaska. Dans les bois, flor. avr.-juin. Souche vigoureuse, tiges att. 80 cm. Fl. voisines de *A. alba*. Baies pourpres (ou blanches chez *f. neglecta*) sur fins pédicelles. Sol humifère à l'ombre ou à mi-ombre. R.-20°C.

**Adonis brevistyla** Franch. (*Ranunculaceae*) – Or. Bhoutan et de l'O. Chine (Lijiang ou Yunnan), dans les forêts humides de *Tsuga*, les fourrés et les ravins mouillés, les flancs de montagne dégagés vers 2 500-4 110 m, flor. avr.-juin. Vigoureuse racine ramifiée, tiges florales 20-40 cm, peu nomb. Fll. 5-10 x 3-8 cm de long, très divisées en lobes plats, acuminés. Pétales 1,2-2,5 cm x 0,5-1 cm, obovales ou finement lancéolées blanches ou jaunes, souvent bleuâtres sur l'envers. Sol tourbeux humide, à l'abri du vent à l'ombre ou à mi-ombre. R.-20°C.

*Glaucidium palmatum*, au Savill Garden à Windsor

**Adonis chrysocyathus** Hook. fil. & Thoms –
Or. N. Pakistan jusqu'à l'O. Népal et au Tibet ;
commune au Cachemire, sur les pentes
herbeuses humides et parmi les rochers,
souvent près de la neige fondante, flor.
juin-sept. Atteint 15-23 cm à la flor., 40 cm
en fin de flor. Fl. 3-5 cm diam., 16-24 pétales.
Sol tourbeux, sableux, humide, bien drainé.
Peu courant en culture. Photographié au
Cachemire au-dessus du Lac Vishensar.

**Adonis vernalis** L. – Or. C., E. et S. Europe,
de la France à l'Espagne et l'Italie et jusqu'à la
Russie et la Finlande, prés et fourrés secs et
pierreux, souvent sur calcaire, flor. avr.-mai.
Souche vigoureuse ramifiée, plusieurs tiges
att. 40 cm. Fl. 4-8 cm diam. 10-20 pétales.
Se distingue de A. *volgensis* par les lobes plus
étroits de ses fll., ses pétales moins nomb. et ses
fl. souvent grandes. Sol assez sec, très bien
drainé, au soleil ou à mi-ombre, très apprécié
des limaces. R.-20°C.

**Adonis volgensis** Stev. – Or. de Russie, S.-E.
Hongrie, Roumanie et Caucase, jusqu'en
Arménie soviétique et au N.-E. Turquie,
dans les steppes et les prairies sèches
subalpines vers 1 800 m. Flor. mars-mai,
Fl. 30-35 mm diam. ; tiges att. 30 cm.
Lobes des fll. dentés, linéaires-lancéolés.
Sol sableux bien drainé, supporte la sécheresse
estivale. R.-25°C. Photographié en mai sur le
Mont Ararat.

**Anemonella thalictroides** (L.) Spach. ·
(*Ranunculaceae*) – Or. E. Etats-Unis entre le
New Hampshire, le Massachusetts, la Floride,
l'Ontario, le Minnesota et le Kansas, dans les
bois humides de caducs et les forêts mixtes,
flor. mars-juin. Touffes de racines tubéreuses,
tiges frêles att. 20 cm. La tige florale apparaît
avant les fll. à 9 folioles pédiculées. Fl. att.
2,5 cm diam., avec 5-10 sépales-pétaloïdes
blancs ou roses (f. *rosea*). Plante délicate
pour sol humifère léger, à l'ombre ou
à mi-ombre.

**Glaucidium palmatum** Sieb. & Zucc. – Or.
Japon (Hokkaido et N. & C. Honshu), dans
les bois de montagne, flor. mai-juil. selon
l'altitude. Souche vigoureuse, tiges peu
nombreuses att. 30 cm. Fll. larges 8-20 cm de
long, à 7-11 lobes. Fl. 5-8 cm diam. lilas pâle
ou rarement blanches chez var. *leucanthum*
Mak. Carpelles 2, avec des graines 10 mm de
long, plates, obovales, ailées. Sol frais, humide,
humifère, à l'ombre et à l'abri des vents
desséchants. R.-15°C. Voisine de *Podophyllum*
par l'aspect général, mais de famille différente,
généralement classée *Ranunculaceae*, souvent
*Paeoniaceae*, et parfois *Glaucidiaceae* dont c'est
la seule représentante.

**Hydrastis canadensis** L. (*Ranunculaceae*) – Or.
E. Etats-Unis entre le Connecticut,
le Minnesota, l'Ontario, la Géorgie,
le Missouri et le Kansas, dans les bois,
surtout en montagne, flor. avr. Souche
horizontale épaisse jaunâtre. Fll. basales
palmées à 5-9 lobes, 12-20 cm diam. Tige
florale munie de 2 fll., la supérieure
sous-tendant la petite fl. solitaire att. 10 mm
diam., apétale, mais munie de nomb. étamines.
Sol humifère à l'ombre ou à mi-ombre.
R. 15°C.

Glaucidium palmatum var. *Leucanthum*, au Jardin botanique de Cruickshank, Aberdeen

Actaea rubra

Actaea alba f. rubrocarpa

Hydrastis canadensis

Anemonella thalictroides f. rosea

Anemonella thalictroides en Virginie près de Charlottesville

Epimedium × versicolor
'Sulphureum'

Epimedium × versicolor
'Neosulphureum'

Epimedium alpinum

Epimedium pubigerum
(en Turquie orientale)

Epimedium pubigerum

Epimedium × cantabrigiense

Echantillons de la pépinière Washfield, dans le Kent, 17 avril. Réduction à 50 %

# EPIMEDIUMS

**Epimedium alpinum** L. (*Berberidaceae*) – Or. S.-E. Europe, de l'Italie du N. et du C. jusqu'en Autriche et en Albanie et naturalisée ailleurs en Europe y compris en Angleterre ; lieux ombragés et rocheux en basse montagne. flor. avr.-mai. Rhizome traçant, forme des colonies lâches. Tiges 15-30 cm, à fll. unique plus longue de l'infl. Folioles 5-10, caduques, pubescentes en dessous à l'état jeune, glabres ensuite. Fleurs 9-13 mm diam. Sépales internes rouge foncé, pétales jaune vif. Vient bien en sol bien drainé à l'ombre. R.-20°C.

**Epimedium × cantabrigiense** Stearn – Hybride entre *E. pubigerum* et *E. alpinum* qui apparut dans les années 40 au Jardin sauvage de St John's College à Cambridge, dans la collection d'*Epimedium* plantée là pendant la guerre par W.T. Stearn. Forme des touffes arrondies de feuilles fermes, de 30-60 cm haut. Feuilles persistantes, 9 folioles, att. 10 x 7 cm. Fleurs 1 cm diam. Sépales internes rouges ; pétales jaune pâle, réduits à des nectaires. Sol bien drainé à mi-ombre. R.-20°C.

**Epimedium dolichostemon** Stearn – Or. de Chine, dans l'O. Sichuan, on n'en connaît pas aujourd'hui l'exacte localisation, elle vient d'être décrite dans une introduction de Mikinori Ogisu. Petites touffes de feuilles persistantes. Folioles 3, sagittées, acuminées, ciliées, 10 cm de long 3 cm de large. Infl. avec 2 folioles, ramification principale dépassant les feuilles, 35 cm de haut. Fleurs blanchâtres ; sépales internes 8-9 mm de long, légèrement réfléchis. Etamines 8-9 mm de long, filets plus longs que les anthères. Nectaires petites et très courbées. Très élégante, pour sous-bois humides. R.-15°C. *E. sagittatum* (Sieb. & Zucc.) Maxim. a le même port, mais des fleurs plus petites, env. 6mm diam., des sépales internes 3-4,5 mm de long, des étamines 4-5 mm de long, les filets plus courts que les anthères. Originaire de Chine, dans les rochers à l'ombre dans la montagne. R.-20°C.

**Epimedium pubigerum** (DC) Morr. & Decne – Or. S.-E. Bulgarie et Turquie autour d'Istamboul jusqu'à la mer Noire et à la Géorgie, dans les bois, les fourrés et les haies, fl. avr.-mai. Rhizomes courts, touffes persistantes. Tiges 20-70 cm à 1-2 feuilles, plus courtes que l'infl. très ramifiée. 9 folioles de 8 cm de long, pubescentes au revers. Fleurs env. 1 cm diam. ; sépales internes roses ou blancs, pétales blancs. Vient bien en sol riche en humus à mi-ombre, mais craint les gelées tardives, comme tous les Epimedium. R.-15°C.

**Epimedium × versicolor** Morren – Hybride entre *E. grandiflorum* et *E. pinnatum* subsp. *colchicum*, connu depuis 1854. Forme des touffes arrondies de feuilles att. 30 cm en tous sens. Tige florale avec ou sans feuilles. Fleurs 2 cm diam. Pétales presque aussi grands que les sépales internes ; éperons 6-9 mm. **'Sulphureum'** a de 5 à 9 folioles et une tige florale portant des feuilles. **'Neosulphureum'** a 3 folioles, brunâtres à l'état jeune et des éperons un peu plus courts. D'autres hybrides comme 'Versicolor' et 'Cuprea' ont des sépales

Epimedium dolichostemon

Epimedium pubigerum

Epimedium × versicolor 'Neo-sulphureum'

Epimedium × youngianum 'Yenomoto Form'

Epimedium × youngianum 'Niveum'

rosâtres ou rougeâtres. Culture facile en sol humifère à mi-ombre. R.-20°C.

**Epimedium × youngianum** Fisch. & Mey. – Hybride entre *E. diphyllum* et *E. grandiflorum*, peut-être d'origine sauvage au Japon. Petites touffes de feuilles à 2-6 ou 9 folioles de 2-8 cm de long, 1,5 cm diam. et att. 15 cm de haut. Tige florale 10-30 cm. Pétales obovales, avec ou sans éperons de forme et de taille variables.

'Roseum' syn. 'Lilacinum'; 'Violaceum' (mauve rosé) ; 'Niveum' (à fleurs petites blanches); 'Yenomoto Form' (blanc pur plus grande que 'Niveum'). Sol riche en humus, à mi-ombre, R.-20°C. La plus facile des petites espèces.

Epimedium × youngianum 'Violaceum'

Epimedium × rubrum

Epimedium × warleyense

Epimedium perralderianum

Epimedium davidii
(texte p. 36)

Epimedium
× perralchicum 'Wisley'

Epimedium × perralchicum
'Frohnleinen'

Echantillons des pépinières Washfield dans le Kent, 17 avril. Réduction à 66,66 %

# EPIMEDIUMS

Epimedium × rubrum jeunes feuilles

Epimedium × rubrum

**Epimedium × perralchicum** Stearn 'Wisley' –
Hybride entre *E. Pinnatum* subsp. *colchicum* et
*E. perralderianum* apparu à Wisley où ses
parents poussaient côte à côte. 'Frohnleiten'
est un hybride allemand issu du même
croisement. Ces 2 clones sont robustes, à fleurs
d'un beau jaune et feuillage persistant ; folioles
à bord épineux (épines att. 2,5 mm de long).
Tiges florales aphylles, éperons légèrement
recourbés vers le haut. R.-15°C. ou plus avec
une protection de feuilles sèches ou de neige.

**Epimedium perralderianum** Cosson
(*Berberidaceae*) – Or. d'Algérie, dans les bois et
les fourrés de chênes et sous les cèdres, sur la
face N. des monts Babor, à 1 300-1 500 m,
fl. mars. Touffes de feuilles persistantes
brillantes à 3 folioles épineuses att. 30 cm
de haut. Tiges florales aphylles env. 20 cm.
Fleurs 15-25 cm diam. ; sépales internes
8-11 mm, obovales. Pétales à petits éperons
marron, 1-2 mm de long. Soleil ou mi-ombre,
à l'abri des vents froids. R.-15°C.

**Epimedium pinnatum** Fisch. subsp. **colchicum**
(Boiss.) Busch. – Or. du N.-E. Turquie de
Trébizonde jusqu'à l'O. Caucase, bois de pins
et fourrés d'azalées et de chênes, jusqu'à 50 m
d'altitude en Turquie, flor. avr. Rhizomes
courts, touffes denses. Feuilles à 3 ou 5 folioles,
largement ovales, att. 15 cm de long., glauques
en dessous, peu dentées ou lisses sur le bord.
Infl. aphylle, 20-40 cm, glanduleuse ou glabre.
Fleurs env. 18 mm diam. Pétales petits à lame
bosselée et éperon marron ou jaune, 2 mm de
long. De culture facile mais lente à mi-ombre
en sol lourd et humifère. R.-15°C. Subsp.
*pinnatum* s'en distingue par ses folioles plus
nombreuses, plus petites et plus épineuses,
et par ses éperons marron-pourpre, env. 1 mm
long. Or. des fourrés de *Parrottia* et de
noisetiers en Azerbaidjan soviétique,
montagnes de Talysh, en Iran N. et dans
la forêt Caspienne.

**Epimedium × rubrum** Morren – Hybride entre
*E. grandiflorum* et *E. alpinum* connu depuis
1854. Rhizomes longs et fins, forme des touffes
étalées. Jeunes feuilles rouges, à maturité aussi.
Tige florale att. 20 cm., feuillue. Infl. peu
poilue ou glabre. Fleurs 1,8-2,5 cm diam.
Sépales internes cramoisis, pétales jaune pâle,
à éperons courts. Sol riche en feuilles ou
tourbeux à mi-ombre ; une des plus belles
plantes couvre-sol à feuillage. R.-15°C.

**Epimedium × warleyense** Stearn – Hybride
entre *E. alpinum* et *E. pinnatum* subsp.
*colchicum* obtenu vers 1909 dans le jardin de
Miss Willmott à Warley Place dans l'Essex.
Rhizome peu traçant, grandes touffes de
feuilles persistantes. Tiges florales att. 50 cm,
sans feuille ou à une feuille, en avr.-mai. Fleurs
15 mm diam ; sépales internes rouge cuivré,
pétales jaunes, anthères vertes. Bonne terre
à mi-ombre. R.-15°C.

**Vancouveria chrysantha** Greene – Or. Etats-
Unis (S.-O. Orégon et N. Californie), sur
collines rocheuses dégagées, dans les fourrés de
*Ceanothus* et d'*Arctostaphylos*, parmi les
*Berberis* ou les fougères aigle, jusqu'à 1 200 m,

Epimedium pinnatum subsp. *colchicum*

flor. juin. Rampante, forme de larges taches.
Tiges 20-40 cm. Folioles 4 cm, persistantes,
vert foncé, fermes. Fleurs 1-1,3 cm diam.,
sur pédoncule très glanduleux. Sol sableux,
au chaud, à l'abri, à mi-ombre. R.-10°C.

**Vancouveria hexandra** (Hook.)
Morren & Decne. – Or. Etats-Unis
(N. Washington, Orégon, C. Californie),
forêts ombrées (génér. pins et séquoias),
en dessous de 1 500 m., flor. mai-juin.
Rampante, forme des colonies lâches. Tiges
aphylles 10-40 cm. Folioles att. 7,5 x 7 cm,
fines, non coriaces, caduques. Fleurs blanches
1-1,3 cm long. att. 1,8 cm de large ; sépales,
étamines et ovaires glanduleux, pédicelles
glabres. Sol riche en humus, au soleil ou
à mi-ombre. R.-15°C.

**Vancouveria planipetala** Calloni – Or.
Etats-Unis (Californie, S.-O. Orégon), forêts
de séquoias près de la côte jusqu'à 600 m,
flor. mai-juin. Souche rampante, feuilles
persistantes à folioles épaisses, coriaces, à bord
plus épais et ondulés, att. 4 cm de long. Tiges
florales att. 50 cm, aphylles. Fleurs blanches ou
violacées, 6-8 mm diam. ; sépales, étamines et
ovaires glabres, pédicelles glanduleux.
Situation ensoleillée ou à mi-ombre,
mais chaude et protégée en hiver. R.-10°C.

Vancouveria chrysantha à Washfield

Vancouveria hexandra à Branklyn

Vancouveria planipetala

35

# EPIMEDIUMS

*Epimedium davidii* en forêt mixte de Rhododendron au Sud de Ya-an, dans le Sichuan

**Epimedium acuminatum** Franch.
(*Berberidaceae*) – Or. Chine : Ghizou, Yunnan,
Sichuan sur les monts Omei, bois et fourrés
humides de feuillus et de conifères dans les
montagnes à 1 400- 4 000 m, flor. avr.-juin.
Forme des touffes, rhizome parfois rampant.
Tiges 25-50 cm ; folioles acuminées, 8-18 cm
de long, 1,5-7 cm de large, rougeâtres et
glabres à l'état jeune, mais à poils raides en
dessous à maturité. Infl. glabre ou à peine
glanduleuse. Fleurs 3-4 cm diam., jaunes,
blanches, violettes ou roses. Sol humide,
humifère en situation très abritée. Récoltée
par Roy Lancaster sur le mont Omei.

**Epimedium davidii** Franch. – Or. Chine
(O. Sichuan : Baoxing et Omei Chan),
dans les bois, les fourrés et les endroits
humifères, à l'ombre, dans les gorges rocheuses
à 1 600-2 340 m, flor. avr.-juin. Plante en
touffes, à rhizome peu traçant. Tiges 30-50 cm,
folioles 6 x 4,5 cm, glauques en dessous et
finement pubescentes, à poils courts et
opprimés. Infl. très glanduleuse. Fleurs 2-3 cm
diam. Pétales à éperons incurvés et limbe
allongé formant une coupe 7-13 mm
profondeur.

**Epimedium diphyllum** (Morr. & Decne.)
Lodd. – Or. Japon (Shikoku et Kyushu), dans
les bois de montagne, flor. avr.-mai. Forme de
petites touffes arrondies de feuilles att. 30 cm
en tous sens, génér. plus basses. Feuilles à
2 folioles persistantes, à bord peu denté,

2,5-5 cm de long, obtuses, cordiformes.
Tiges florales aphylles. Fleurs blanches,
parfois violacées, 10-12 mm diam. ; pétales
sans éperons. Sol humifère, humide, à l'abri.
R.-15°C.

**E. setosum** Koidz. a des fleurs similaires,
mais son feuillage est caduc, à folioles plus
longues, sagittées et aiguës.

**Epimedium elongatum** Komarov – Or.
Chine (O. Sichuan près de Tatsienlu),
à 2 800-4 000 m, dans les bois et les fourrés,
flor. mai-juil. Touffe arrondie de feuilles
persistantes att. 40 cm. Feuilles à 3 folioles,
8 cm de long, 4,5 cm diam., à bord épineux,
glauque en dessous. Infl. ramifiée en grappes
irrégulières, 15-20 cm, plus longues que les
feuilles, à poils épars. Fleurs à éperons jaunes
2-7 cm de long. et pratiquement pas de limbe,
sur pédicelles glanduleux. Sol tourbeux ou
humifère à mi-ombre. R.-15°C.

**Epimedium grandiflorum** C. Morren. syn.
*E. macranthum* Morr. & Decne. – Or. Japon
(Honshu, Hokkaido et Kyushu), bois humides
des collines, flor. mars-mai. Petites touffes de
20-40 cm de haut. et plus en largeur, rhizome
court. Feuilles caduques, à folioles 3-6 cm de
long. Fleurs blanches ou violettes chez
f. *violaceum* (C. Morren) Stearn (syn.
'Lilacinum'). Pétales à longs éperons 1-2 cm
recourbés vers le bas et limbe 5-8 mm de long.
Sol humifère à l'ombre et à l'abri. R.-20°C.

On en cultive de très beaux cv. au Japon, en
Europe et en Amérique du N. parmi lesquels :
**'Rose Queen'** (rose), **'White Queen'** (blanc)
et **'Nanum'** (avec des feuilles) mesurant
seulement 7,5 cm de haut. La var. *higoense*
Shimizu pousse sur rochers calcaires (province
de Higo et Kyushu) et ses feuilles sont
couvertes de poils minuscules sur le dessus.
*E. sempervirens* Nakai, du C. Japon,
lui ressemble mais a des feuilles persistantes,
glauques en dessous et des fleurs blanches
ou violacées.

**Epimedium setosum** Koidz. – Or. Japon (S.-O.
Honshu, province de Shigoku), dans les bois,
flor. avr.-mai. Petites touffes arrondies à
feuillage caduc, 25-40 cm de haut. Folioles
6-10 cm de long, 3-4 cm de large, aiguës, à
longs poils marron en dessous à l'état jeune.
Infl. pourvue d'une feuille. Fleurs blanches,
10-12 mm diam., à éperons courts.
Sol humifère à mi-ombre et à l'abri. R.-10°C.

**Epimedium leptorrhizum** Stearn – Or. C.
Chine (province de Guizhou près de
Guiyang), dans les bois, flor. avr. Rhizome fin,
1-2 mm de large, rampant. Feuilles composées
trifoliées basales et caulinaires : folioles
étroitement ovales, longuement acuminées,
glauques et pubescentes en dessous, 3-9,5 cm
de long. Fleurs 4 cm diam., pétales sans limbe,
à éperon 2 cm de long. Sol riche humifère
à l'ombre fraîche. Ne supporte pas la
sécheresse. R.-10°C.

# EPIMEDIUMS

*Epimedium grandiflorum* 'Rose Queen'

*Epimedium diphyllum*

*Epimedium grandiflorum f. violaceum*

*Epimedium grandiflorum*

*Epimedium elongatum*

*Epimedium acuminatum* au Parc Sandling, dans le Kent

*Epimedium setosum*

*Epimedium leptorrhizum* aux pépinières Washfield, dans le Kent

Achlys triphylla à Edimbourg

Caulophyllum thalictroides

**Achlys triphylla** (Sm.) DC. (*Berberidaceae*) – Or. Etats-Unis : chaîne côtière du N. Californie jusqu'en Colombie-Britannique, en forêts humides de montagne, en dessous de 1 500 m, flor. avr.-juin. Rhizomes traçants écailleux, forme des touffes. Feuilles trifoliolées, à folioles 5-10 cm de long. Tiges florales 25-50 cm. Fleurs apétales, à 6-13 étamines blanches. On trouve A. *japonica* Maxim, autre espèce très similaire, au N. Japon (Hokkaido et N. Honshu). L'épi comporte moins de fleurs et les feuilles n'ont que 3 lobes peu profonds. Sol humifère humide à mi-ombre. R.-15°C.

**Caulophyllum thalictroides** (L.) Michx. (*Berberidaceae*) – Or. Amérique du N. (Nouveau-Brunswick jusqu'en Caroline du S. et au Tennessee), bois secs dans les montagnes au S., flor. avr.-mai. Forme de grandes colonies à la longue dans les jardins. Tiges att. 80 cm, folioles att. 7,5 cm. Sépales 9, marron verdâtre ; pétales 6, réduits à des nectaires, baies globuleuses bleues. C. *thalictroides* var. *robustum* du Japon, E. Sibérie et Chine, lui est assez ressemblante, à part ses fleurs vert jaunâtre. Vient bien à l'ombre dense d'arbres caducifoliés. R.-20°C.

**Diphylleia cymosa** Michx. (*Berberidaceae*) – Or. Etats-Unis (de Virginie à la Géorgie), près de ruisseaux de montagne, flor. mai-juin. Souche vigoureuse, touffe dense de tiges att. 1 m ; feuilles 2, profondément bilobées, 10-40 cm diam. Fleurs 10, en ombelle. Pétales 6, 1-1,5 cm de long. Fruits 10 mm de long à pédicelle bleu ou rouge. *D. grayi* Fr. Schm. or. montagnes de l'Hokkaido, Honshu et signalées en forêts pluvieuses du Yunnan, a des tiges 30-70 cm, des feuilles plus petites, moins profondément divisées et moins de fleurs souvent en cyme, les fruits sont portés par des pédicelles verts. D'après les photos, elle semblerait moins grossière comme plante de jardin. Sol humide, humifère et à l'abri. R.-15°C.

**Jeffersonia diphylla** (L.) Pers. (*Berberidaceae*) – Or. Etats-Unis (Etat de New York, Ontario, Alabama, Wisconsin), dans les bois riches en sol calcaire, flor. mai. Petites touffes arrondies de feuilles, tiges att. 20 cm, s'allongeant à la formation du fruit. Fleurs att. 3,5 cm diam., pétales 8. Capsule fendue à partir du sommet. Pour un emplacement de choix en sol frais et humifère. R.-20°C.

**Jeffersonia dubia** (Maxim.) Benth. & Hook. Or. de Mandchourie et autour de Vladivostock, dans les forêts et les fourrés, fl. avr.-mai. Petites touffes de tiges att. 20 cm. et feuilles att. 10 cm de large. Fleurs 2,5 cm diam. : pétales 5 ou 6, rarement blancs. Capsule fendue en biais. Sol tourbeux humide à mi-ombre. R.-20°C.

Diphylleia cymosa à Sellindge, dans le Kent

Jeffersonia dubia

Jeffersonia diphylla

*Podophyllum peltatum*

*Podophyllum peltatum* dans l'Etat de New York, au mois d'avril.

*Podophyllum hexandrum*

**Podophyllum hexandrum** Royle syn. *P. emodi*
Wall. (*Berberidaceae*) – Or. N.-E. Afghanistan
jusqu'en Chine C. à 2 000-3 500 m, dans les
fourrés, la forêt et les prairies alpines, flor.
mai-août. Rhizome épais, touffe de tiges att.
30 cm à la floraison, plus par la suite. Feuilles
se déployant après la floraison, att. 12-25 cm
de large, de 3 à 5 lobes, tachées de violet.
Pétales 2-5 cm de long, comestibles mais
insipides. Chez la var. *chinense* Wall., les fleurs
roses sont plus grandes et les feuilles moins
profondément divisées. Sol humifère
à mi-ombre, au frais. R.-20°C.

**Podophyllum peltatum** L. – Or. d'Amérique
du N. (Québec, Ontario jusqu'en Floride et au
Texas), bois clairs humides, fourrés et prairies
détrempés, flor. avr.-juin. Forme de grandes
colonies, rhizome rampant. Feuilles bien
développées à la floraison ; fleurs 5cm diam.,
cachées sous les feuilles. Pétales 9. Vient bien
en sol humide à l'ombre. Intéressante mais peu
décorative. R.-15°C.

**Podophyllum pleianthum** Hance – Or.
Taiwan, Chine C. et du S.-E. en forêts à
1 000-2 500 m, flor. mars-avr. Tiges att. 80 cm,
rhizome court et épais. Feuilles 30 cm diam.,
peltées, à 6-9 lobes obtus peu profonds.
Fleurs 5-8, à 6-9 pétales att. 6 cm de long.
Sol humifère. Gélive : R.-5°C. *P. Versipelle*
Hance, trouvée dans les bois et sur les rochers
à l'ombre, sur les plateaux de Chine C. est plus
petite que *P. pleianthum*, à feuilles 15 cm diam.,
plus profondément lobées et pétales 2-3,5 cm
de long. A Kew R.-10°C.

*Podophyllum hexandrum* au Jardin botanique royal, à Kew

*Podophyllum pleianthum* à Sellindge, dans le Kent

# DICENTRAS

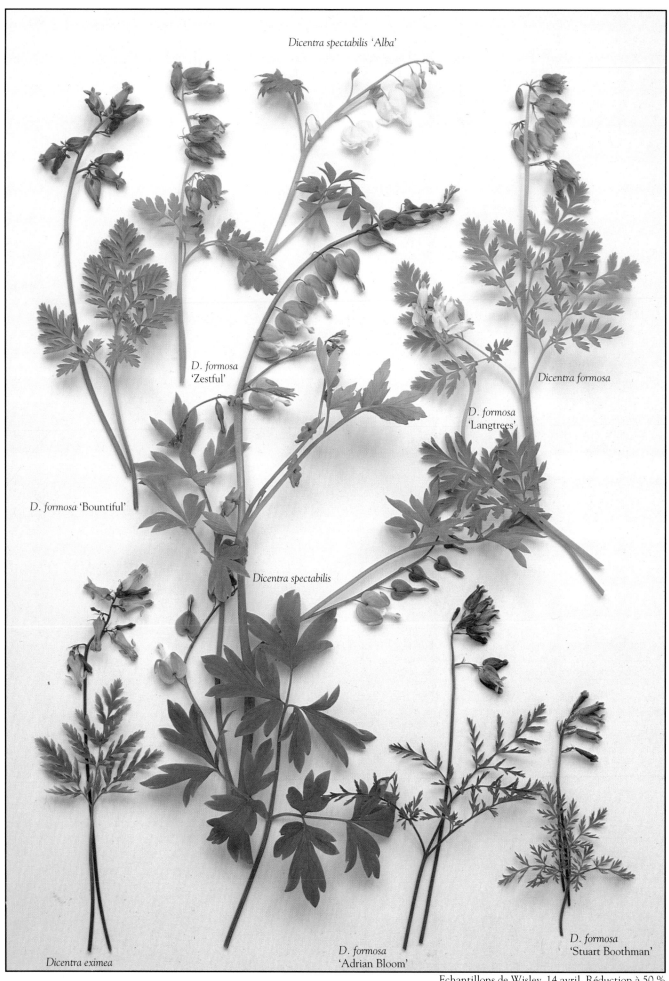

Dicentra spectabilis 'Alba'

D. formosa 'Zestful'

Dicentra formosa

D. formosa 'Langtrees'

D. formosa 'Bountiful'

Dicentra spectabilis

Dicentra eximea

D. formosa 'Adrian Bloom'

D. formosa 'Stuart Boothman'

Echantillons de Wisley, 14 avril. Réduction à 50 %

# DICENTRAS

Dicentra cucullaria, dans les montagnes du Blue Ridge, en Virginie

Dicentra formosa 'Langtrees'

Dicentra eximea 'Alba'

Dicentra formosa en forêt de *Séquoiadendron* à Yosemite en Californie

Dicentra macrantha à Kew Gardens

**Dicentra cucullaria** (L.) Torr. – Or. de l'E. Amérique du N. (entre la Nouvelle-Ecosse, la Caroline du N. et le Kansas), au frais dans les bois de montagne, flor. mai-sept. Rhizome tubéreux, touffes denses. Feuilles très finement divisées. Tiges florales 15-30 cm de long, dépassant à peine les feuilles. Fleurs 12-15 mm de long, pétales externes élargis à la base. Sol humifère, frais à l'ombre. R.-20°C.

**Dicentra eximea** (Ker-Gawl) DC. – Or. Etats-Unis (Etat de New York, Géorgie et Tennessee), dans les endroits rocheux des bois de montagne, flor. mai-sept. Rhizome traçant, forme des touffes compactes. Tiges florales att. 60 cm, dépassant à peine les feuilles. Fleurs 15-20 mm de long, plus étroites que celles de *D. formosa* et à pétales plus réfléchis, rosés, ou blancs chez 'Alba'. Sol humide mais bien drainé, vient bien sur affleurement de rochers à l'ombre. R.-20°C.

**Dicentra formosa** (Andr.) Walp. – Or. de l'O. des Etats-Unis (Sierra Nevada en Californie et chaîne côtière), dans les forêts de séquoias et les bois de chênes, dans des lieux secs ou humides à l'ombre, jusqu'à 2 000 m, flor. mars-avr. Souche charnue traçante, forme de petites colonies. Feuilles att. 50 cm,

plus souvent 25 cm. Tiges florales dépassant à peine les feuilles, fleurs 15-20 mm de long. On en trouve 2 sous-espèces dans la nature :
**Nevadensis** (Eastw.) Munz trouvée à Tulare jusqu'à 3 000 m, a des feuilles finement découpées, des pétales externes pâles et des pétales internes couleur crème, flor. juil.
**Oregana** (Eastw.) Munz – Or. des chaînes côtières intérieures (S. Orégon), a des tiges plus courtes att. 25 cm, des pétales externes jaunâtres et des pétales internes à pointe rose, flor. avr.-mai. On les a sélectionnés et hybridés pour obtenir les cultivars suivants :
**'Adrian Bloom'** à feuilles étroites grisâtres et fleurs rose intense.
**'Alba'** à fleurs blanc pur et feuilles vertes.
**'Bountiful'** à fleurs rouge-violacé intense.
**'Stuart Boothman'** petite, à folioles très étroites et fleurs rose intense portées par des tiges plus courtes.
**'Zestful'** à fleurs rosâtre plus pâle, proche du type *D. formosa*.
**'Langtrees'** syn. 'Pearl Drops', très jolie variété à larges folioles gris-argent et fleurs crème et rose.
Bonne terre à mi-ombre. Maintenue humide pour une floraison tout l'été. Le plein soleil convient aussi aux formes à feuilles plus étroites et plus grises. R.-20°C.

**Dicentra macrantha** Oliver – Or. Chine, dans les bois humides, flor. mai. Fins rhizomes très traçants, charnus, cassants. Forme des colonies étendues lorsqu'elle se plaît. Feuilles à tiges jaunâtres att. 50 cm, à folioles 5 cm de long., grossièrement dentées, mais non lobées. Fleurs 7,5 cm de long. Plante très belle et élégante, mais de culture difficile. A protéger absolument du vent. des gelées tardives et des limaces. Sol humifère, humide, sableux. R.-15°C. Autre espèce à fleurs jaunes, *D. chrysantha* (Hook. & Arn.) Walp., est une plante érigée att. 1,50 m, avec une masse de petites fleurs droites de 1,3 cm et des feuilles glauques finement divisées. Dans les chaparrals secs à la suite d'incendies, en Californie du S.

**Dicentra spectabilis** (L.) Lemaire **Cœur de Marie** – Or. Chine (Heilongiang - Mandchourie), très rare et Corée, dans les bois et les vallées profondes à l'ombre, flor. mai-juil., mais au printemps dans nos jardins. Racine épaisse, tiges florales arquées att. 60 cm. Fleurs 2,5 cm de long, rouges ou blanc pur chez 'Alba'. Sol humide sableux à mi-ombre. R.-20°C.

# CARDAMINES

*Sanguinaria canadensis*

*Cardamine bulbifera*

*Cardamine diphylla*

*Cardamine enneaphyllos* à Wisley

*Cardamine laciniata* dans le Blue Ridge

*Cardamine laciniata*

**Cardamine bulbifera** (L.) Crantz (*Cruciferae*) syn. *Dentaria bulbifera* L. – Or. S. Ecosse et France jusqu'à la Turquie, au Caucase, au N. Iran et au C. Russie, dans les bois humides de chênes (S. Angleterre) ou de hêtres, flor. avr.-juin. Racine charnue, traçante. Tiges att. 70 cm, bulbilles à l'aisselle des feuilles. Pétales 12-16 mm de long, violacés. De culture facile, intéressante, peu décorative, se multiplie rapidement par ses bulbilles, fleurit bien en sol humide. R.-20°C.

**Cardamine diphylla** (Michx.) Wood syn. *Dentaria diphylla* Michx. – Or. E. Amérique du N. (Nouvelle-Ecosse, Nouveau-Brunswick, jusqu'au Minnesota, Kentucky et Caroline du S.), bois et prairies humides, flor. avr.-mai. Rhizome souterrain charnu et traçant, tiges érigées att. 35 cm. Feuilles caulinaires 2, opposées, à 3 lobes ovales légèrement crénelés. Feuilles basales trifoliolées. Fleurs blanches, 12-16 mm diam. C. *maxima* (Nutt.) Wood est voisine mais a 3 feuilles alternes et des fleurs plus grandes, violacées. Sol humifère, humide à l'ombre d'arbres caducifoliés. R.-20°C.

**Cardamine enneaphyllos** (L.) Crantz syn. *Dentaria enneaphyllos* L. – Or. E. Alpes et Carpates jusqu'en Albanie et en Yougoslavie, dans les bois subalpins. Rhizome enflé, att. 6 mm diam. Tiges 20-30 cm. Feuilles ternées ou digitées. Pétales 12-16 mm, jaune pâle ou blancs att. presque la longueur des étamines. Sol sableux, humifère, humide en été, à mi-ombre. R.-20°C.

**Cardamine heptaphylla** (Vill.) O.E. Schulz. syn. *Dentaria pinnata* Lam. – Or. Espagne (Pyrénées), France, S.-O. Allemagne, O. Suisse et N.-E. Italie (Mont Baldo) et dans les Apennins, dans les bois de montagne, flor. avr.-mai. Rhizome écailleux, 4-10 mm d'épaisseur. Tiges 30-60 cm. Feuilles pennées, folioles variant de 3-5 paires sur les feuilles basses et de 2-3 paires sur les feuilles supérieures. Fleurs génér. blanches, roses ou violacées, pétales 14-20 mm de long. Sol sableux riche et humifère, à l'ombre ou à mi-ombre, humide en été. R.-20°C.

**Cardamine kitaibelii** Becherer syn. *Dentaria polyphylla* Waldst. & Kit. – Or. Suisse, Apennins et Yougoslavie, dans les fourrés jusqu'à 1 700 m, flor. avr.-mai. Rhizome écailleux, 3-6 mm d'épaisseur. Tige florale

*Cardamine kitailbelii*

20-30 cm, s'allongeant à la floraison. Feuilles pennées à 2-6 paires de folioles grossièrement dentées. Pétales 15-22 cm. Sol humifère, humide. R.-20°C.

**Cardamine laciniata** (Muhl.) Wood, syn. *Dentaria laciniata* Muhl. – Or. E. Amérique du N. entre le Québec, la Floride, le Minnesota, le Kansas et la Louisiane, dans les bois humides, souvent dans la montagne, flor. avr.-juin. Rhizome souterrain charnu mais non écailleux, peu traçant, tiges érigées att. 40 cm. Feuilles 5-12,5 cm de large, à 3 lobes profondément découpés et dentés. Fleurs violet pâle ou blanches, 14-18 mm diam. Sol humifère, humide à l'ombre d'arbres caducifoliés. R.-20°C.

**Cardamine microphylla** (Willd.) O.E. Schultz syn. *Dentaria microphylla* Willd. – Or. Caucase et du Mont Ararat (Agri Da.) en Turquie, sur éboulis humides, dans les ravins à l'ombre, les fourrés et le long des ruisseaux de montagne à 2 000-3 000 m, flor. juil.-sept. Rhizomes écailleux et traçants, forme des colonies tapissantes. Tiges att. 15 cm. *C. quinquefolia* (Bieb.) Schmalh est très voisine mais à 2-3 paires de folioles doublement découpées en dents de scie et des pétales pourpres 14-18 mm de long (Bulgarie, Roumanie, Turquie, Caucase). Très belle mais peu florifère dans nos jardins et assez envahissante. R.-20°C.

**Cardamine pentaphyllos** (L.) Crantz syn. *Dentaria digitata* Lam. – Or. Espagne (Pyrénées) jusqu'au S. Allemagne, l'Autriche et le N. Yougoslavie, dans les bois de montagne, flor. mai-juin. Rhizome écailleux, 1,5-2,5 mm de large. Tiges 30-60 cm. Feuilles digitées ou ternées, à 3-5 folioles. Pétales 18-22 mm, blancs ou violet clair. Sol sableux, humifère, à mi-ombre, humide en été. R.-20°C.

**Sanguinaria canadensis** L. (*Papaveraceae*) – Or. E. Amérique du N. entre la Nouvelle-Ecosse, le Nebraska, l'Arkansas et le N. Floride, dans les bois et sur les pentes à l'ombre, flor. avr.-mai. Rhizome épais à suc rouge, peu traçant. Feuilles repliées et verticales avant de se déployer pour att. 15-30 cm de large, plus ou moins lobées. Tige florale 10 cm à la floraison, 8-16 pétales (att. 2 cm de long), plus dans la forme double. Sol humifère, au frais à l'ombre d'arbres caducifoliés. R.-20°C. La forme sauvage à fleurs simples (voir photo) est plus élégante.

*Cardamine pentaphyllos* à Sellindge, dans le Kent

*Cardamine heptaphylla* à Sellindge, dans le Kent

*Cardamine microphylla* près de Kasbegi, dans le Caucase

# CARDAMINES

Cardamine pratensis dans le Kent

Cardamine pratensis 'Flore Pleno'

Cardamine rhaphanifolia
au Jardin botanique royal, à Edimbourg

Cardamine macrophylla à Baoxing,
dans le Sichuan

Cardamine amara au bord de la rivière Don
dans l'Aberdeenshire

**Cardamine amara** L. **Cresson amer**
(*Cruciferæ*) – Or. Europe entre l'Ecosse,
l'Irlande, l'Espagne et le Portugal jusqu'en Asie
C. et Sibérie, au bord des ruisseaux et des
rivières, dans les bois humides dans l'eau
suintante, flor. avr.-juin. Rhizome traçant et
stolons : forme de grandes colonies. Tiges
10-60 cm. génér. 30 cm. Pétales 7-9 mm de
large, presque toujours d'un blanc crayeux,
avec des anthères foncées, parfois pourpre
clair. Feuilles basales à 5-9 folioles ovales
ou orbiculaires. Sol humide au soleil ou
à mi-ombre. Plante envahissante, à réserver
au jardin naturel. R.-20°C.

**Cardamine macrophylla** Franch. – Or. Chine
(O. Sichuan), au bord des ruisseaux de
montagne et dans les bois détrempés
à 2 000-3 000 m, flor. avr.-juin. Rhizomes fins
mais charnus, peu traçants. Tiges érigées att.

70 cm. Feuilles basales pennées, avec de nomb.
paires de folioles. Fleurs 1 cm diam.
Sol humide, humifère, à l'ombre ou au bord
de l'eau. R.-15°C.

**Cardamine pratensis** L. **Cresson des prés** –
Or. Europe jusqu'en Sibérie occid. et d'un côté
à l'autre du N. Amérique du N., dans les prés
détrempés, au bord des ruisseaux et dans les
fossés, flor. avr.-juin. Plante variable, de port
gracieux, à tiges de 15-55 cm (génér. 20 cm).
Racines charnues parfois stolonifères.
Fleurs lilas pâle, plus rarement blanchâtres,
s'ouvrant au soleil ; pétales 8-13 mm.
Très jolie, non envahissante, une des plus
belles espèces indigènes pour les jardins
humides : à protéger des pigeons ramiers qui
mangent les bourgeons au printemps.
Une des plantes hôtes du papillon 'Aurore'.
La forme double 'Flore Pleno' est

cultivée dans les jardins au moins depuis le
milieu du xviie siècle.

**Cardamine rhaphanifolia** Pourr. syn.
*C. latifolia* Vahl. – Or. N.-O. Espagne,
des Pyrénées et du S. Alpes jusqu'à la Grèce,
la Turquie et au Caucase, dans les ruisseaux
et les sources des pelouses alpines, et des bois
clairs, flor. mai-juil. Rhizome traçant, plusieurs
tiges de 30-70 cm. Feuilles de 3-7 cm de large à
1-5 paires de folioles, la terminale plus grande.
Pétales 8-12 mm, rose pourpré. Sol humide ou
détrempé en plein soleil. R.-20°C.

**Cardamine trifolia** L. – Or. Europe C. (Alpes,
Carpathes, Apennins et C. Yougoslavie), rare
à l'O., dans les bois humides et les endroits
ombragés, flor. avr.-juin. Tiges 20-30 cm ;
rhizomes traçants, forme des coussins de
feuilles simples ou à 3 folioles. Pétales

*Hesperis matronalis* naturalisée dans l'Aberdeenshire

9-11 mm, blancs ou roses ; anthères jaunes. Fruit linéaire 20-25 mm de long. Sol humide et humifère à l'ombre. R.-20°C. Se distingue aisément du *Pachyphragma* par ses fruits.

***Hesperis matronalis*** L. (*Cruciferae*) **Julienne des jardins** – Or. Alpes, Pyrénées, S.-E. Europe, couramment naturalisée ailleurs (Caucase. N. Turquie, Sibérie et Asie C. soviétique), pousse dans les bois de montagne, les fourrés et au bord des ruisseaux, flor. mai-juil. Dans la nature, les sous-espèces à fleurs blanches et rosées ne poussent pas ensemble, ce qui n'est pas le cas au jardin. Tiges att. 1,20 m. Pétales 15-25 mm ; fleurs parfumées. Vivace de courte vie, sol humide, à l'ombre ou dans l'herbe. R.-20°C. En Turquie et au S. Europe, on trouve des espèces très proches, différant par la forme et la pilosité des feuilles.

***Lunaria rediviva*** L. (*Cruciferae*) **Monnaie du pape vivace** – Or. Europe jusqu'en Sibérie, dans les bois humides subalpins et les fourrés de montagne au S., peu répandue, flor. mai-juil. Tiges 40-140 cm, s'allongeant à la floraison. Feuilles cordées. Pétales 12-20 mm, fleurs parfumées. Siliques 35-90 mm de long, elliptiques. R.-20°C. La monnaie du Pape. *L. annua*, est une bisannuelle, à fleurs violettes ou blanches, sans parfum et à siliques presque rondes dont on fait sécher les cloisons brillantes utilisées en décoration florale.

***Pachyphragma macrophyllum*** (Hoffm.) Busch (*Cruciferae*) – Or. N.-E. Turquie et l'O. Caucase, dans les forêts humides de hêtres, jusqu'à 1 900 m en Turquie, flor. avr.- mai. Rhizome traçant, tiges florales att. 10 cm et inflorescences att. 15 cm, souvent cachées par les fll. Fll. basales grandes, ovales-cordées, à pétiole att. 18 cm de long. Pétales 8 mm de long. Fruit largement obcordé, arrondi à la base, 12-17 mm de large. Sol humifère, à l'ombre, humide. R.-15°C.

*Lunaria rediviva*

*Cardamine trifolia*

*Pachyphragma macrophyllum*

Erysimum 'Jubilee Gold'

Erysimum 'Bredon'

Cheiranthus
'Harpur Crewe'

Erysimum concinnum

Erysimum 'Mrs L.K.Elmhirst'

Arabis caucasica 'Snowdrop'

Arabis blepharophylla

Echantillons des pépinières Hopley, 12 avril. Réduction à 33,33 %

# ERYSIMUMS

*Erysimum semperflorens*

*Erysimum* 'Bredon'

**Arabis blepharophylla** Hook. & Arn.
(*Cruciferae*) – Or. Californie (San Francisco)
dans les fourrés rocailleux en dessous de
300 m. flor. fév.-avr. Souche centrale donnant
plusieurs tiges de 20 cm, petites touffes.
Rosette de fll. 2-8 cm de long, obovales
à oblancéolées, obtuses. Fl. rose pourpré ;
pétales 12-18 mm de long. Sol bien drainé
en plein soleil, supporte une sécheresse
passagère en été. R.-15°C.

**Arabis caucasica** Schlecht. in Willd., syn.
*A. albida* Stev. – Or. S.-E. Europe (de l'Italie
au Caucase) N. & E. Turquie, O. Syrie et Iran,
et souvent naturalisée ailleurs, sur rochers et
falaises, fl. mars-août. De fines tiges forment
un tapis de 1 m de large et plus. Hampes
florales 15-35 cm. Fl. blanches à pétales
12-16 mm de long. On connaît 'Snowdrop',
et 'Plena' (à fl. doubles). On cultive aussi des
formes à fl. roses. Vient bien en sol pauvre
bien drainé ou dans un mur. R.-20°C.

**Alyssoides utriculata** (L. ) Medicus
(*Cruciferae*) – Or. France (S.-O. Alpes)
jusqu'en Roumanie, Grèce et au N. Turquie
sur les saillies de rochers jusqu'à 1 300 m en
Turquie, flor. avr.-juin. Tiges att. 40 cm.
Fll. plus ou moins poilues, pétales 14-20 mm
de long. Reconnaissable à ses silicules enflées
de 10-15 mm diam.

**Cheiranthus cheiri** L. syn. *Erysimum cheiri* (L.)
Crantz **Ravenelle** (*Cruciferae*) – Or. Grèce,
Crète, Turquie occid. et Syrie occid. sur les
rochers et les falaises, flor. mars-avr. Plante à
port buissonnant, plusieurs tiges att. 50 cm
(génér. 30 cm). Dans la nature fl. jaune
intense ; pétales 15-25 mm de long.
Naturalisée sur les murs de presque toute
l'Europe ; la couleur des fl. des ravenelles
cultivées varie du rouge au rose ou marron,
jaune et crème. Bien que souvent cultivée en
tant que bisan., c'est une vivace. Sol très sec et
très bien drainé.
'Harpur Crewe' est une forme à fl. doubles de
la ravenelle sauvage, que l'on connaît depuis le
xviie siècle. C'est une bonne plante vivace,
compacte et très florifère en sol calcaire très
sec. 'Bloody Warrior' a des fl. doubles rouge
foncé. R.-15°C.

**Erysimum 'Bowles Mauve'** – Hybride entre
*E. scoparium* (ou *E. linifolium*) et *Cheiranthus*
d'origine encore inconnue. Port buissonnant,
forme une touffe arrondie de feuilles grisâtres
att. 1 m diam. Fleurit longtemps à partir
d'avril ; fl. 2 cm diam. **'Mrs L.K.Elmhirst'** lui
ressemble beaucoup mais ses fll. sont vert
foncé et recouvertes de poils plus longs et plus
clairsemés. Fl. plus pâles, à nervures foncées,
2,8 cm diam. Sol très pauvre. R.-15°C.

**Erysimum 'Bredon'** – Hybride probable entre
*Cheiranthus cheiri* et un *Erysimum*, peut-être
*E. helveticum* (Jacq.) DC ou *E. grandiflorum*
Desf. Tiges att. 20 cm. Boutons rougeâtres ;
flor. avr.-juil. **'Jubilee Golden'** a des fll.
dentées. Il existe plusieurs autres cv. jaunes
nains.

*Giroflée sauvage* à Canterbury

**Erysimum concinnum** Eastw. (*Cruciferae*) –
Or. O. Amérique du N., Californie (Point
Reyes) à l'Orégon, sur rochers et falaises près
de la mer. flor. mars-mai. Racine centrale ;
quelques tiges att. 15 cm. Fll. oblancéolées
effilées. Fl. jaune pâle ou blanc crème, pétales
15-20 mm de long. Très belle, mais de courte
vie. Sol riche et bien drainé. R.-15°C.

**Erysimum 'Constant Cheer'** – Port
buissonnant. 20 à 30 cm de haut. Fleurit
longtemps (printemps et été) : les fl. s'ouvrent
orangé-marron et tournent au pourpre. Mêmes
coloris chez **'Jack's Jacket'**. R.-15°C.

**Erysimum semperflorens** (Schousboe) Wettst.
– Or. O. Maroc, dans les dunes, les fourrés,
les rocailles, flor. janv.-mai. Base ligneuse, tiges
érigées att. 40 cm. Feuilles à poils opprimés ;
fl. 18 mm de long, blanches ou jaunes.
Sol pauvre bien drainé au chaud. *E. mutabile*
Boiss. & Heldr., que l'on a confondu avec
*E. semperflorens* est endémique de la Crète
et pousse sur les falaises et les rochers en
montagne. Ses fl. s'ouvrent jaune et tournent
au chamois ou pourpre. R.-15°C.

*Erysimum* 'Constant Cheer'

*Alyssoides utriculata*

*Erysimum* 'Bowles Mauve'

# EUPHORBES

*Euphorbia oblongifolia* dans le centre du Caucase

*Euphorbia nicaeensis*

*Euphorbia macrostegia* provenant d'Iran, à Kew

*Euphorbia villosa*

*Euphorbia myrsinites*          *Euphorbia hyberna* dans le Comté de Cork          *Euphorbia denticulata* près de Van

# EUPHORBES

*Euphorbia rigida* près de Mugla, dans le S.-O. Turquie

*Euphorbia denticulata* Lam. (*Euphorbiaceae*) – Or. E. Turquie, N. Irak, N.-O. et N. Iran, Arménie soviétique, dans les bois clairs et les fourrés de chênes, sur pentes rocheuses dénudées et dans la steppe, à 800-3 050 m en Turquie, flor. avr.-août. Tiges couchées. Fll. glauques, charnues, obovales à suborbiculaires, att. 4 cm de large. Rayons 5. Glandes dentées comme un peigne, cramoisies. Fruit 7-8 mm de large. A Cambridge, cette plante étonnante résiste bien en sol sec et bien drainé, mais vient moins bien en climat humide à étés frais et hivers doux.

*Euphorbia hyberna* L. subsp. *hyberna* – Or. S.-O. Irlande (répandue) et S.-O. Angleterre (très rare) jusqu'au N. Italie, à l'Espagne et au Portugal, dans les bois clairs, sur les talus rocheux ombragés et dans les haies, flor. avr.-juin. Tiges 30-60 cm., s'allongeant à la flor., souche vigoureuse. Fll. tendres, oblongues, obtuses, glabres dessus et légèrement pubescentes dessous, virant parfois au rouge. Rayons 5. Glandes suborbiculaires. Capsules à caroncules minces courtes ou longues. Sol humide à mi-ombre. La forme irlandaise (voir photo) ne vire pas au rouge en été : ce n'est donc pas une caractéristique de l'esp. Cependant certaines plantes espagnoles, elles, ont des tiges rouges. En Corse, en Sardaigne et au N. Italie, on trouve subsp. *insularis* (Boiss.) Briq., qui a de nombreux rayons axillaires, des capsules presque sessiles et des glandes à bords épais.

*Euphorbia macrostegia* Boiss. – Or. S. Turquie, O. Syrie et du Liban et O. et S. Iran, dans les bois, les fourrés méditerranéens et les fourrés de chênes en sol calcaire dans les monts Zagros en Iran, à 650-2 100 m. flor. avr-juil. Tiges att. 60 cm. Fll vertes ou glauques,

fines mais coriaces. Fll caulinaires att. 5 cm diam. Cyathes penchées, 2-4 mm de large, souvent violacées. Glandes en croissant à pointes courtes ou moyennes. Capsule glabre. Sol bien drainé au soleil ou à mi-ombre. R.-15°C.

*Euphorbia myrsinites* L. – Or. S. Europe (Iles Baléares, Corse), Afrique du N., jusqu'en Crimée, Turquie et Asie C. (Turkestan), sur pentes rocheuses, forêts claires de pins, talus de routes et pâturages de montagne caillouteux, 450-2 200 m en Turquie, flor. avr.-août. Tiges couchées, att. 30 cm de long. Fll. obovales-oblancéolées, glauques, charnues. Rayons 8-13. Glandes en forme de croissant. Capsule à trois stries arrondies. Sol bien drainé ou sur un mur. R.-15°C.

*Euphorbia nicacensis* All. – Or. Europe (S. France et Portugal) jusqu'en Russie C., Turquie et Caucase, sur pentes dégagées, au bord des routes, dans les rocailles, les fourrés et les forêts claires jusqu'à 1 800 m en Turquie, flor. mai-août. Tiges att. 80 cm souvent rougeâtres. Fll. glabres ou à peine papilleuses, glauques, coriaces, lancéolées à oblongues, att. 1,8 cm de large, obtuses. Rayons 5-18. Glandes tronquées ou échancrées ou en croissant à pointes courtes. Capsule rugueuse, parfois pubescente. Variable (peu de tiges érigées ou de nomb. tiges couchées). Sol sec bien drainé. **E. niciciana** Borbas ex Novak, très ressemblante, mais à graines plus petites et à fll. aiguës, plus étroites, att. 8 mm de large. Emplacement sec, ensoleillé. R.-15°C.

*Euphorbia oblongifolia* (C. Koch) C. Koch – Or. N. et E. Turquie jusqu'au Caucase, dans les forêts de hêtres et d'épicéas, sur les pentes herbeuses et rocheuses, les éboulis et les

pelouses alpines à 1 200-2 800 m en Turquie, flor. mai-août. Tiges att. 1 m., pubescentes ou presque glabres. Fll. souvent glauques, att. 4 cm de large, génér. obtuses, assez fines. Involucres 2-3 cm de large, souvent violacées. Glandes en croissant à pointes longues. Capsules lisses ou granuleuses. Sol sableux riche, à mi-ombre, R.-20°C.

*Euphorbia rigida* M. Bieb. syn. *E. biglandulosa* Desf. – Or. S. Europe, du Portugal (mais pas l'Espagne) jusqu'en Afrique du N., Italie, Albanie, O. Caucase, Grèce, Turquie, O. Syrie et N.-E. Iran, sur roches calcaires, pentes de schiste argileux dans les forêts de pins, les fourrés et sur les collines jusqu'à 2 000 m en Turquie, flor. mars-août. Tiges à demi-couchées ou dressées, att. 60 cm. Fll. lancéolées, très aiguës, raides, charnues, glauques, souvent rougeâtres ou orange. Rayons 7-16. Glandes en croissant. Fruit cylindrique, 6-7 mm diam. R.-10°C. ou plus, mais ne résiste pas aux vents froids en climat humide. Plus résistant en climat sec surtout s'il vient d'une région froide. Superbe. A cultiver au sec (plate-bande surélevée) ou sur un mur.

*Euphorbia villosa* Waldst. & Kit. syn. *E. pilosa* auct. non L. – Or. S. Europe (Espagne, France, Afrique du N., Grèce, Crimée, Turquie européenne, Caucase et Sibérie occid., dans les prairies humides, les bois clairs, les haies, sur les bords de rivières, flor. avr.-juin. Nombreuses tiges att. 1,20 m, écailleuses à la base. Fll. assez fines, glabres ou pubescentes, oblongues à elliptiques. Rayons 5 ou plus. Glandes suborbiculaires ou ovales, sans cornes. Capsules lisses ou presque. Sol humide ou mi-ombre. R.-20°C. Souvent appelée *E. pilosa* L., qui est en fait une esp. d'Himalaya.

Euphorbia cyparissias

Euphorbia griffithii 'Dixter'

Euphorbia characias
subsp. *characias*

Euphorbia amygdaloides

Euphorbia polychroma

Euphorbia amygdaloides
var. *robbiae*

Echantillons de Wisley, 29 avril. Réduction à 40 %

*Euphorbia amygdaloides* L. **Euphorbe des bois** – Or. Europe (Irlande et N. Angleterre jusqu'au Portugal, Algérie, Pologne, Turquie, Caucase), dans les bois, les haies et sur les talus herbeux, en sol plutôt humide, jusqu'à 2 000 m en Turquie. Flor. mars-août. Touffes de tiges plus ou moins érigées att. 80 cm, feuillées la première année, et fleurissant la deuxième. Tiges et fll. souvent violacées et pourpres chez **'Rubra'** (syn. 'Purpurea' ) qui se ressème fidèlement. Fll. oblancéolées, 2 cm de large (ou moins), 2,5-7 cm de long. Rayons 5. Glandes en croissant à pointes longues. Capsule lisse. Sol humide en plein soleil ou à mi-ombre. Ne vivent pas longtemps mais se ressèment facilement. 'Variegata' a les fll. bordées de jaune.

*Euphorbia amygdaloides* L. var. *robbiae* (Turvill) Radcliffe-Smith. Se distingue de *E. amygdaloides* par ses rhizomes traçants formant des colonies et par ses fll. oblancéolées, plus coriaces, brillantes, presque glabres, disposées en rosettes sur les tiges ne portant pas de fl. Or. des bois du N.-O. Turquie, de la forêt de Belgrade et jusqu'à Bolu en Asie. R.-15°C. sur de courtes périodes.

*Euphorbia characias* L. – Or. régions méd. (Portugal, Maroc jusqu'au S. Turquie) sur les collines rocheuses, dans les bosquets d'oliviers, les forêts claires et sur le bord des routes, jusqu'à 1 000 m en Turquie. Flor. janv.-mai. Deux sous-espèces : subsp. *characias*, plutôt occid., s'étend à l'E. jusqu'à la Yougoslavie et au N.-E. Lybie. Tiges att. 80 cm, pourvues de nomb. fll. 3-13 cm de long et 1 cm de large, oblancéolées, veloutées, gris-bleu. Glandes marron foncé ou rougeâtres en croissant à pointes courtes ou échancrées. Subsp. *wulfenii* (Hoppe ex W. Koch) J.R. Smith est plus grande, att. 1,80 m. Infl. plus grandes, glandes jaunâtres à longues pointes. Plus courante en Grèce et en Turquie. 'John Tomlinson', forme jaune très grande, trouvée en Grèce. 'Lambrook Gold' lui ressemble beaucoup. Excellentes plantes de jardin, R.-10°C. et plus en sol très bien drainé, mais un froid persistant et humide leur est fatal.

*Euphorbia cyparissias* L. – Or. Europe (sauf les Iles Britanniques et la Scandinavie où elle s'est pourtant naturalisée sur les dunes). Pousse dans les prés secs et rocheux, jusqu'à 2 500 m dans les Alpes. Flor. mai-sept. Rhizomes traçants formant de grandes taches. Tiges att. 50 cm, génér. moins de 30 cm. Fll. linéaires att. 4 cm de long. Rayons 8-18. Glandes en croissant, Capsules verruqueuses. Sol sec. Facilement envahissante. En été vire souvent à l'orange en sol pauvre.

*Euphorbia griffithii* Hook. Fil. – Or. Bhoutan, dans les clairières et les fourrés de forêts de pins, de chênes et de *Rhododendron* à 2 300-3 500 m, flor. mai-août. Rhizome peu traçant. Tiges annuelles de 40-80 cm. Fll. linéaires ou lancéolées, glabres ou pubescentes chez var. *bhutanica* (Fischer) Long. Bractées rouges ou orangées, glandes semi-circulaires, capsule lisse. 'Dixter' a des fll. rouge violacé, des bractées rouge foncé et des tiges plus courtes. 'Fireglow' est le clone courant. Superbe en compagnie de plantes à fllge vert, comme des fougères *Matteuccia struthiopteris* avec lesquelles il peut garnir des vallées humides. R.-20°C.

E. ✕ **martinii** Rouy – Hybride entre *E. amygdaloides* et *E. characias*, trouvé dans la nature dans le S. France et cultivé depuis longtemps. Forme des touffes de tiges érigées att. 60 cm. Pour plate-bande ensoleillée. Plus grande, fait plus d'effet que *E. amygdaloides*; plus nette et plus petite que *E. characias*. R.-15°C.

*Euphorbia polychroma* Kerner syn. *E. epithymoides* L. – Or. Europe (S. Allemagne jusqu'en Ukraine, Bulgarie et Grèce), dans les bois et les fourrés en sol calcaire, flor. avr.--mai. Souche importante, nomb. tiges 20-40 cm de haut. Fll. soyeuses 3-5 cm de long et 1-2,5 cm de large, obovales et oblongues elliptiques, entières ou dentées près de l'apex. Fll. supérieures elliptiques. Rayons 4-5, glandes petites, arrondies. Capsule à longues caroncules fines. 'Purpurea', très belle forme à fl. et à tiges pourpres, mais rare en culture. Bonne terre à mi-ombre. R.-25°C.

*Euphorbia* ✕ *martinii*

*Euphorbia cyparissias*

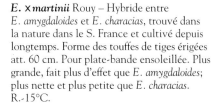

*Euphorbia amygdaloides* 'Rubra'

*Euphorbia griffithii* avec *Matteuccia*

*Euphorbia characias* 'John Tomlinson'

# VIOLETTES

*Viola blanda* dans l'Etat de New York

*Viola canadensis*

*Viola elatior*

*Viola hirta*

**Viola blanda** Willd. (*Violaceae*) – Or.
Amérique du N. (entre le Québec,
la Nouvelle-Angleterre, le Minnesota et
la Géorgie), dans les bois frais et rocheux
de montagne, flor. avr.-mai. Plante acaule,
souche ténue, fins stolons feuillés. Fll. et tiges
florales naissant directement de la souche,
att. 5 cm. Fl. ovales cordées, poilues sur le
dessus. Fl. blanches légèrement odorantes,
pétales supérieurs réfléchis et tordus. Capsule
violet foncé. Emplacement frais et ombragé.
R.-20°C.

**Viola canadensis** L. – Or. Amérique du N.
(entre le Nouveau-Brunswick,
le Saskatchewan, la Caroline du S.,
le Nebraska et les Rocheuses, jusqu'au
Nouveau-Mexique), dans les bois et les forêts
de feuillus en montagne, flor. mai-juil. Forme
des touffes. Tiges érigées att. 40 cm. Fll. largement ovales, acuminées ou aiguës. Sépales
resserrés, pétales blancs, jaunes à la base.

**Viola elatior** Fries – Or. E. & C. Europe. du N.
Italie et de la France, vers l'E., jusqu'en Sibérie
et au N.-O. Chine, dans les prairies humides et
les fourrés. flor. avr.-juin. Tiges en touffes att.
50 cm. Fll. lancéolées, subcordées : stipules
aussi longues que le pétiole ou plus.
Fl. 2-2,5 cm diam., éperon court 2-4 mm
*V. persicifolia* Schreber très ressemblante,
mais plus petite (25 cm. max.) et à stipules
plus courtes que le pétiole. Dans les marais de
toute l'Europe. Sol humifère ou tourbeux au
soleil ou à mi-ombre. R.-25°C.

**Viola hirta** L. **Violette hérissée** – Or. Europe,
excepté l'extrême N., jusqu'au Caucase, à la
Sibérie et à l'Asie C., dans les bois, sur les talus
herbeux et dans les prairies, en sol calcaire,
flor. mars-juin. Tiges et fll. att. 15 cm, poilues,
en rosette ; non traçante, stolons en été.
Fl. 1,5 cm diam., bleu-violet, inodores. Très
décorative au début du printemps. R.-25°C.

**Viola labradorica** Schrank syn. *V. adunca* Sm.
var. *minor* (Hook.) Fern. – Or. Amérique du N.
depuis l'Arctique jusqu'au New Hampshire, au
Colorado et à la Californie (var. proche), dans
les bois et l'herbe en montagne, flor. mai-août,
plus tôt dans les jardins. Tiges courtes ; stolons.
Fll. d'été à peine poilues ou lisses sur le dessus,
ovales, obtuses. Stipules effilées ou à 1 ou
2 lobes étroits à la base. Fl. violet clair à foncé.
10 cm diam. La forme cultivée à des fll.

pourprées. Très proche de la violette des bois
européenne. *Viola reichenbachiana* Jord., qui,
elle, a des stipules frangées. R.-25°C.

**Viola obliqua** Hill syn. *V. cucullata* Ait. – Or.
E. de l'Amérique du N., du Québec à l'Ontario
et à la Géorgie, dans les endroits humides,
souvent dans les bois clairs, flor. avr.-juin.
Rhizome charnu traçant. Tiges et fll. glabres.
Fll. 8 cm de large à maturité. Fl. violettes ou
blanches à gorge plus foncée, 3,5 cm diam.
inodores ; barbes des pétales à poils en massue.
Fl. cleistogames longues et fines, sur longs
pédoncules érigés ; capsules vertes. Bonne terre
humide au soleil ou à mi-ombre. La sécheresse
peut lui être fatale malgré ses rhizomes
charnus.

**Viola odorata** L. **Violette odorante** – Or.
Europe (sauf l'extrême N.) : Açores, Afrique,
Caucase, Turquie, Syrie et N. Iran, dans les
bois, les haies et sur les talus ensoleillés, flor.
févr.-mai. Pédoncules att. 5 cm ; pétioles att.
12 cm, naissant directement de la souche ;
stolons traçants. Fll. plus ou moins glabres,
ovales-orbiculaires, obtuses. Fl. très odorantes,
1,5 cm diam., violet foncé ou blanches, mais
on cultive des formes à fl. rougeâtres, roses,
jaune clair et bleu clair. Une transplantation
annuelle au printemps leur est bénéfique.
Sol riche, meuble, humifère, bien humide par
temps chaud. R.-20°C. Il nous reste quelques-
unes des nomb. variétés cultivées autrefois.
'Governor Herrick' (voir photo) fleurit de nov.
à avr. ; fl. 3-3,5 cm diam.

**Viola septentrionalis** Greene – Or. E.
Amérique du N., du N.-E. Canada jusqu'en
Ontario, Connecticut et N. Pennsylvanie,
dans les bois clairs et humides, flor. mai.
Rhizome épais, rampant. Tiges et fll. finement
poilues. Fll. att. 7,5 cm à maturité. Fl. violet
foncé à blanches, att. 2,5 cm diam.
Fl. cleistogames pontées par de courts
pédoncules dressés : capsules pourpre clair.
Sol humide, humifère à mi-ombre. R.-20°C.

**Viola sororia** Willd., syn. *V. papilionacea* Pursh
– Or. E. Amérique du N., du Québec jusqu'au
Wioming, à l'Oklahoma et à la Caroline du
N., dans les prairies humides et sur les talus
à l'ombre, flor. avr.-mai. Jeunes fll. glabres ou
poilues. Limbe des fll. très crénelé à maturité.
Fl. inodores, 20 mm diam., bleu-violet,
mais 'Freckles' a des fl. blanches mouchetées
de bleu et 'Albiflora' des fl. blanc pur. Chez
'Princeana', syn. f. *albiflora* Grover, appelée aux
Etats-Unis Violette des Confédérés à cause de
ses fl. grisâtres, plus foncées au milieu, à gorge
verte, veinées de bleu. Poils de la barbe non
claviforme. Fl. cleistogames portées par
de courts pédoncules rampants. Sol humide
au soleil ou à mi-ombre. R.-20°C.

**Viola suavis** M. Bieb. – Or. S.-E. Europe,
S. Russie, Turquie, Caucase, Asie C., N.-O.
Chine et Cachemire, dans les fourrés et sur les
talus à l'ombre, souvent près des cours d'eau,
flor. mars-mai. Ressemble beaucoup à
*V. odorata*, mais ses fl. sont d'un bleu plus pâle
à centre blanc, ses fll. plus allongées, et ses
stolons souterrains. Pour toute bonne terre au
soleil ou à mi-ombre. R.-20°C. Cette espèce a
sans doute contribué à l'obtention de certains
cultivars de violette odorante.

# VIOLETTES

*Viola labradorica*

*Viola odorata* 'Governor Herrick'

*Viola odorata* dans le Kent

*Viola odorata*

*Viola odorata* (f. rouge) à l'Alhambra

*Viola suavis* dans le Xinjiang, au N.-O. de la Chine

*Viola obliqua*

*Viola septentrionalis* 'Alba'

*Viola sororia* 'Freckles'

53

# VIOLETTES

'Jeannie'

Plants de viola
tricolor issus de semis

'Martin'

'Joyce'

'Grace'

Viola gracilis 'Lutea'

Viola cornuta

'Chelsea Girl'

'Penny Black'

'Blue Tit'

Viola corsica

'Hunterscombe Purple'

'Ardross Gem'

'Little Liz'

Echantillons des Savill Gardens à Windsor, 15 juin. Réduction à 50 %

# VIOLETTES

Plant de *viola tricolor* issu de semis

*Viola corsica*

*Viola cornuta* 'Boughton Blue'

*Viola* 'Hunterscombe Purple'

*Viola* 'Chelsea Girl'

*Viola cornuta* (une forme à grandes fleurs)

**Viola cornuta** L. (*Violaceae*) – Or. Pyrénées en France et en Espagne, à flancs de montagne rocailleuse et sur pelouses alpines, flor. juin-août. Parfois échappée des jardins et naturalisée dans d'autres montagnes en Europe. Vivace de grande longévité. Nomb. stolons dès la base, formant une touffe dense. Tiges att. 30 cm. Eperon 10-15 mm, plus long que les pétales qui ne se chevauchent pas. Fl. 2-3 cm diam., parfumées, couramment mauve pâle ; mais parfois blanches ou gris rosé dans les jardins.

**'Boughton Blue'**, obtenue par Sir David et Lady Scott à Boughton House dans le North-hamptonshire (G.B.) est l'une des plus jolies parmi la quarantaine de cultivars connus aujourd'hui. Fl. bleu ciel pâle. Voir aussi la forme à très grandes fl. R.-20°C.

**Viola corsica** Nyman syn. *V. bertolonii* Salisb. – Or. Corse et Sardaigne, dans les pâturages rocheux de montagne à 900-1 300 m ; flor. avr.-juil. Vivace de grande longévité, à tiges att. 20 cm. Fl. 3,5 cm du haut en bas ; pétales violets rarement jaunes ne se chevauchant pas. Eperon 10-15 mm. Elle est souvent cultivée en tant que *V. bertolonii* Salisb. : *V. bertolonii* Pio, elle a des fl. plus ou moins carrées vues de face ; ses pétales se chevauchent. On la trouve dans

toute l'Italie (Alpes du S.-O., N. Apennins, S. Italie et N. Sicile).

**Viola gracilis** Sibth. & Son (*Violaceae*) – Or. Yougoslavie, Bulgarie, Albanie, Grèce et de l'O. Turquie, dans les bois herbeux de montagne et sur les pelouses alpines, à 1 250-2 000 m (en Turquie). Flor. mai-août. Forme des tapis denses qui restent en place plusieurs années. Tiges 5-30 cm, plutôt 15 cm dans les jardins. Fll. ovales orbiculaires ou oblongues, crénelées, celles de l'extrémité arrondies. Fl. 2-3 cm de haut en bas, violettes ou jaunes, jamais bicolores. Eperon 6-7 mm, droit ou légèrement courbe. Stipules à lobes spatulés, oblancéolées. Terre de jardin ordinaire, en plein soleil. La forme la plus courante a des fl. jaunes ; dans mon jardin certains plants portent aussi des fl. pourpre clair.

**Viola x wittrockiana** Gams **Pensée** – C'est la pensée de jardin. Obtenue en croisant *Viola tricolor* avec *Viola lutea* subsp. *sudetica* et *Viola altaica* Ker-Gawler. Les pensées à grandes fl., qui sont des annuelles, des bisannuelles ou des vivaces de courte vie, sont issues de ces espèces, la grande période d'hybridation se situant vers 1800-1835 ; dès 1838 on avait nommé au moins 400 pensées. C'est James Grieve de chez Dickson à Edimbourg qui créa

dans les années 1860 ce que nous appelons aujourd'hui les 'Violas'; il croisa les pensées avec *Viola lutea* et *V. cornuta* (q.v.) qui sont des vivaces sûres. En 1874, le docteur Charles Stuart de Chirnside, dans le Berwick, fit des pollinisations manuelles et remarqua qu'il obtenait le port drageonnant des vivaces uniquement en semant *V. cornuta* comme parent. On appela ces pensées vivaces 'violettas'. Les cultivars suivants de *Viola* sont photographiés ici :
**'Ardross Gem'**
**'Blue Tit'**
**'Chelsea Girl'**
**'Grace'**
**'Huntercombe Purple'**
**'Jeannie'**
**'Joyce'**
**'Little Liz'**
**'Martin'** proche de *V. gracilis* (q.v.) et fleurissant sur une longue période. Obtenue par J. Elliot.
**'Penny Black'** cette pensée noire ne vit pas longtemps mais se ressème fidèlement.
**'E. A. Bowles'**. syn. 'Bowles Black' a des fl. plus petites ressemblant plus à *V. tricolor*.
**'Molly Sanderson'** est similaire, mais de meilleure tenue ; fl. arrondies au dessus d'une touffe basse de fll.
**'Heartsease'** (forme de *Viola tricolor*) plant issu de semis à pétales tachetés. (Voir p. 56.)

# VIOLETTES

*Viola lutea* dans l'Aberdeenshire, en Ecosse

*Viola gracilis* 'Lutea'

*Viola* 'Arkwright's Ruby'

*Viola tricolor* (forme sauvage)

*Viola* 'Maggie Mott'

**Viola gracilis** Sibth. & Smith **'Lutea'**, voir p. 55.

**Viola lutea** Hudson – Or. O. Europe, entre l'Ecosse, l'Irlande, l'Espagne et la Suisse, dans les prés herbeux sur les collines, fl. mai-juin et un peu par la suite. Stolons souterrains traçants : forme des taches clairsemées dans l'herbe ; segment terminal des stipules petit et crénelé, fl. jaunes, parfois violettes ou bariolées, 1, 5-2, 5 cm diam., pétale intérieur 1,5 cm de large. Subsp. *sudetica* (Willd.) W. Becker a des tiges plus épaisses et des fl. plus grandes (2,5 cm diam.). On la trouve des Alpes à la Tchécoslovaquie. C'est cette sous-espèce que l'on a croisée avec *V. tricolor* pour obtenir la pensée cultivée (voir p. 55).

**Viola pedata** L. **Violette pied d'oiseau**. – Or. État de New York jusqu'au Wisconsin, à la Floride et E. Texas, sur talus secs et rocheux, dans les bois clairs d'arbres caducifoliés en sol bien drainé et au bord des fossés en sol acide sableux, flor. avr.-juin et de nouveau en été et en automne. Fll. profondément divisées, à lobe central et 2 séries de 4 lobes latéraux. Fl. att. 4 cm diam. génér. violet-bleuté pâle (var. **lineariloba** DC., syn. var. *concolor* Brainerd), souvent bicolores : d'un violet remarquable et bleu pâle, var. **pedata** (syn. var. *bicolor* Pursh). Une des plus belles espèces, mais de culture difficile. Sol très bien drainé, chaleur et humidité en été. On recommande de la cultiver en sol argileux, sans humus ; en effet, les plantes photographiées ici poussaient sur les talus argilo-schisteux d'une nouvelle route en plein soleil. R.-20°C.

**Viola tricolor** L. – Or. Europe et Asie (jusqu'au C. Turquie, Sibérie et Himalaya), dans l'herbe et les champs cultivés, flor. avr.-sept. Génér. annuelle, parfois vivace. Stipules à segment terminal lancéolé, en forme de fll., plus grand que les autres. Fl. de couleur variable, souvent bicolores. La forme sauvage montrée ici, or. N.-E. Ecosse, est une vivace, courante dans le N. Angleterre et en Ecosse, rare au S., qui pousse dans les pâturages et les prairies cultivées. Elle forme un tapis de tiges rampantes. Subsp. *curtisii* (E. Forster) Syme lui ressemble mais ses fl. sont jaunes et on la trouve dans les dunes de sable au bord de la mer en Europe occ. et au bord de la Baltique. On trouve d'autres sous-espèces vivaces dans les montagnes de la péninsule des Balkans et en Europe centrale et du S.
Quelques cultivars de *Viola* :
**'Viola × wittrockiana'** (p. 55)
**'Arkwright's Ruby'**
**'Irish Molly'** à fl. bronze cuivré.
**'Jackanapes'**
**'Maggie Mott'** var. ancienne cultivée dès avant 1910. Fl. 4 cm diam.
**'Rebecca'** fl. blanches marginées bleu-violacé. (type plicata).

*Viola* 'Jackanapes'

*Viola pedata* var. *lineariloba*, en Virginie dans les montagnes du Blue Ridge

*Viola pedata* var. *pedata*, en Virginie

*Viola* 'Rebecca'

*Viola* 'Irish Molly'

# BERGENIAS

'Ballawley'

*Bergenia*
*× schmidtii*

*Bergenia*
*cordifolia*

'Britten'

'Admiral'

'Bach'

*Bergenia*
*purpurascens*

'Brahms'

Echantillons de Wisley, 28 avril. Réduction à 20 %

*Bergenia purpurascens*

**Bergenia** (*Saxifragaceae*) – Un genre qui compte env. 6 espèces, très proche des saxifrages, à rhizome charnu, épais, rampant qui forme de beaux tapis de grandes fll. coriaces. Tous fleurissent au début du printemps et poussent en sol humide mais bien drainé à l'ombre ou à mi-ombre. De nomb. hybrides ont été obtenus dans les jardins en Europe, vous en trouverez une sélection à la page suivante.

**Bergenia ciliata** (Haw.) Sternb. – Or. Afghanistan jusqu'au S.-E. Tibet, dans les bois et les saillies de rochers à l'ombre vers 1 800-4 300 m, flor. mars-juil. près de la neige fondante. Fll. basales grandes, arrondies, cordées, entières, à poils raides, 30 cm de large ou plus, rougeâtres en automne, à long pétiole poilu (15 cm). Fl. 1,5-2,5 cm de long, rose très pâle. Jeunes fll. et fl. sensibles au gel. Vient bien à l'ombre. R.-20°C.

**Bergenia cordifolia** (Haw.) Sternb. – Or. Sibérie (montagnes de l'Altaï), flor. fév.-mars

dans nos jardins. Fll. à limbe non bombé de 30 x 20 cm, obovales, bullées, à bord ondulé, non convexes, demeurant vertes en hiver. Fl. 2,2 cm de long, rose violacé. Espèce communément cultivée, introduite au XVIIIᵉ siècle, supportant le froid et la chaleur. Vient bien à l'ombre en climat méditerranéen.

**Bergenia crassifolia** (L.) Fritsch – Or. Sibérie. Mongolie et N.-O Chine (Altaï), jusqu'au Pacifique (var. *pacifica* (Kom.) Nekr. illustrée ici), et naturalisée par endroits en Autriche et en France, dans les rochers de montagne exposés au N., et dans les bois subalpins, flor. mars-avr. Fll. 15-30 cm, elliptiques, obovales, à bord un peu denté, marron rougeâtre en hiver. Inflorescence att. 30 cm ; fleurs infléchies. Pétales 10-12 mm ; rose violacé vif. R.-20°C.

**Bergenia purpurascens** (Hooker fil. & Thoms.) Engler – Or. C. Népal (répandue), au S.-O. Chine (Yunnan), sur les rochers et les pentes dégagées vers 3 600-4 700 m. Fll. glabres non dentées, pourpres en hiver, limbes 3-9 cm de long. Fl. rose- pourpre, infléchies. 1,5-2,5 cm de long, en panicule dense ponté par un fort pédoncule att. 30 cm. R.-20°C.

**Bergenia stracheyi** (Hook. fil & Thoms.) Engler – Or. Afghanistan jusqu'au N. Inde (Uttar Pradesh), sur pentes rocheuses alpines en plein soleil vers 3 300-4 500 m. Répandue dans l'Himalaya où elle forme d'immenses colonies à l'exclusion de toute autre plante excepté parfois les *Codonopsis*; flor. juin-août, mais au début du printemps dans nos jardins. Fl. roses, 2-2,5 cm de long, infléchies, en grappes lâches. Fll. obovales, 5-10 cm de long. Les hybrides obtenus par Eric Smith sont issus de cette espèce et de sa forme blanche 'Alba'. Il leur donna le nom de compositeurs célèbres. Les hybrides de Bergenia sont des plantes résistantes, d'une grande longévité, à fll. persistantes qui, pour certaines, se teintent de rouge ou de pourpre en hiver. Les fl. s'épanouissent au début du printemps et sont souvent abîmées par les gelées tardives, d'où la nécessité de prévoir un abri. R.-25°C. Bonne terre. Quelques cultivars de Bergenia : 'Abendglocken' syn. **'Evening Bells'**, obtention de G. Arends en 1971. 'Admiral', obtention de R. Eskruche 'Baby Doll', obtention de zur Linden 'Ballawley' syn. 'Delbees' obtenu à Ballawley Park près de Dublin avant 1950. Flor. avr.-mai. Fll. vertes qui virent au bronze en hiver. Pédoncules rouge vif. Tige florale att. 60 cm. Fll. moins résistantes et moins persistantes que d'autres. 20 cm de large. Pas très florifère. 'Bach', obtention de Eric Smith de « The Plantsman », en 1972. 'Beethoven', obtention de Eric Smith de « The Plantsman », en 1972. 'Brahms', obtention de Eric Smith de « The Plantsman », en 1972. 'Britten', obtention de Jim Archibald de « The Plantsman », en 1977.

**Bergenia × schmidtii** – Hybride entre *B. ciliata* et *B. crassifolia* obtenu en 1875. Plante vigoureuse et tapissante, à fll. 23 cm de long sur 15 cm de large. Flor. précoce, souvent la première à fleurir, le gel risque donc d'endommager les fl.

# BERGENIAS

Bergenia 'Baby Doll'

Bergenia ciliata ramassée par Christopher Lloyd

Bergenia scracheyi 'Alba'

Bergenia stracheyi

Bergenia crassifolia var. pacifica

Bergenia 'Abendglocken'

Bergenia 'Beethoven'

# LATHYRUS

Lathyrus roseus à Cambridge

Lathyrus venetus

Lathyrus aureus au Jardin botanique de Cruickshank, Aberdeen

Lathyrus aureus

Lathyrus vernus

Lathyrus vernus 'Roseus'

Lathyrus vernus 'Cyaneus'

**Astragalus lusitanicus** Lam. syn. *Phaca boetica* L. – Or. pourtour méd., dans les fourrés rocailleux, les bois de pins et les champs abandonnés jusqu'à 800 m en Turquie, flor. mars-juin. Plusieurs tiges érigées att. 70 cm. Fll. 10-18 cm de long. Fl. 10-20, en grappe érigée, 20-25 mm de long, blanches à calice poilu noirâtre ou rougeâtre. Chez les plantes d'Espagne, du Portugal et du N.-O. Afrique, subsp. *lusitanicus*, les fll. sont glabres sur le dessus et le calice souvent rouge foncé ; chez celles de l'E. méd., subsp. *orientalis* Chater & Meickle, le calice est noirâtre et les fll. soyeuses sur le dessus. Cultivée depuis le xvii^e siècle mais rare dans les jardins. Emplacement sec et ensoleillé. R.-15°C.

**Lathyrus aureus** (Stev.) Brandza syn. *Orobus aureus* Steven – Or. Bulgarie et Roumanie jusqu'au N. Turquie, Caucase et Crimée, dans les bois et les fourrés, jusqu'à 2 000 m, flor. mai-juil. Fll. sans vrille, avec 3-6 paires de folioles à glandes brunâtres au revers. Fl. 12-25. orangé-brunâtre, 17-22 mm de long. Gousses 50-70 mm de long, très glanduleuses à l'état jeune. **L. gmelinii** Fritsch (syn. *L. luteus* (L.) Peterm.), or. Oural et Asie C., lui ressemble, mais a des fl. jaunes 25-30 mm de long et 2-4 paires de folioles. Deux autres espèces d'Europe ont des fl. jaunes ; *L. lævigatus* (France, Espagne et jusqu'en Russie), et *L. transsilvanicus* (Carpates), mais on ne trouve les glandes marron que chez *L. aureus*, qui, pour compliquer les choses, ressemble beaucoup à *Vicia crocea* (Desf.) B. Fedtsch (Turquie et Caucase), lequel a des fll. pliées et non roulées dans le bourgeon, des stipules inégales et des gousses plus courtes, 27-32 mm de long.

**Lathyrus nervosus** Lam. – Or. Terre de Feu (très rare), Argentine vers le N. jusqu'au 37°S., Chili vers le N. jusqu'au 46°S., Uruguay et S. Brésil, dans les fourrés, flor. déc.-janv. (mai-juil. dans l'hémisphère N.). Rhizomes en touffes, quelques tiges grimpantes ou rampantes att. 1,50m. Fll. sessiles et stipules glabres, glauques, à marge épaissie. Inflorescence avec 3 verticilles de 3-4 fl. de 18 mm diam. chacune. Sol riche, situation fraîche, au soleil ou à mi-ombre, arroser en été. R.-10°C.

**L. magellanicus** Lam. lui ressemble beaucoup mais ses folioles plus étroites sont poilues et noircissent en se desséchant, et leur marge est fine et membraneuse. On la trouve à l'O. Argentine vers le N. jusqu'au 45°S., et en Terre de Feu, dans les dunes de sable et parmi les galets au bord de la mer, et dans les prés et les fourrés, flor. déc.-fév. C'est une plante plus robuste (att. 3 m) et résistant mieux au gel que *L. nervosus*.

**Lathyrus roseus** Stev. – Or. Crimée, Caucase, N. & E. Turquie et N. Iran, dans les forêts de pins et d'épicéas, dans les fourrés de chênes et de noisetiers, flor. mai-juil. Tiges érigées att.

*Lathyrus nervosus* à Sissinghurst

*Lathyrus nervosus* au Jardin botanique royal de Kew

*Sophora alopecuroides* au N.O. de la Chine

*Astragalus lusitanicus* près de Marmaris, en Turquie

*Parochetus communis* près de Dali, dans le Yunnan

60 cm, souche importante. Fll. sans vrilles, avec une paire de folioles obovales, de 45 x 30 mm ; stipules étroites, aussi larges que la tige. Fl. 1-4 par tige, 2 cm diam. Sol bien drainé, au soleil ou à mi-ombre.

***Lathyrus venetus*** (Miller) Wohlf. syn. *L. variegatus* (Ten.) Gren. & Godr. – Or. S. Europe, Italie et Corse jusqu'en Russie C. et N. Turquie, dans les forêts, les fourrés et les prés, flor. mai-juin. Plante en touffe, nomb. tiges att. 40 cm. Fll. à 2-4 paires de folioles aiguës. Fl. 10-30, en grappe serrée, 10-15 mm de long. Proche de *L. vernus*, mais plus grande, à fl. plus petites et plus nombreuses, et à folioles aiguës plutôt qu'acuminées. Tout sol au soleil ou à mi-ombre. R.-20°C.

***Lathyrus vernus*** (L.) Bernh. syn. *Orobus vernus* L. – Or. Europe excepté le S. et l'O., de France jusqu'au Caucase, N. Turquie, E. Sibérie, dans les bois et les fourrés, sur calcaire, flor. avr.-juin. Forme lentement

des colonies. Tiges 20-40 cm, fll. 2-4 paires, ovales, acuminées, 3,5-7 cm de long. Fl. 15-18 cm de long, rouge-violet, bleues en se fanant. Il existe aussi : 'Albus' (blanc) ; 'Cæruleus' (blanc pur) ; 'Roseus' (rose) ; 'Albo-roseus' (rose et blanc) qui est probablement la même forme que 'variegatus'. Une forme bleue aussi, appelée 'Cyaneus', à ne pas confondre avec *Lathyrus cyaneus* (Stev.) C. Koch. que j'ai vue dans les pelouses alpines du Caucase ; elle a seulement 2 paires de folioles linéaires ou étroitement linéaires lancéolées, des stipules à demi-sagittées, des fleurs bleu pâle et des tiges qui rampent dans l'herbe sous le niveau du sol. Tout sol à l'ombre ou à mi-ombre. R.-20°C.

***Parochetus communis*** Buch.-Ham. ex. D. Don – Or. montagnes d'Afrique C. (Kenia vers 3 000 m), Inde, Himalaya, jusqu'au S.-O. Chine et au S.-E. Asie, dans les fossés, sur des talus ombragés et dans l'herbe des forêts humides de 100 à 4 300 m, flor. mai-nov.

Plante traçante formant de grandes colonies. Hampe florale 7,5 cm de haut, fl. 1,3-2,5 cm de long. Folioles 8-20 mm de long. A cultiver en serre froide sous les tablettes ou à l'extérieur en situation abritée. R.-5°C.

***Sophora alopecuroides*** L. (*leuguminosae*) – Or. Asie, de la Turquie (autour d'Ankara) jusqu'au N. Chine, dans les déserts de sable et les terres en friche, au bord des routes et des canaux d'irrigation, flor. avr.-juil. La plante s'étend par ses tiges souterraines traçantes, les hampes florales att. 1 m ou plus. Fll. poilues soyeuses, grappes de 60 à 80, fl. 18-20 mm blanchâtres. Gousses contenant 3 à 10 graines, très contractées entre chaque. Répandue dans les régions désertiques et érodées d'Asie C. protégée grâce au puissant poison cardiaque qu'elle contient. A cultiver en sol sec ou salin. R.-25°C.

Voir p. 278/279 pour les *Lathyrus* à floraison tardive.

*Asarum hartwegii* dans le N. de la Californie

*Asarum caudatum* au Jardin botanique de Santa Barbara, en Californie

**Asarum caudatum** Lindl. (*Aristolochiaceae*) –
Or. Amérique du N., de la Californie à la
Colombie-Britannique et au Montana, dans les
chaînes côtières, à l'ombre dense des forêts de
séquoia sempervirens et des bois de pins. Flor.
mai-juil. Rhizomes très traçants, forme de
grandes colonies assez lâches. Fll. 2-10 cm de
long non nervurées sur le dessus. Fl. cachées
sous les fll., à pétales 2,5-8,5 cm de long. Styles
coudés. Bon couvre-sol à l'ombre épaisse en sol
meuble et humifère. R.-15°C. Il existe au
Japon 30 espèces d'Asarum dont certaines très
belles à fll. marbrées, à cultiver sous ombrière
pour la plupart. Le Cabaret Européen.
A. *Europaeum* a des fll. plus petites et
arrondies.

**Asarum hartwegii** S. Wats. – Or. S. Orégon,
jusqu'à la Californie et à la Sierra Nevada
(Tulare), dans les bois et les fourrés ombragés
de 700 à 2 000 m, flor. mai-juin. Rhizome
épais, peu traçant. Fll. cordées, ovales, 4-10 cm
de long., à nervures pâles. Fl. cachées sous les
fll., à pétales poilus, marron, 2,5-6,5 cm de
long. Styles presque séparés. Sol humifère à
l'ombre. Supporte la sécheresse. R.-15°C.

**Aristolochia hirta** L. (*Aristolochiaceae*) – Or. O
et S.-O. Turquie, îles de Chios, Lesbos et
Samos, dans les rochers, les ruines,
les vignobles et les bois de pins jusqu'à
1 200 m, flor. mars-juin. Souche cylindrique
renflée. Tiges 15-50 cm. Fll. 3-11 cm de long.
Fl. à limbe 1,5-8 cm de large, poilues à
l'intérieur et à l'extérieur. Plante étrange,
attirant les insectes par la forme et l'odeur de
l'intérieur des fl. rappelant la viande moisie.
Sol pierreux bien drainé, sec en été. R.-10°C.

**Hacquetia epipactis** (Scop.) DC.
(*Umbelliferae*) – Or. E. Alpes, Italie, Autriche
et Pologne jusqu'à la Tchécoslovaquie et à la
Yougoslavie, dans les bois riches en sol calcaire
jusqu'à 1 500 m, flor. mars-mai. Tiges
10-25 cm, s'allongeant à la floraison, se
terminant en un involucre en rosette autour
d'une ombelle de minuscules fl. jaunes.
Sol humide à l'ombre ou à mi-ombre. R.-20°C.

**Oxalis acetosella** L. (*Oxalidaceae*) – Or.
Europe (de l'Islande au Japon et à l'Espagne,
l'Italie et la Grèce), et Amérique du N.
(jusqu'au Saskatchewan et à la Caroline du N.,
dans les montagnes) ; bois humides, landes et
rochers à l'ombre, flor. avr.-juin et par

*Hacquetia epipactis* à Sellindge, dans le Kent

*Oxalis oregana*

*Oxalis acetosella*

*Pachysandra procumbens*

*Aristolochia hirta* dans un théâtre antique dans le S.-O. de la Turquie

*Pachysandra procumbens* à Kew au début du printemps

intermittence jusqu'en sept. Pétioles 5-15 cm.
Fl. 10-16 mm de long. blanches veinées de
lilas, parfois rosâtres. Sol humide et humifère
à l'ombre en été. R.-25°C.

**Oxalis oregana** Nutt. – Or. Californie C.,
jusqu'à l'État de Washington, dans les forêts de
séquoia sempervirens., flor. avr.-sept. Pétioles
poilus couleur de rouille, 5-17 cm de long.
Fl. 8-20 mm de long, blanches ou rosées
veinées de violet à cœur pâle, ou encore
2-2,5 cm de long, pourpre rosé chez f. *smalliana*
(Knuth) Munz. Sol humide, humifère,
à l'ombre. R.-15°C.

**Pachysandra procumbens** Michx. (*Buxaceae*)
– Or. E. Amérique du N. (de l'O. Virginie,
au Kentucky, à la Floride et à la Louisiane),
dans les bois d'arbres caducifoliés,
flor. avr.-mai. Forme des touffes ou des tapis
de tiges pubescentes att. 30 cm., rampantes et
redressées. Fll. persistantes bien que souvent
abîmées par le gel, elliptiques, ovales ou
obovales, 5-10 cm de long, non dentées ou
à dents peu nomb. et peu profondes. Fl. à
l'aisselle des fll. inférieures en forme d'écailles,
les fl. mâles au sommet de l'épi, étamines et
anthères visibles; les fl. femelles peu nomb.
à styles exposés et recourbés. Capsule à
3 carpelles. R.-25°C.

**Pachysandra terminalis** Sieb. & Zucc. – Or.
Japon (toutes les îles) et Chine (jusqu'en
Hubei et E. Sichuan), dans les bois humides
des vallées et de basse montagne jusqu'à
2 000 m, flor. avr.-mai, fruits en sept.-oct.;
couramment plantée comme couvre-sol.
S'étend par stolons, forme des tapis de pousses
érigées, solides, att. 30 cm de haut.
Fll. 5-10 cm de long, persistantes, coriaces.
Fl. mâles au sommet, fl. femelles en dessous.
Fruits blancs à maturité 1,5 cm de long, rares
sinon inexistants en culture. Les fll. des
'variegata' sont bordées de blanc. Sol meuble,
humifère; supporte l'ombre sèche. R.-25°C.

*Pachysandra terminalis* en fleurs

En fruits avec *Geastrum* et *Equisetum hyemale*

*Pachysandra terminalis* 'variegata'

Vinca minor 'Flore Pleno'

Vinca minor 'Atropurpurea'

Vinca minor

Vinca minor 'Argenteo-variegata'

Vinca difformis

Vinca major 'Variegata'

Vinca major

Echantillons de Wisley, 1er mai. Réduction à 40 %

**Amsonia orientalis** Decne. syn. *Rhazya orientalis* (Decne.) DC. (*Apocynaceae*) – Or. N.-E. Grèce et N.-O. Turquie où elle a presque disparu ; dans l'herbe humide en hiver, flor. mai-juin. Souche ligneuse robuste, nomb. tiges att. 60 cm. Fll. 3-7 cm de long. Fl. glabres à l'extérieur, 1,2 cm de large. Bonne terre. R.-20°C. Cette espèce connue sous le nom de *Rhazya*, est si semblable à *Amsonia tabernaemontana* var. *salicifolia* (q. v.) d'Amérique, qu'on aurait pu les considérer comme conspécifiques si elles avaient poussé dans le même pays.

**Amsonia tabernaemontana** Walter – Or. E. Amérique du N. (entre le New Jersey, la Floride, l'Illinois, le Kentucky, le Missouri et le Texas), dans l'herbe humide, flor. avr.-juil. Souche vigoureuse, nomb. tiges. att. 50 cm. Fll. de forme variable ovales à lancéolées. 5-10 cm de long. Fl. 1,2-1,8 cm diam. à corolle infundibuliforme, tube pubescent à l'extérieur. R.-20°C. Bonne terre humide. Plus rare en culture que A. orientalis en Europe.

**Vinca difformis** Pourret – Or. S.-O. Europe (entre l'Espagne, le Portugal, les Açores, l'Italie C. et l'Afrique du N., sur les talus à l'ombre et au bord des cours d'eau dans les bois, flor. mars-avr. Forme des touffes arrondies de tiges et de fll. persistantes, att. 1 m de haut et plus en largeur. Fll. 2,5-7 cm, ovales à lancéolées, génér. étroitement lancéolées, glabres ou très finement ciliées. Tiges florales att. 30 cm. Fl. 3-7 cm diam., bleu clair à presque blanches. Supporte le soleil à l'ombre sèche. R.-10°C.

**Vinca erecta** Regel & Schmalh. – Or. C. Asie (Tien Shan et Pamir Alaï), sur les éboulis meubles et calcaires vers 1 500-2 000 m, flor. avr.-mai. Nomb. tiges érigées att. 30 cm, s'allongeant après la floraison. Fl. 2,5 cm diam., bleu clair ou blanches. A cultiver avec soin en plein soleil, en sol bien drainé, maintenu sec en été. R.-15°C.

**Vinca herbacea** Waldst. & Kit. – Or. Europe C. jusqu'en Grèce, S.-O. Russie, Caucase, N. Iran, Turquie, O. Syrie, N. Irak, dans les bois clairs, les fourrés, les pentes rocheuses et les éboulis, génér. en sol calcaire, jusqu'à 2 000 m en Turquie, flor. mars-mai. Souche centrale, tiges caduques att. 60 cm. Tiges florales érigées att. 20 cm. Fll. att. 5 cm de long. Fl. bleu pâle à lilas, 2,5-4,5 cm diam. Une des espèces les plus résistantes. R.-20°C. Sol sec, bien drainé, au soleil ou à mi-ombre.

**Vinca major** L. Grande Pervenche – Or. régions méd., du S.-O. France jusqu'en Italie et en Yougoslavie, mais largement naturalisée

Vinca herbacea au Jardin botanique de Kew

Vinca minor 'Argenteo-variegata'

Vinca difformis

Vinca difformis, près de Malaga, en Espagne

Vinca erecta près de Ferghana, en Asie centrale

Vinca major f. alba

Vinca major subsp. hirsuta

ailleurs en Europe, flor. fév.-avr. Tiges
rampantes att. 2 m ou plus, radicantes.
Fll. persistantes, 2,5-9 cm de long, ovales.
Tiges florales att. 30 cm. Fl. 3-5 cm diam.,
pourpre bleuté. **Vinca major f. alba** :
fl. blanches. Var. *oxyloba* Stearn : fll. plus
étroites et lobes de la corolle étroits, violets ;
mais jeunes pousses glabres ou presque. Subsp.
**hirsuta** (Boiss.) Stearn – Or. S. Caucase en
Géorgie et en Turquie, le long des côtes de la
mer Noire, dans les fourrés jusqu'à 200 m,
flor. mars-mai. Pétioles et jeunes pousses poilus
et lobes du calice munis de longs poils att.
1 mm. Fl. violettes att. 4,5 cm diam., à lobes
étroits.

**Vinca minor** L. **Petite Pervenche** – Or. S.-O.
et C. Europe, jusqu'à la Crimée et au Caucase,
dans les bois et sur les talus rocheux, flor.
fév.-juin. Sans doute pas indigène, mais
cultivée depuis longtemps et naturalisée dans
les Iles Britanniques, la Scandinavie et la
Turquie. Tiges rampantes et radicantes
formant des tapis. Fll. persistantes, 1,5-4,5 cm
de long. Tiges florales att. 20 cm. Fl. 2,5-3 cm
diam. De culture facile au soleil ou à l'ombre
saisonnière. R.-20°C. à l'ombre ou sous
couvert de neige. On compte environ
17 variantes, selon la couleur des fll.,
leur applicature et la panachure des fll. :
**'Albo-variegata'** : fl. blanches. fll. panachées
de jaune.
**'Argenteo-variegata'** fll. bordées de blanc.
**'Atropurpurea'** fl. rouge pourpre.
**'Flore Pleno'** fl. doubles bleu violacé. à fll.
vertes toutes les deux.

Vinca major var. oxyloba au Jardin botanique royal de Kew

Amsonia tabernaemontana

Amsonia orientalis

# PHLOX

*Phlox pulchra* 'Bill Baker' à Tidmarsh, Berkshire, G.B.

*Phlox maculata* 'Alpha'

*Phlox* 'Chattahoochee'

*Phlox maculata* 'Omega'

**Phlox 'Chattahoochee'** – Ce clone étonnant
est considéré par Wherry comme étant
une forme de *P. divaricata* subsp. *laphamii*
ou un hybride avec *P. pilosa*. Récolté par
Mrs J. Norman Henry dans la vallée de
Chattahoochee dans le N. Floride. Forme une
touffe de tiges att. 20 cm de long. Fll. sessiles
poilues et ciliées à limbe lancéolé à linéaire,
plus étroites que *laphamii*; en général pas de
pousses rampantes et radicantes. Œil blanc et
non rouge chez *P.* 'Charles Ricardo'.

**Phlox divaricata** L. syn. *P. canadensis* – Or.
Amérique du N. entre le Québec, l'Ontario,
l'Illinois, l'Arkansas et le S. Géorgie, (à l'E.
d'une ligne Chicago-Nouvelle-Orléans);
Subsp. *laphamii* à l'O. d'une ligne allant du
S. Dakota jusqu'à l'E. du Texas. Collines
boisées humides, vallées fluviales sur les berges
boisées inondées et jusqu'à 1 000 m;
subsp. *divaricata* en sol acide ou neutre,
subsp. *laphamii* en sol calcaire plus sec,
pousses rampantes et radicantes. Tiges florales
24-45 cm. Fll. des pousses non florifères
largement elliptiques, celles des tiges florales
lancéolées à ovales, 5 x 2,5 cm. Fl. 2-3 cm
diam.; pétales génér. fendus chez subsp.
*divaricata*, bleu pâle, lilacés à blancs, souvent
avec un œil plus pâle, à lobes entiers chez
subsp. *laphamii* de couleurs plus riches,
souvent bleu. 'Dirigo Ice', cultivar à larges
pétales légèrement fendus.

**Phlox maculata** L. – Or. Amérique du N.
(entre le Québec, le Vermont, le Minnesota,
le Missouri, le Tennessee et la Caroline du N.),
dans les prés, les marais et les bois, près des
cours d'eau, fl. mai-juin. Souche peu profonde,
tiges dressées att. 1,25 m, maculées et striées
de rouge. Fll. vert foncé luisantes, linéaires à la
base, lancéolées au-dessus, les plus grandes att.
6-13 cm de long sur 10-25 mm de large. Fl. en
panicules allongés, 18-25 mm diam., roses,
avec parfois un cercle pourpre autour de l'œil.
Pour plate-bande herbacée normalement
humide ou jardin de marais. R.-20°C.
On cultive dans les jardins quelques variétés
de cette superbe espèce. Entre autres :

'**Alpha**', mauve; et '**Omega**', blanche à œil
rose pâle (voir photo). On cultive en
Amérique 'Miss Lingard', blanc pur, souvent
appelé *P. suffruticosa*; et 'Rosalinde', rose.
Ce sont toutes de bonnes variétés pour étés
chauds car elles ne sont pas sensibles
à l'oïdium.

**Phlox ovata** L. – Or. S.-E. Pennsylvanie
jusqu'en Caroline du N., sur le Piedmont,
et dans l'Indiana, dans les bois clairs, les
prairies humides ou les pentes rocheuses,
flor. mai-juil. Tiges 25-50 cm, souche traçante,
fll. intérieures pétiolées, ovales à elliptiques.
Fl. 16-30 mm diam., rose à œil pâle.
Sol humifère à mi-ombre. R.-25°C.

**Phlox paniculata** L. – Or. Amérique du N.
entre le New Jersey, la Caroline du N., l'Ohio
et la Louisiane, dans les bois clairs, les fourrés,
au bord des cours d'eau et à flancs de collines,
souvent sur calcaire, flor. juin-sept. Rhizome
court, épais, nomb. tiges dressées att. 2 m.
Fll. inférieures opposées, souvent sub-opposées
au-dessus. Fl. 1,5-2,5 cm diam., pourpre plus
ou moins vif, roses ou blanches (rare),
à pétales étroits ou arrondis, parfois échancrés.
R.-20°C. Sol riche, humide même en été.
Les 3 var. présentées ici sont proches du type
et différentes des formes de jardin à grandes fl.
(voir p. 308/309).

**Phlox pilosa** L. – Or. Ontario à l'Iowa,
jusqu'au Texas et à la Floride, dans les prés et
les fourrés en sol plutôt sec, répandu autrefois
dans les prairies du N. avant leur mise en

*Phlox ovata* à Wisley

*Phlox divaricata* dans un jardin au Texas

*Phlox stolonifera* 'Blue Ridge'

*Phlox pilosa* à Coldham, dans le Kent

*Phlox divaricata* 'Dirigo Ice'

culture, flor. avr.-juin. Tiges florales 30-60 cm, velues, à fll. linéaires près de la base, lancéolées au-dessus, att. 8 cm de long sur 6 cm de large. Fl. violacées, roses ou blanches, 2,2 cm diam. Sol bien drainé en plein soleil.

**Phlox pulchra** Wherry syn. *P. ovata* var. *pulchra* Wherry – Or. N.-O. Alabama près de Birmingham, dans les clairières et en lisière de bois, flor. avr.-mai. Tiges 25-50 cm. pousses non florifères à fll. étroitement obovales. Fl. violet pâle à roses, 2,5 cm diam. Fll. des tiges florales à pétiole court près de la base, sessiles au-dessus. Proche de *P. ovata* qui, lui, a des fll. à long pétiole près de la base, des tiges florales, des fl. de couleurs plus vives et des fll. nettement pétiolées sur les pousses non florifères. Le clone montré ici fut introduit et distribué en Angleterre par Bill Baker. Clairières ou mi-ombre ; s'assurer que des plantes plus vigoureuses n'étouffent pas ses tiges traçantes. R.-20°C.

**Phlox stolonifera** Sims syn. *P. reptans* Michx. – Or. Etats-Unis entre la Pennsylvanie, la Géorgie et le Kentucky, surtout dans les Appalaches ; dans les bois clairs d'arbres caducifoliés, fl. avr.-juin. Forme des tapis, tiges non florifères traçantes, terminées par une rosette de fll. spatulées. Tiges florales 15-25 cm. Fl. 3 cm. diam., parfumées, à pétales non fendus. 'Blue Ridge' bleu pâle vient de Virginie ; 'Pink Ridge' fleurit rose. De culture facile à mi-ombre, très joli couvre-sol sous l'ombrage saisonnier. Sol légèrement acide, humifère mais bien drainé. R.-20°C.

*Phlox paniculata* (proche de la forme sauvage à Wallington), dans le Northumberland

*Phlox paniculata* (forme à fl. blanches)

*Phlox paniculata* (forme à fl. roses)

*Pulmonaria longifolia* 'Bertram Anderson'

*Pulmonaria angustifolia* (à gauche), *P. longifolia* 'Bertram Anderson' (à droite)

*Pulmonaria angustifolia*

*Pulmonaria officinalis*

**Nonea intermedia** Ledeb. (*Boraginaceae*) – Or. Caucase et extrême N.-E. Turquie, dans les pelouses alpines vers 2 000 m, flor. juin-juil. Forme de petites touffes, rhizomes non traçants. Tiges 30-50 cm. Fll. oblongues, lancéolées, acuminées, soyeuses. Fl. 12 mm de long, 6-8 mm de large, avec des écailles et des poils dans la gorge de la corolle. Sol tourbeux, humide au soleil ou à mi-ombre. R.-20°C. Plusieurs espèces de *Nonea* ressemblent beaucoup aux *Pulmonaria*, mais en diffèrent par l'absence de rhizome rampant et la présence de 5 écailles poilues dans la gorge de la corolle. *Nonea lutea* (Desr.) DC est une annuelle remarquable à fl. jaune pâle, et *N. macrosperma* Boiss. & Held. est une vivace., or. Turquie à fl. jaunes également. *N. pulla* (L.) DC., or. C. Europe a des fl. noirâtres.

**Pulmonaria** (*Boraginaceae*) **Pulmonaire** – Bonnes plantes de jardin pour emplacements humides parmi les arbustes, au bord d'une plate-bande à mi-ombre ou jardins de sous-bois, ou sur des talus herbeux partielle-ment sous les arbres. Les fl. apparaissent au printemps et durent jusqu'au début de l'été. Elles sont suivies de touffes denses de fll. vigoureuses plus ou moins poilues et souvent maculées de blanc. Dans la nature, les fl. sont brévistylées ou longistylées – comme les prime-vères ; dans les jardins, les espèces se croisent facilement. Certaines sont très belles, d'une grande longévité, faciles à multiplier. On leur a donné des noms de cultivars. Comme ce sont des clones, la longueur du style ne devrait pas varier et nous l'avons noté autant que possible.

*Pulmonaria longifolia* dans la nature à Exbury, dans le Hampshire

# PULMONAIRES

La plupart, parmi la quinzaine d'espèces, sont des plantes des montagnes d'Europe orientale. Elles se distinguent par le genre des poils, la forme des fll. et leurs taches et la couleur des fl. La répartition des poils à l'intérieur du tube de la corolle est aussi significative.

***Pulmonaria angustifolia*** L. syn. *P. azurea* Besser – Or. Europe entre la France, l'Allemagne, la Suède, les Pays Baltes, l'Italie et les steppes nordiques, dans les fourrés et les prairies de montagne jusqu'à 2 000 m, flor. mars-mai. Rhizome traçant, forme des tapis étalés. Tiges att. 30 cm. Fll. non tachées, à longs poils raides et sans glandes ; inflorescence devenant très lâche en s'épanouissant. Fl. bleu vif ; tube lisse à l'intérieur sous le cercle de poils. R.-20°C.

***Pulmonaria longifolia*** (Bast.) Boreau – Or. O. Europe (Espagne, Portugal, O. France, S. Angleterre y compris l'île de Wight), dans les bois et les haies et sur les talus herbeux, flor. fév.-mai. Forme des touffes. Fll. tachées, lancéolées ou lancéolées effilées, att. 50 x 6 cm, à poils raides plus ou moins nomb. et quelques glandes. Tiges att. 20 cm ; inflorescence demeurant serrée en s'épanouissant. Fl. bleues en génér. ; tubes glabre sous le cercle de poils. Vous voyez ici la forme indigène qui pousse à l'état naturel dans le jardin d'Exbury, dans les haies et sur les talus des routes avoisinantes ; et une forme étonnante a fll. plus longues et plus étroites que la forme naturelle : 'Bertram Anderson' nommée d'après E. B. Anderson, un important producteur de plantes alpines, de bulbes et de plantes herbacées en Angleterre. R.-15°C.

***Pulmonaria officinalis*** L. – Or. Europe entre les Pays-Bas, le S. Suède, le N. Italie, la Bulgarie et la Roumanie. Naturalisée par endroits en Angleterre, dans les bois et les haies, flor. mars-mai. Rhizome court, traçant, formant des colonies à la longue. Fll. tachetées différemment, à limbe 16 x 10 cm, brusquement contractées à la base, à poils raides uniformément répartis et quelques poils glanduleux. Les fl. glabres à l'intérieur sous le cercle de poils s'ouvrent rouge rosé et deviennent bleues. L'inflorescence devient lâche en s'épanouissant. R.-20°C.

***Pulmonaria rubra*** Schott – Or. Carpates en Hongrie, jusqu'à l'Albanie et à la Bulgarie, dans les bois subalpins riches et humides de hêtres et de pins, génér. en sol calcaire, de 300 à 1 600 m, flor. mars-mai. Forme des touffes. Tiges florales att. 30 cm. Fll. d'été génér. non tachetées, limbe brusquement contracté, att. 15 x 7 cm, à poils raides courts longs et poils glanduleux. Fl. rouges ; tube poilu à l'intérieur sous le cercle de poils.

***Pulmonaria saccharata*** Miller – Or. S.-E. France et N. & C. Italie (Apennins), dans les bois et les fourrés, flor. avr.-mai. Forme des touffes, mais rhizome non traçant. Tiges att. 30 cm, à fll. caulinaires assez larges. Fll. d'été att. 27 x 10 cm, graduellement atténuées à la base, souvent fortement tachetées, avec des poils courts assez fins, inégaux et plus ou moins denses, de longs poils raides et des poils glanduleux. Fl. violacées à violet-bleu, poilues à l'intérieur sous le cercle de poils. R.-15°C.

*Pulmonaria rubra* au Savill Garden à Windsor

*Pulmonaria saccharata* originaire du S. de la France

*Nonea intermedia* dans le N. du Caucase

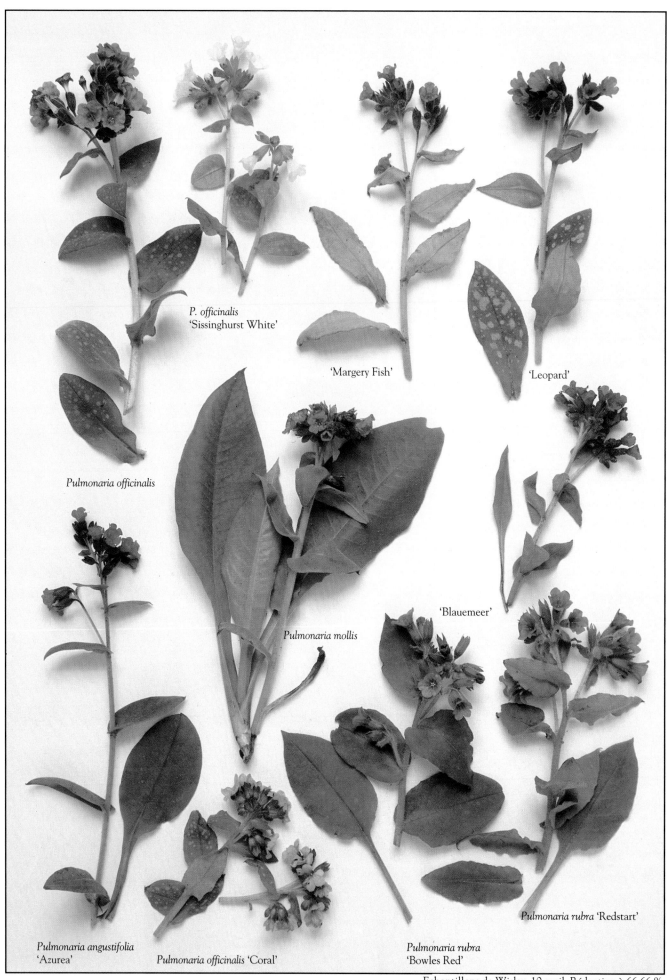

P. officinalis
'Sissinghurst White'

'Margery Fish'

'Leopard'

Pulmonaria officinalis

Pulmonaria mollis

'Blauemeer'

Pulmonaria rubra 'Redstart'

Pulmonaria angustifolia
'Azurea'

Pulmonaria officinalis 'Coral'

Pulmonaria rubra
'Bowles Red'

Echantillons de Wisley, 10 avril. Réduction à 66,66 %

# PULMONAIRES

Pulmonaria officinalis 'Alba'

Pulmonaria 'Blauemeer'

Pulmonaria 'Boughton Blue'

Pulmonaria 'Fruhlingshimmel'

Pulmonaria vallarsæ 'Margery Fish'

Cultivars de **Pulmonaria** (*Boraginaceae*).
Certains peuvent être des formes sélectionnées
d'espèces précises ou des hybrides de parents
inconnus. Il arrive qu'il apparaisse, dans les
jardins où poussent plusieurs espèces, d'autres
espèces d'autres hybrides génér. stériles ;
par exemple des plantes à fll. étroites très
tachetées seraient issues de *P. longifolia*
× *P. saccharata*, et un hybride à fll. blanches
étroites serait probablement issu de *P. longifolia*
× *P. vallarsae*. Vous trouverez une sélection
illustrée de clones dénommés :
'**Azurea**', clone de *P. angustifolia* (à style court ;
voir p. 69).
'**Blauemeer**', une forme de *P. visianii* or.
E. Alpes, ou un hybride de *P. angustifolia*,
(style court).
'**Boughton Blue**', probablement un hybride
entre *P. officinalis* et *P. saccharata* (style court).
'**Bowles Red**', une forme de *P. rubra*,
Fll. légèrement tachetées (style court).
'**Coral**', clone à fl. roses, peut-être une forme
de *P. officinalis*. La corolle est souvent
déformée et fendue, mais très décorative
(style long).
'**Frühlingshimmel**' syn. 'Spring Beauty' à fl.
bleu pâle. Peut-être *P. officinalis* × *P. saccharata*
(style long).
'**Highdown**', probablement *P. officinalis*
× *P. saccharata* (style court). Bonne plante
robuste.
'**Leopard**', probablement *P. saccharata* ou un
hybride. Fll. bien tachetées. Fl. rouges à long
style.
'**Margery Fish**', probablement une forme de
*P. vallarsae* (q. v.)

'**Mawson's Variety**', une forme de
*P. angustifolia*.
'**Redstart**', une forme de *P. rubra* (voir page
précédente). Fll. non tachetées (style long).
'**Sissinghurst White**', une forme blanche de
*P. officinalis*. Plus petite et plus élégante que
'Alba'.

**Pulmonaria mollis** Wulfen ex Hornem. – Or.
S.-E. & C. Europe, entre l'Allemagne,
la Pologne, l'Italie, la Yougoslavie, la Grèce,
la Russie et la Sibérie, au bord des cours d'eau,
dans les bois et les fourrés jusqu'à 1 600 m,
flor. avr.-mai. Forme des touffes, à tiges florales
att. 30 cm. Fll. d'été att. 60 x 12 cm ;
non tachetées, à poils courts, denses et doux,
à poils raides épars, inégaux et fins et à poils
glanduleux. Fl. violet-bleuté, très poilues sous
le cercle de poils. On la reconnaît à ses fll.
d'été très douces et non tachetées. *P. vallarsae*.
Or. Italie, est aussi très douce, mais à poils plus
courts, et à fll. très mouchetées, parfois
complètement blanches.

**Pulmonaria officinalis** (voir page précédente).

**Pulmonaria vallarsae** A. Kerner – Or. Italie
(S. Tyrol et Apennins), dans les fourrés le long
des rivières, parmi les rochers et le gravier entre
650 et 1 500 m, flor. mars-mai. Forme des touffes. Fll. d'été très mouchetées ou complètement
blanches ; limbe att. 20 x 10 cm ; à bord ondulé,
poils fins courts et très denses. Tiges florales att.
45 cm ; très glanduleuses et poisseuses. Fl. rougeâtres, devenant violacées. '**Margery Fish**',
à fll. argentées appartient prob. à cette espèce.

Pulmonaria 'Highdown'

*Mertensia virginica*

**Brunnera macrophylla** (Adams) Johnston
syn. *Anchusa myosotidiflora* Lehm. Or. Caucase,
Géorgie, N.-E. Turquie, dans les forêts
d'épicéas et sur les pentes herbeuses de 500 à
2 000 m en Turquie, flor. mars-mai. Souche
vigoureuse att. 50 cm, plusieurs tiges qui
s'allongent à la flor. Fll. à longs pétioles att.
20 cm et à limbes ovales et cordés 5-14 cm de
long. Fl. 3,5-7 mm diam. *B. orientalis*
(Schenk.) Johnston, or. C. Turquie jusqu'au
Liban, N. Irak, N. Iran, est glanduleuse ; limbe
des fll. ovale-lancéolé à elliptique, s'effilant en
un pétiole court. Sur les talus humides à
l'ombre, en forêts de pins, sapins et chênes,
flor. avr.-juil. La troisième espèce est *B. siberica*
Stev. 'Hadspen Cream' est une forme de
*B. macrophylla* à fll. irrégulièrement marginées
de crème, obtenue par Eric Smith dans les
années 1960. Dans la fll. de 'variegata',
la marge est plus large et plus pâle.
Chez 'Langtrees' (non illustrée ici) les fll.
sont tachetées de blanc. R.-15 °C.

**Caccinia macranthera** (Banks & Sol.) Brand
var. *crassifolia* (Vent.) Brand (*Boraginaceae*) –
Or. E. Turquie, N. Irak et Iran, jusqu'au
Pakistan et le Pamir Alaï, sur les talus, les collines sèches et les champs abandonnés jusqu'à
1 000 m en Turquie, flor. avr.-juil. Plusieurs
tiges att. 50 cm ; fll. charnues att. 10 cm de
long. Fl. bleues à tubes 8-15 mm et pétales
6-9 mm. Sol sec bien drainé en plein soleil.
Pousse bien au Jardin botanique d'Edimbourg,
dans une plate-bande ensoleillée. R.-20°C.

**Mertensia simplicissima** G. Don syn.
*M. asiatica* (Takeda) Macbr. (*Boraginaceae*) –
Or. Japon (N. Honshu, Hokkaido), jusque
dans les îles Kouriles, en Corée, dans les îles
Sakhalines et Aléoutiennes, sur les plages de
sable, flor. mai-sept. Tige florale couchée att.
1 m au milieu d'une rosette de fll. glauques
3-8 cm de long. Fl. 8-12 mm de long.
On trouve la très proche *M. maritima* (L.)
S. F. Gray en Europe du N. et N.-E. Amérique
jusqu'au Massachusetts, sur les plages de galets.
On la trouve de moins en moins en G.B.,
à l'exception des côtes d'Ecosse et d'Irlande
du N. R.-20°C.

**Mertensia ciliata** (James) G. Don – Or.
Etats-Unis : entre C. Orégon, C. Idaho,
O. Montana, O. Colorado et N.
Nouveau-Mexique, le long des cours d'eau,
dans les fourrés et les prairies humides,

*Mertensia ciliata* parmi des feuilles de *Veratrum*

*Mertensia simplicissima* sur une plage de sable dans le N. Hokkaido, au Japon

*Pentaglottis sempervirens*

flor. mai-août. Rhizome peu traçant, forme des touffes de tiges feuillées. Tube des fl. à 5 lobes, 1,3-2 cm de long, plus étroit que M. *virginica*. Sol tourbeux humide en plein soleil ou sous ombre légère. R.-20°C.

**Mertensia ciliata** James var. *Stomatechoides* (Vell.) Jeps., dans les endroits humides en forêts de conifères dans la Sierra Nevada en Californie (de Tulare jusqu'en Orégon et au Nevada) à 1 500-3 000 m, flor. août. Fl. plus petites et moins décoratives que M. *virginica* mais tube de la corolle att. 6-8 mm ; limbe élargi 4-10 mm long.

**Mertensia virginica** (L.) DC. – Or. S. Ontario jusqu'au New Jersey, en Caroline du S., au Minnesota, Nebraska et Kansas, dans les prairies humides et le long des cours d'eau, flor. mars-mai. Racine charnue épaisse. Tiges 30-60 cm. Fll. att. 15 cm de long, charnues et douces. Fl. 2,5 cm de long, à tube étroit et limbe élargi. La plante se flétrit peu après la floraison et entre alors en dormance. Sol tour-beux humide à mi-ombre ou au soleil. C'est une plante d'une grande beauté, très courante dans les jardins naturels en Amérique du N.

**Pentaglottis sempervirens** (L.) Tausch syn. *Anchusa sempervirens* L. (*Boraginaceae*) **Buglosse** – Or. S.-O. Europe, du C. Portugal au S.-O. France et naturalisée en Angleterre, Irlande, Belgique et Italie, dans les lieux humides, à l'ombre, ou près des routes et dans les haies près de la mer, flor. avr.-juin. Plante capiteuse à racine pivotante profonde et tiges ramifiées att. 1 m. Fll. basales 10-40 cm, ovales, oblongues, en rosette. Fl. 8-10 mm diam., bleues. Se ressème facilement, peut devenir envahissante. La racine cassante rejette volontiers. Mais le glycosate en vient facilement à bout. R.-15°C.

**Trachystemon orientalis** (L.) G. Don syn. *Borago orientalis* L. (*Boraginaceae*) – Or. Bulgarie, N. Turquie et O. Caucase ; forêts mouillées de hêtres, berges de rivières à l'ombre et rochers humides jusqu'à 1 000 m. Flor. mars-mai. Rhizome traçant ; tiges florales apparaissant avant les fll. et s'allongeant à la floraison (28-40 cm). Fll. à pétiole 10-25 cm et limbe 20 x 18 cm ovale-cordé acuminé. Fl. à pétales retournés de 4-6 mm, vient bien à l'ombre humide. Floraison précoce, demande peu de soins. R.-15°C.

*Caccinia macranthera*

*Brunnera macrophylla* 'Hadspen Cream'

*Brunnera macrophylla*

*Brunnera macrophylla* 'Variegata'

*Trachystemon orientalis* à Wisley

# LAMIERS

Lamium galeobdolon 'Variegatum'

Lamium galeobdolon 'Herman's Pride'

'Silberteppich'

Lamium maculatum

'Silbergroschen'

Ajuga reptans 'Atropurpurea'

'Chequers'

'Roseum'

'Aureum'

Ajuga reptans 'Multicolor'

Echantillons d'Eccleston Square, à Londres, 12 avril. Réduction à 33,33 %

Lamium galeobdolon 'Herman's Pride'

**Ajuga genevensis** L. (*labiatae*) – Or. Europe, du S. Suède à la France (et naturalisée depuis longtemps en Angleterre), et jusqu'en Russie occidentale, Turquie et Caucase, dans les fourrés, les prairies humides, les pâturages de steppes, sur les collines crayeuses, flor. mai-juil. Stolons souterrains traçants. Tiges 6-30 cm à poils blancs, fll. obovales à long pétiole. Fl. bleu vif; bractées au sommet plus courtes que les fl. A. *orientalis* (S.-E. Europe et S.-O. Asie), très voisine, s'en distingue par ses tiges plus laineuses, ses bractées plus courtes et ses étamines qui ne dépassent pas la corolle, elle-même enroulée à 180°. R.-20°C.

**Ajuga reptans** L. – Or. Europe (sauf N. Scandinavie et Russie) et Afrique du N.

jusqu'au Caucase, à la Turquie et à l'Iran, dans les bois, dans l'herbe et sur les talus ensoleillés, flor. avr.-juin. Tiges florales 10-30 cm. Bractées ovales, teintées de bleu, celles du sommet plus courtes que les fleurs. Fl. bleu profond, parfois roses ou blanches, 14-17 mm de long. Emet des stolons d'au moins 15 cm de long en été. On a sélectionné des formes à panachures et des formes de fll. variées que l'on cultive génér. comme couvre-sol à l'ombre assez sèche. Elles produisent une quantité de rosettes de fll. en forme de cuillère.
**'Atropurpurea'** syn. 'Purpurea' à fll. violet foncé, luisantes.
**'Multicolor'** syn. 'Tricolor', 'Rainbow' à fll. panachées de rose et de blanc.
**'Jungle Beauty'** et 'Jumbo' (qui ne sont pas illustrées ici), à grandes fll. vertes, probablement des hybrides de A. *genevensis*.

**Lamium orvala** L. – Or. N. Italie et O. Autriche jusqu'à l'O. Yougoslavie et au S. Hongrie, dans les fourrés, en lisière de bois, flor. avr.-mai. Tiges florales 30 cm à 1 m. Fll. 4-15 cm de long. Fl. pourpre foncé à blanches. 'Album' 2,5-4,5 cm de long. Jolie plante pour sol bien drainé à mi-ombre, constituant lentement de larges tapis. R.-15°C.

**Lamium album** L. (*Labiatae*) **Ortie blanche** – Or. Europe et Asie, mais rare en région méditerranéenne, dans les haies, les friches, les forêts, sur les coteaux rocheux et près des cours d'eau, souvent comme mauvaise herbe au jardin, flor. avr.-août. Stolons traçants et tiges florales dressées att. 60 cm. Fl. blanches 20-27 mm de long en verticilles de 8-10. Plante trop commune pour les parties très cultivées du jardin, mais parfaite sur un talus en association avec des myosotis, des primevères et d'autres plantes sauvages. R.-25°C. Il existe une forme panachée, 'Friday', et une autre à jeunes pousses jaunes, 'Pale Pearl'.

**Lamium galeobdolon** (L.) syn. *Galeobdolon luteum* Hudson. *Lamiastrum galeobdolon* (L.) Ehrend & Polatschek **Lamier jaune** – Or. Europe : d'Irlande jusqu'en Russie européenne, Espagne, N. Turquie et Caucase, dans les bois et les haies, sur les talus herbeux, dans les marécages et sur les coteaux rocheux humides, flor. avr.-juin. Deux sous-espèces sont répandues en Europe et une troisième plus rare. Subsp. *luteum*, N. et E. Europe, à fll. et bractées crénelées, 1 à 2 fois aussi longues que larges et jusqu'à 8 fl. de taille moyenne (17 à 21 mm) disposées en verticille. Elle est diploïde. Subsp. *montanum* (Pers.) Hayek, plus répandue dans le S. Europe, à fll. dentées, bractées au sommet 1,8-3,5 fois aussi longues que larges, 9-15 grandes fl. (att. 2,5 cm de long) disposées en verticille. Elle est tétraploïde. Une troisième sous-espèce, *flavidum* (F. Hermann) est diploïde, et plus répandue au C. Alpes orientales, dans les Apennins et le N. Yougoslavie; à fll. serrulées ou redentées et plus de 10 petites fl. en verticille. On la trouve dans les éboulis subalpins et sur les coteaux rocheux. Le clone **'variegatum'** couramment cultivé et très rampant appartient à subsp. *argentatum* (Smejkal) ; il est originaire de l'E. Europe et largement naturalisé ailleurs.
**'Silberteppich'** syn. **'Silver Carpet'** est une

# LAMIERS

var. de *Lamium galeobdolon* à fll.
presqu'entièrement argentées et fl. jaunes.
Beaucoup moins envahissante que 'variegatum'
et appréciée des limaces. C'est une forme de
subsp. *flavidum* trouvée par E. Pagels en
Yougoslavie.
**'Hermans Pride'** est une forme beaucoup plus
robuste à fll. encore plus joliment argentée.
Ne souffre pas de la maladie de purple leaf
comme 'Silberteppich'.

**Lamium garganicum** L. subsp. **laevigatum**
Arcangeli, syn. *L. longiflorum* Tenori – Espèce
très variable, or. S. France, N.-O. Afrique,
jusqu'en Roumanie, Turquie et N.-O. Iran,
sur les rochers, les éboulis, les falaises et les
talus rocheux, souvent en haute montagne,
flor. mars-sept. Forme des tapis; tiges étalées
6-45 cm de haut. Fl. 26-40 mm de long, rose
pourpré, lèvre supérieure de la corolle bifide.
Subsp. *lævigatum* est illustrée ici, c'est une des
plus grandes sous-espèces, à tiges dépassant
10 cm, et à fll. peu poilues. Elle est or. N. de
l'habitat de cette espèce. Subsp. *pulchrum*
R. Mill, des montagnes de Turquie C., est très
différente, les fll. sont très soyeuses et les
grandes fl. veinées et marbrées de violet
bleuté. Sol bien drainé.

**Lamium maculatum** L. – Or. Europe (sauf Iles
Britanniques et Scandinavie), N. Iran,
Caucase, Turquie (au N. et dans les Monts
Amanus), dans les bois, sur les talus et dans les
prairies subalpines, flor. fév.-juin. Tiges non
florifères traçantes et radicantes formant des
tapis et tiges florales, 15-40 cm de haut.
Fll. 1-8 cm souvent marquées de blanc au
milieu. Fl. pourpre rosé, parfois pourpre-brun,
rose pâle ou blanches, 20-35 mm de long.
A mi-ombre, ou en plein soleil en terre
fraîche. R.-20°C.
**'Album'**, cultivar à fl. blanches : fll. marquées
d'argent.
**'Aureum'**, fl. rosâtres; fll. vert-jaune vif
marquées d'argent.
**'Chequers'**, fl. rose pourpré. fll. marquées
d'argent. Proche de la forme la plus répandue.
**'Roseum'**, Fl. rose pâle, fll. marquées de blanc.
La photo ne rend pas la paleur des fl.
(plus pâles que la var. normale).
**'Sibergroschen'** syn. **'Beacon Silver'**. Fll.
blanches et fl. pourpre rosé. Parfois marbrures
violettes sur les fll. dues à une maladie.
**'White Nancy'** Fll. argentées. génér. sans
marbrures violettes. Fl. blanches.

**Meehania urticifolia** (Miq.) Makino
(*Labiatae*) – Or. N.-E. Chine, Corée et Japon
(sauf Hokkaido), dans les bois humides de
montagne, flor. avr.-mai. Longs stolons
radicants qui s'étalent rapidement pour former
de grandes taches. Tiges florales dressées,
15-30 cm de long. Fll. 2-5 cm de long;
fl. 4-5 cm de long. Couvre-sol intéressant
à flor. précoce pour mi-ombre, perd ses fll. lors
d'hivers rigoureux. M. *cordata* (Nutt.) Britton,
or. bois humides du S.-O. Pennsylvanie
jusqu'en Illinois, Tennessee et Caroline du N.;
plus petite, moins traçante et à fl. pourpre rose
2,5-3 cm de long, en grappe dense. Une troisième espèce, M. *montis-koyæ* Ohwi n'a pas de
stolons traçants : elle est presque glabre. On ne
la trouve que dans le S. et l'O. Honshu, et elle
ressemble à M. *fargesii* or O. Chine
(voir illustration p. 430).

*Lamium orvala* et 'Album' au Jardin botanique royal de Kew

*Lamium maculatum* 'White Nancy'

*Lamium album*

*Lamium garganicum* subsp. *laevigatum*

*Meehania urticifolia* à Harry May's

*Ajuga genevensis*

*Lamium galeobdolon* subsp. *montanum*

# LATHRAEAS

**Hyoscyamus aureus** L. (*Solanaceae*)
**Jusquiame dorée** – Or. E. bassin méditerranéen (Crète, Rhodes et S.-O. Turquie), jusqu'au N. Irak et à l'Egypte, sur les falaises, les vieux murs et les ruines jusqu'à 1 200 m, flor. fév.-juil. Touffe de 60 cm de large, fll. glanduleuses à poils doux, limbe 3,5 cm de long orbiculaire à ovale. Fl. 3-4 cm diam. à étamines exsertes. Emplacement chaud et sec dans une anfractuosité de mur ou de rocher. R.-10°C. Chez *Hyoscyamus albus* L. que l'on voit souvent dans les ruines classiques, les fl. sont verdâtres à jaunâtres et les étamines non saillantes. Ce peut être une annuelle ou une vivace.

**Jaborosa integrifolia** (*Solanaceae*) – Or. S. Brésil, Uruguay et N.-E. Argentine (autour de Buenos Aires), dans les pampas, les champs humides, flor. nov.-déc., mais en mai-juin dans nos jardins. Rhizomes souterrains traçants, rosettes de fll. 15 cm de long, pousses de petite taille. Fl. 5 cm diam. Sol bien drainé au chaud. R.-15°C. avec protection hivernale. La plupart des 6 ou 7 espèces de Jaborosa ont des fll. profondément découpées ou dentées.

**Lathraea clandestina** L. (*Scrophulariaceae*) – Or. O. Europe, de la Belgique à l'Espagne et à l'Italie, dans les bois humides et les prairies près des cours d'eau, vit en parasite sur les racines des saules, peupliers, aulnes et érables. Plante aphylle ; multitude de tiges florales att. 50 cm. Souvent les fl. surgissent directement du sol, 40-50 mm. Grosses graines. 5 mm diam., projetées par une brusque détente. On peut les installer quelque part en semant des graines fraîches près des racines d'arbres appropriées ou en transplantant les racines et de la terre de l'endroit où elles poussent. Je suppose que les graines se trouvant dans le sol sont ainsi maintenues humides et germent donc mieux. R.-15°C.

**Lathraea squamaria** L. **Lathraea écailleuse** – Or. Europe, de l'Irlande à l'Himalaya, l'Espagne et la Turquie, dans les bois humides, vit en parasite sur les racines de nombreux arbres, en particulier noisetiers, aulnes ou hêtres, flor. mars-juin. Plante aphylle avec quelques tiges charnues att. 30 cm. Fl. 14-17 mm de long. Peu courante dans les jardins, mais on peut penser que des graines semées sur les racines de surface d'arbres appropriés pourraient s'installer. R.-20°C.

**Mandragora autumnalis** Bertol. (*Solanaceae*)
**Mandragore** – Or. côtes méditerranéennes, du Portugal à la Turquie, l'Afrique du N. et Israël, dans les endroits rocheux des bois de pins et des bosquets d'oliviers (jusqu'à 600 m en Turquie), flor. janv.-avr. (var. *microcarpa* Bertol, fleurit en automne). La racine profonde, tubérisée et bifurquée, était la fameuse Mandragore qui, dit-on, poussait un hurlement quand on la déterrait ; les fll. ont des poils clairsemés, elles sont parfois même piquantes. att. 40 cm à maturité. Fl. violacées 4-8 cm diam. Fruit ressemblant à une petite tomate légèrement allongée, jaune ou orange, à long calice. R.-15°C.
M. *officinarum* L. a des fll. plus poilues, des fl. plus petites blanc-verdâtre et des fruits jaunes ronds. (N. Italie. O. Yougoslavie).
M. *caulescens* C. B. Clarke, espèce

remarquable de l'Himalaya à 3 000-4 500 m, à fl. campanulées, infléchies, 2-5 cm diam., sur tiges feuillées att. 30 cm de haut. Elle est illustrée dans le livre de Polunin & Stainton *Flowers of the Himalaya*.

**Phelypaea tournefortii** Desf. (*Orobanchaceae*) – Or E. Turquie et S. Caucase (Géorgie, Arménie), dans les steppes de montagne 1 600-2 600 m, parasite de *Achillea* et *Tanacetum*, flor. juin-juil. Tiges florales 10-20 cm, plus ou moins nomb. à partir d'une base vigoureuse sur la racine de la plante hôte. Tiges et calices glanduleux pileux, à poils blanchâtres. Fl. 5 cm diam., à pétales veloutés. La culture de cette plante passionnante n'a jamais réussi, mais il faudrait essayer de semer des graines autour des racines de plantes-hôtes appropriées, en plein soleil ; en situation chaude et sèche en été, humide en automne et au printemps et froide et sèche en hiver. R.-20°C.

**Physochlaina alaica** Korolk, ex Kovalevsk (*Solanaceae*) – Or. C. Asie (Pamir Alaï), sur pentes rocheuses vers 1 800 m, flor. avr.-mai. Tiges 30 cm. Fll. et tiges soyeuses. Fl. jaunâtres, 2 cm de long, en inflorescences arrondies. Soleil ou mi-ombre, sol bien drainé, maintenu assez sec en été. R.-20°C.

**Physochlaina orientalis** (M. Bieb.) G. Don syn. *Hyoscyamus orientalis* Bieb. – Or. Caucase, N.-O. Iran et N.-E. Turquie près de Gumusane, souvent à l'entrée des grottes, dans les fissures de rochers vers 1 500 m. Flor. mai. Souche vigoureuse, tiges soyeuses att. 60 cm. Fll. triangulaires ovales 4-13 cm de long, à long pétiole. Fl. 1,5 cm de long, violacées. Sol bien drainé au soleil ou à mi-ombre. Insolite et précieuse de par sa floraison précoce, génér. en avril dans nos jardins. Bien que rare, elle est cultivée au moins depuis 1823. *Physochlaina* est un petit genre qui compte env. 4 espèces or. principalement Asie P. *praealta* (Decne.) Miers, d'Himalaya, est plus grande, 1,20 m. à fl. en grappes de 10 cm diam., jaune verdâtre, à nervation pourpre.

**Rehmannia glutinosa** Libosch ex Fisch. & Mey syn. *R. chinensis* Fisch & Meyer (*Scrophulariaceae*) – Or. Chine (autour de Pékin où elle est répandue sur les murs de la Cité interdite et sur les tombes Ming), et Corée, en sol pierreux bien drainé le long des routes et dans les bois, flor. avr.-juil. Tiges 15-30 cm. Fll. douces pubescentes. Fl. 5-7,5 cm de long, marron-rougeâtre à jaunes, à nervation pourpre. R.-25°C. au sec, mais elle est souvent cultivée en serre car ses fll. apprécient une atmosphère humide et chaude en hiver.

**Scopolia carniolica** Jacq. syn. *S. tubiflora* Kreyer, *S. caucasica* Kolesn. ex Kreyer (*Solanaceae*) – Or. Autriche, Italie, Yougoslavie jusqu'aux Pays Baltes et au Caucase, dans les bois rocheux et humides de hêtres vers 1 000 m, flor. avr.-mai. Rhizome charnu, horizontal, tiges 20-60 cm, à fll. ovales ou obovales, toutes glabres. Fl. 1,5-2,5 cm de long, génér. marron violacé ou marron orangé à l'extérieur, plus pâle à l'intérieur, parfois entièrement jaune verdâtre comme sur la photo. Le fruit est une capsule et non pas une baie comme de nomb. *solanaceae*.

*Lathraea clandestina* et *Equisetum*

*Lathraea squamaria* et *Anemone nemorosa*

*Jaborosa integrifolia*

# REHMANNIAS

*Mandragora autumnalis* à Wisley

*Physochlaina orientalis* à Kew

*Scopolia carniolica* à Wisley

*Physochlaina alaica* près de Ferghana

*Rehmannia glutinosa* dans les bois près de Pékin

*Rehmannia glutinosa* sur une tombe Ming en ruine

*Hyoscyamus aureus* sur des murs antiques près de Kas dans le S.-O. de la Turquie

*Phelupaea tournfortii* près de Erzurum

# DORONICS

Doronicum carpetanum

Doronicum plantagineum et Allium ursinum

Doronicum 'Miss Mason'

Doronicum pardalianches

**Doronicum carpetanum** Boiss. & Reut. ex Wilk. (*Compositae*) – Or. Pyrénées. N. & C. Espagne, N. & C. Portugal, dans les prairies de montagne et parmi les rochers, flor. mai-juin. Grandes touffes de tiges 40-80 cm de haut. Fll. de la base cordées, à long pétiole. Fll. caulinaires 6-8. Fl. 2 ou 3 par tige, rarement plus, 4-5 cm diam. Sol humide à mi-ombre. R.-15°C.

**Doronicum orientale** Hoffm. syn. *D. caucasicum* M. Bieb. – Or. S.-E. Europe, Italie, Sicile et Yougoslavie jusqu'à la Hongrie, au Caucase, à la Turquie et au Liban, dans les bois et les fourrés, en des lieux secs en été, à 50-1 900 m en Turquie, flor. mars-juil., en avr. dans nos jardins. Rhizomes souterrains charnus qui forment lentement de grandes colonies. Fll. de la base ovales à cordées, à long pétiole. Capitule solitaire, 2,5-5 cm diam. à pédoncule 10-60 cm de haut, glanduleux et poilu. Fll. caulinaires 1 ou 2. Pour un emplacement à mi-ombre ; supporte la sécheresse estivale, au moment où les fll. se flétrissent. R.-15°C.

**Doronicum pardalianches** L. **Doronic tue-panthères** – Or. Europe, de la Belgique à l'Espagne, l'Allemagne et l'Italie (naturalisée en Autriche, G.B. et Tchécoslovaquie), dans les bois, flor. mai-juil. La plante constitue des colonies grâce aux tubercules qui se forment au bout des stolons souterrains. Tiges att. 90 cm. Fll. de la base cordées, fll.

supérieures embrassantes. Capitules 2-6, 3-5 cm diam. Grande plante, doucement velue pour sol humide à mi-ombre. R.-20°C.

**Doronicum plantagineum** L. – Or. Portugal, Espagne, O. Italie et France, naturalisée en G.B., dans les bois, les prairies, les landes, flor. avr.-juin. Rhizome rampant, tubéreux, poilu, forme de grandes colonies. Tiges att. 80 cm. Fll. de la base ovales elliptiques, souvent légèrement cordées, à long pétiole, parfois dentées ; fll. supérieures non embrassantes. Capitules 1 ou 2, rarement plus, 3-5 cm diam. De culture facile au soleil ou à mi-ombre, très joli naturalisé dans l'herbe. Il existe plusieurs cultivars de **Doronicum** génér. nains et à floraison précoce, souvent double. Sont illustrés ici :
**'Miss Mason'**. Tiges att. 45 cm. Fl. avr. et début mai.
**'Fruhlingspracht'** syn. **'Spring Beauty'**. Tiges att. 45 cm. à fl. doubles.

**Petasites fragrans** (Vill.) C. Presl. (*Compositae*) **Héliotrope d'hiver** – Or. bassin méditerranéen (Italie, Sardaigne, Sicile et Afrique du N.), dans les bois ombragés humides et les gorges, flor. déc.-mars ; couramment naturalisée le long des routes dans d'autres parties d'Europe occid. Tige florale att. 50 cm. Fll. att. 20 cm diam., réniformes-cordées, vertes et poilues au revers. Fl. à fort parfum d'Héliotrope ; lilas pâle à violacé. Seule la plante mâle est naturalisée

*D. plantagineum* 'Fruhlingspracht'

*Doronicum orientale* près de Fethiye dans le S.-O. de la Turquie

*Petasites fragrans*, magnifique, mais jugée non indispensable à Sellindge, dans le Kent

ou cultivée : la femelle, d'après *Flora Europea* est inconnue. Ses rhizomes souterrains charnus la rendent très envahissante et c'est une mauvaise herbe dans bien des vieux jardins. Les fl. nomb. au cours des hivers doux sont pourtant les bienvenues. Un froid inférieur à -10°C détruira la partie aérienne, mais les racines subsisteront.

**Petasites paradoxus** (Retz) Baumg. syn. *P. niveus* (Vill.) Baumb. – Or. Europe. Pyrénées françaises et espagnoles, jusqu'aux Carpates et en Yougoslavie C., au bord des cours d'eau dans les bois de montagne, génér. en sol calcaire près de la neige fondante. Flor. mai-juil. Tige florale att. 25 cm. Fll. développées triangulaires cordées à hostées, laineuses au revers. Ses jolies bractées rouge rosé permettent de la différencier de *P. albus* (L.) Gaerten, plus répandue, blanc livide et verte, courante aussi dans les bois alpins. Elles sont toutes deux trop envahissantes par leurs rhizomes pour les établir ailleurs que dans les parties les plus sauvages du jardin.

**Petasites palmatus** (Ait.) Gray – Or. Amérique du N. (entre Terre-Neuve, le Massachusetts, l'Alaska et le S. Californie), le long des côtes, au bord des cours d'eau dans les bois, fl. fév.-avr. Rhizomes souterrains traçants. Tiges florales att. 50 cm apparaissant avant les fll. Fl. parfumées. Fll. 10-40 cm large, palmatilobées, avec 7-11 lobes dentés. Emplacement humide, à mi-ombre. R.-20°C. *P. japonicus* (Sieb. & Zucc.) Maxim., or. Japon, Corée, Chine, a des fl. similaires, mais des fll. orbiculaires immenses, qui poussent att. 1,5 diam., sur des tiges de 2 m de haut chez var. *giganteus* : au Japon, les enfants s'en servent comme parapluies.

*Petasites paradoxus* dans le Valais

*Petasites palmatus* en Californie

# CLINTONIAS

*Clintonia umbellulata* aux pépinières Washfield

*Clintonia uniflora* dans le Yesomite, en Californie

*Clintonia andrewsiana* en Californie

*Clintonia borealis* à Wisley

**Clintonia andrewsiana** Torr. (*Convallariaceae*) – Or. Californie, du comté de Del Norte jusqu'au S.-O. Orégon, dans les forêts de séquoias toujours verts dans des lieux humides et ombragés, flor. mai-juil. Forme des touffes : pas de stolons. Fll. 5 ou 6. 15-25 cm de long, 5-12 cm de large. Tiges 25-50 cm ; fl. en ombelles latérales aussi bien que terminales, rouge profond ; nectaires à la base des pétales de 10-15 mm de long. Baies noires bleutées, 8-12 mm de long. Sol humide tourbeux ou humifère à mi-ombre. Pousse bien à l'E. Ecosse, au Jardin botanique royal à Edimbourg, et à Glendoïck. R.-10°C. et plus avec une bonne couverture.

**Clintonia borealis** (Ait.) Raf. – Or. E. Amérique du N. entre Terre-Neuve, Manitoba, Caroline du N. et Wisconsin, dans les bois et les fourrés humides, souvent en montagne, flor. mai-juin. Souche rampante, forme de vastes colonies. Fll. 2,5 ; tiges 15-35 cm portant 3-6 fl. infléchies jaune-verdâtre. Pétales 16-20 mm de long. Baies bleues. Sol meuble humifère ou tourbeux à l'ombre ou à mi-ombre. R.-25°C., mais abîmé par les gelées tardives.

**Clintonia umbellulata** (Michx.) Morong syn. C. *umbellata* Torrey – Or. E. Etats-Unis entre les Etats de New York, New Jersey, Georgie et Tennessee, dans les bois de collines, flor. mai-juin. Tiges 15-40 cm, peu traçantes, formant des colonies denses. Fll. 2-5, oblongues, oblancéolées ou obovales, Fl. parfois tachetées de violet, parfumées, 8-12 mm de long. Baies noires. Emplacement légèrement humide sous ombrage partiel ou saisonnier. La belle touffe illustrée ici poussait sur terre argileuse acide dans le Kent. R.-25°C.

**Clintonia uniflora** (Schultes) Kunth – Or. N. & E. Californie jusqu'en Colombie-Britannique et dans le Montana, dans les forêts de pins et sous *Sequoiadendron* à 1 000-1 800 m en Californie, flor. mai-juil. Minces stolons souterrains. Fll. 2-3, 7-15 cm de long ; 2,5-6 cm de large. Tiges florales 7-10 cm ; fl. solitaires à pétales pubescents, 1,8-2,2 cm de long. Sol humifère, humide, bien drainé, à mi-ombre. R. -15°C. La cinquième espèce du genre, C. *udensis* Trautv. & C.A. Meyer syn. C. *alpina* Baker, or. Himalaya (N. Inde et Népal) jusqu'au S.-O. Chine et Japon ; elle a des fl. mauve pâle ou blanches de 6-10 mm de long, en ombelle infléchie de 2-6 fl. ; dans les forêts alpines et les fourrés. Flor. avr.-juil.

**Helonias bullata** L. (*Melanthiaceae*) – Or. E. Etats-Unis (N. New Jersey, et S. New York jusqu'en Caroline du N.), dans les marais et les tourbières, flor. avr.-mai. Rhizome tubéreux. Fll. 15-45 cm de long, jusqu'à 5 cm de large, persistantes, raides et brillantes. Hampes florales 4-20 cm ; en épis de 2-4 cm de long comportant 25-30 fl. minuscules. C'est la seule espèce du genre, elle se distingue de *Heloniopsis* par ses fl. plus petites en épi dense. Sol humide acide et tourbeux. R.-20°C.

**Heloniopsis orientalis** (Thunb.) Tanaka (*Melanthiaceae*) – Or. ensemble du Japon, mais plus répandue au N., en Corée et dans l'île Sakhaline, dans les bois, les fourrés et les prairies de montagnes, flor. avr.-juin.

*Helionopsis orientalis* à Wisley

*H. orientalis* var. *flavida*

*Helonias bullata* à Wisley

Fll. persistantes, 7-15 cm de long,
assez coriaces. Hampes florales 10-50 cm,
s'allongeant après la flor., portant 3-10 fl.
Pétales 1-1,5 cm de long, roses, virant au
violacé ou verdâtre à la formation du fruit.
Pour emplacement frais et ombré en sol humifère, maintenu humide en été. R.-15°C. Var.
*breviscapa* (Maxim.) Ohwi - Malgré son nom,
elle s'en distingue par fl. plus petites, blanches
ou rose pâle. On la trouve dans les montagnes
de Kyushu et de Yakushima. Var. *flavida*
(Nakai) Ohwi – Or. C. Honshu ; elle est plus
grande, à fll. plus fines et fl. blanches ou
verdâtres, vertes à la formation du fruit.

**Scoliopus bigelovii** Torr. – Or. S.-O. Orégon
et N. Californie (du comté de Humboldt au
comté de Santa Cruz), dans les forêts de
séquoias toujours verts, à l'ombre humide,
en dessous de 500 m, flor. fév.-mars. 2 grandes
fll. att. 10 cm de large et 20 cm de long,
souche grêle. Hampes florales trilatérales,
aphylles, par 3-12 en parasol au niveau du sol,
10-20 cm de haut, se recourbant à la formation
du fruit. Fl. à sépales verdâtres et pétales étroits
et dressés,14-17 mm de long, qui sentent la
viande avariée. A cultiver avec soin à l'ombre,
en sol tourbeux humide. R. -10°C. A protéger
lors d'hivers rigoureux. Une deuxième espèce,
S. *Halii* Watson, or. Orégon, lui ressemble,
en plus petit.

**Streptopus roseus** Michx. (*Convallariaceae*) –
Or. E. Amérique du N. entre Terre-Neuve,
le Manitoba, la Géorgie et le Michigan,
dans les bois humides, flor. mai-juil. Plusieurs
tiges fines et gracieuses, 25-60 cm de haut,
ramifiées à la partie supérieure. Fll. ciliées,
Fl. 6-12 mm de long ; anthères fourchues.
Baies rouges. Sol humifère et frais à l'ombre ou
à mi-ombre. R. -20°C. Chez S. *amplexifolius*
(L) DC. Or. bois humides subalpins dans les
Alpes jusqu'au Japon et en Amérique du N.,
les tiges florales sont plus élevées, les fll.
embrassantes et les fl. font 1 cm de long.

*Scoliopus bigelovii* au Jardin botanique royal à Kew

*Streptopus roseus* au Jardin botanique de Cruickshank, à Aberdeen

*Uvularia sessilifolia*

*Disporum trachycarpum* aux Savill Gardens, à Windsor

*Uvularia perfoliata*

*Uvularia grandiflora*

**Disporu**m *cantoniense* (Lour.) Merrill syn. *D. pullum* hort. (*Convallariaceae*) – Or. O. Chine (Yunnan jusqu'en Hubei), Japon et Asie du S-E, dans les bois clairs et les fourrés, flor. mai-juin. Quelques tiges att. 2 m s'allongeant après la floraison. Fl. 2,5 cm de long, blanches ou rougeâtres sur courts pédicelles. Sol bien drainé à l'ombre ou à mi-ombre. R.-15°C.

**Disporum** *sessile* subsp. *flavens* Kitagawa – Or. Corée et Heilonjiang (Mandchourie), dans les bois d'arbres caducifoliés, flor. mai-juin. Fl. 2 cm de long.

**Disporum** *smithii* (Hook) Piper – Or. chaînes côtières de Californie, du comté de Santa Cruz jusqu'en Colombie-Britannique, dans des lieux frais et humides en forêts de séquoias toujours verts et d'arbres à fllge persis., flor. mars-mai. Tiges 30-90 cm, en bouquets. Fll. ovales à ovales-lancéolées, arrondies ou subcordées à la base, 5-12 cm de long. Fl. 1,5-2,5 cm de long. Baies obovoïdes, orange à rouges. De culture facile en situation ombragée et humide. R.-15°C.

**Disporum** *bodinieri* (Lvl.) Wang & Tang – Or. O. Chine (Guizhou, Yunnan et Sichuan) à 1 000-1 800 m, dans les fourrés luxuriants et humides des montagnes escarpées, flor. avril-mai. Quelques tiges très ramifiées att. 2 m. Fll. 7 cm de long ; fl. vert jaunâtre pâle, att. 3 cm, à étamines saillantes. Baies noires. Sol riche et humide à l'ombre ou à mi-ombre. R.-15°C.

**Disporum** *species* – Or. O. Chine (Sichuan), dans les fourrés de bambous et de *Rhododendron* à 2 000 m, flor. mai-juin. Quelques tiges érigées att. 30 cm à la floraison, s'allongeant ensuite. Fl. blanches, 3 cm de long, étamines non saillantes. Sol tourbeux humide, riche, à l'ombre ou à mi-ombre. R.-15°C.

**Disporum** *trachycarpum* (Wat.) Benth. & Hook. – Or. O. Amérique du N., de la Colombie-Britannique au N.E. Orégon, et le long des Rocheuses du N. Dakota au S. Arizona et à l'O. Nouveau-Mexique, jusqu'à 3 000 m en Arizona, dans les bois, souvent le long des cours d'eau, flor. mai-juil. Plusieurs tiges ramifiées att. 60 cm. Fll. 4-12 cm de long, ovales, ciliées, glabres sur le dessus. Fl. blanc crème, 9-15 mm de long à étamines saillantes. Style lisse. Baie jaune, virant au rouge. Sol humifère, humide, à l'ombre. R.-20°C.

**Disporum** *uniflorum* Baker – Or. O. Chine, dans le Yunnan, surtout près de Lijiang, parmi les fougères aigles dans les fourrés de *Rhododendron* et d'arbres ou d'arbustes mixtes ou caducs à 2 000 m, flor. mai. Quelques tiges att. 1 m, s'allongeant après la floraison. Fl. 4 cm de long, sur longs pédicelles de 6 cm ; étamines non saillantes. Sol humifère bien drainé au soleil ou à mi-ombre. R.-15°C.

**Uvularia** *grandiflora* smith (*Convallariaceae*) – Or. Québec jusqu'en Ontario, Minnesota, Géorgie, Tennessee et Kansas, dans les bois, en sol riche, flor. avril-juin. Tiges att. 75 cm, glabres. Fll. perfoliées, 5-13 cm de long, duveteuses au revers quand elles sont jeunes. Fl. 2,5-5 cm jaune vif, surface intérieure des pétales lisse. Facile sous ombrage saisonnier, en sol bien drainé mais humide et humifère ; jeunes pousses à protéger des limaces. R.-20°C.

**Uvularia** *perfoliata* L. – Or. Québec jusqu'en Ontario, Floride et Mississippi, dans les bois et les fourrés humides, flor. avril-juin. Tiges 20-60 cm, glabres. Fll. perfoliées, 5-9 cm de long, glabres et plus pâles au revers. Fl. 2-3,5 cm, jaune pâle, glandes minuscules sur la surface intérieure des pétales. Facile en sol humifère, humide, à mi-ombre. Ne forme pas de touffes dans la nature comme sur la photo. R.-20°C.

**Uvularia** *sessilifolia* L. – Or. Nouveau-Brunswick et Ontario jusqu'au Minnesota, en Géorgie et dans l'Arkansas, dans les bois et les fourrés humides, flor. mai-juin. Souche traçante, tiges att. 40 cm, glabres. Fll. 3,5-7,5 cm, non perfoliées, glabres, plus pâles au revers. Fl. jaune verdâtre pâle, 1,5-3 cm de long ; surface intérieure des pétales lisse. Capsule ovale, trilatérale, s'effilant en pédoncule. Facile en sol humifère humide sous ombrage saisonnier.

# DISPORUMS

*Disporum bodinieri* dans la vallée de la rivière Min, au Sichuan

*Disporum bodinieri*

*Disporum uniflorum* à Lijiang dans le Yunnan

*Disporum flavens* à Kew

*Disporum species* à Wolong, dans le Sichuan

*Disporum cantoniense*

*Disporum smithii*

*Lysichiton americanum* à Chyverton, en Cornouailles

*Symplocarpus fœtidus* près de New York

*Orontium aquaticum*

*Acorus calamus* au château de Leeds, dans le Kent

**Acorus calamus** L. (*Araceae*) – Or. Sibérie, Chine, Japon et Amérique du N. et naturalisée depuis le XVIe siècle à l'O. Iran et en Turquie ; en eau peu profonde, au bord de lacs et de rivières calmes ; en Europe dans les douves et au bord des lacs de vieux châteaux, Fll. et tiges érigées att. 1,5 m, panachées chez 'variegatus', teintées de rose à la base, à bords ondulés, 6-15 mm de large. Fl. très petites, verdâtres, sur un spadice latéral apparent de 7 cm de long, en mai-juil. La panachure de **'variegatus'** est plus nette et dure plus longtemps que chez les iris d'eau. On cultivait la plante pour son fllge aromatique et on extrayait de ses fll. et de ses racines l'huile de calamus. R.-25°C. *Acorus gramineus* Solander (Inde, Chine, Japon), est plus petit, att. 50 cm, à fll. persistantes sans nervure médiane plus épaisse et spadice presque érigé 5-10 cm de long. On cultive génér. la forme naine, var. *pusillus* Engl., ainsi que 'Argenteostriatus', à rayures blanches.

**Lysichiton americanus** Hult. & St John – Or. N.-O. Californie, près de San Francisco dans les montagnes de Santa Cruz, jusqu'en Alaska et dans le Montana ; marais et bois détrempés près de la côte, flor. avr.-juin. Fll. adultes 30 cm à 1,50 m de haut, oblongues à elliptiques, à court pétiole. Fl. apparaissant avant ou avec les fll., sur des tiges de 30-50 cm. Spathe jaune, 10-20 cm de long. Facile en sol mouillé, intéressant par sa flor. précoce et ses belles grandes fll. Les fl. ne sentent pas bon, mais ne sont pas fétides au point d'incommoder.

**Lysichiton camschatcensis** (L.) Schott – Or. Japon (Honshu et Hokkaido) jusqu'à l'E. Sibérie, à l'île Sakhaline, au Kamtchatka et aux îles Kouriles ; marais, lieux détrempés et au bord des étangs et des lacs, flor. avr.-juil. Semblable à L. *americanus* mais plus petit et à fl. blanches. Fll. adultes 40-80 cm de long. Fl. apparaissant avant ou avec les fll., sur des tiges 10-30 cm de long. Spathe 8-12 cm de long. Fl. parfumées. Facile en sol acide et mouillé, mais plus rare dans les jardins que L. *americanus*. Protéger les jeunes pousses des deux espèces contre les limaces. Un hybride probable entre les 2 espèces possède une spathe jaune pâle ou crème.

**Orontium aquaticum** L. (*Araceae*) – Or. E. Etats-Unis du Massachusetts au Kentucky, à la Floride et à la Louisiane ; étangs et tourbières, flor. avr.-juin. Fll. émergeantes ou flottant à la surface de l'eau, limbe 15-30 cm de long ; tiges florales 15-60 cm de long. Spadice 2,5-5 cm de long. Spathe bractéiforme et génér. caduque avant la floraison. Eau peu profonde. R.-20°C.

**Symplocarpus fœtidus** (L.) Nutt. syn. *Spathyema fœtida* (L.) Raf. (*Araceae*) – Or. Nouvelle-Ecosse jusqu'au Manitoba et à la Géorgie ; bois marécageux et bord des ruisseaux flor. fév.-avr., dès le dégel du sol. Les fll. 30-90 cm, largement ovales, tronquées à la base, se développent pendant et après la floraison, en belles rosettes. Spathe apparaissant avant les fll., 7,5-15 cm de haut, solide, charnu, fétide. Spadice s'agrandissant jusqu'à 15 cm en diam. à maturité en août-sept. R.-25°C.

*Acorus calamus* 'Variegatus'

*Lysichiton camschatcensis*

Aquilegia canadensis près de Charlottesville, en Virginie

Aquilegia canadensis

Aquilegia elegantula

Aquilegia formosa var. formosa

Aquilegia 'Crimson Star'

**Aquilegia caerulea** James (*Ranunculaceae*) – Or. Etats-Unis entre le S.-O. Montana, le N. Arizona et le N.-Mexique, en montagne à 2 200-3 000 m, dans les bosquets de trembles, flor. juin-août. Tiges att. 90 cm. Fl. 5-7,5 cm diam.; sépales étalés, bleus, pétales bleus ou blancs, éperon 3-5 cm, limbe du pétale bien développé génér. blanc. C'est la fl. symbole de l'Etat du Colorado où elle pousse sur le bord N. du Grand Canyon. Situation protégée au soleil ou à mi-ombre. R.-20°C.

**Aquilegia canadensis** L. – Or. N. Amérique du N. entre la Nouvelle-Ecosse, les territoires du N.-O., le Nebraska, le Texas et la Floride, dans les bois rocheux, sur les talus ombragés et les bords de routes humides, flor. avr.-juil. Tige 25-60 cm, glabre ou à peine pubescente. Folioles profondément lobées; fl. 2,5-5 cm de long, y compris les éperons droits de 15 mm de long, génér. cramoisies, très rarement blanches ou jaunes. Sépales 15 mm de long, pointés vers le sol. Style et étamines saillants. Pollinisée par les colibris. Sol sableux bien drainé, sous ombrage saisonnier ou en région fraîche mais ensoleillée. R. -25°C.

**Aquilegia chrysantha** Gray – Or. S. Colorado au Nouveau-Mexique, Arizona et N. du Mexique; lieux humides en forêts de pins, dans les fourrés et le long des cours d'eau à 1 000-3 200 m, flor. avr.-sept. Tiges att. 60 cm. Fl. regardant le ciel 4-7,5 cm diam., éperons 4-7 cm de long. Sépales étalés. A. *longissima* Gray, des montagnes de l'O. Texas, S. Arizona et N.E. Mexique, est encore plus remarquable, à fl. jaune pâle et éperons 9-15 cm de long. Sol humide et bien drainé pour chacune, en situation chaude et abritée.

**Aquilegia 'Crimson Star'** – Hybride élégant à fl. rouge et blanc.

**Aquilegia elegantula** Greene – Or. Rocheuses du S.-O. Colorado et S.E. Utah jusqu'au N.-Mexique dans les roches à 3 000 m, flor. juin-juil. Plante élancée att. 60 cm. Eperons inférieurs à 3 cm de long; sépales rouges, verdâtres à la pointe. Situation chaude et abritée. R.-15°C.

**Aquilegia formosa** Fisch. – Or. Californie, jusqu'en Alaska, à l'O. Montana et à l'Utah, dans les bois humides et les lieux détrempés dans les fourrés et les talus, depuis le niveau de la mer jusqu'à 3 000 m, flor. avr.-août, selon l'altitude et la latitude. Tige 50 cm à 1 m, glanduleuse au sommet; fll. basales, bleuâtres, biternées, folioles échancrées jusqu'au milieu. Fl. 5 cm diam., éperons 10-20 mm, écarlates, à limbes jaunes au raz des pétales, 3-5 mm de long. Sépales 15-25 mm de long, étalés ou réfléchis. Var. *formosa* est une forme de montagne trouvée dans la Sierra Nevada à 1 000-3 000 m; chez var. *truncata* (Fisch. & Mey.) Baker, tiges glabres ou légèrement pubescentes, limbe jaune, 1-2 mm de long seulement (voir photo), répandue dans les chaînes côtières de Californie. Sol humide en situation chaude au soleil ou à mi-ombre. R.-15°C.

**Aquilegia olympica** Boiss. – Or. Caucase, N. & O. Iran et N. & O. Turquie, dans les prairies alpines, les fourrés et les forêts d'épicéas à 1 700-2 800 m en Turquie, flor. mai-juil.

Aquilegia formosa var. truncata

Aquilegia formosa var. truncata dans les montagnes Salmon, au N.-O. de la Californie

Aquilegia chrysantha

Aquilegia chrysantha dans l'Arizona

Aquilegia ottonis subsp. amaliae

Petites touffes à plusieurs tiges érigées att. 60 cm. Fl. à sépales bleuâtres 25-35 mm de long et éperons plus ou moins crochus. Sol tourbeux humide mais bien drainé au soleil ou à l'ombre.

**Aquilegia ottonis** Orph. ex. Boiss. subsp. **amaliae** (Orph. ex. Boiss.) Strid – Or. N.-E. Grèce (courante sur le Mont Olympe de Thessalie) à 900-2 300 m, dans des lieux détrempés parmi les rochers dans les gorges, flor. juin-août. Souche ligneuse coriace, plusieurs tiges florales att. 45 cm. Folioles 1,5-3 cm de long. Fl. 18-28 mm de long, pétales éperonnés à limbe blanc, un peu plus court que les sépales bleus. Capsules 12-15 mm de long. R.-15°C.

Aquilegia olympica

Aquilegia caerulea

'Hensol Harebell'

*Aquilegia*
'hybrides à longs éperons'

*Aquilegia vulgaris*
'Flore Pleno'

'Olympia'
(bleue et blanche)

*Aquilegia vulgaris*
(plant à fl. rouges
issu de semis)

'Olympia'
(rouge et jaune)

*Aquilegia*
'hybrides de
Mrs Scott Elliott'

'Dwarf Fairyland'
en mélange

'Hensol Harebell'

'Nora Barlow'

Echantillons de Wisley, 12 mai, Réduction à 66,66%

# ANCOLIES

*Aquilegia* 'Dwarf Fairylant' en mélange

*Aquilegia* 'Biedermeier' en mélange

*Aquilegia* 'hybrides de Dragonfly'

*Aquilegia* 'Music' (plant à fl. blanches issu de semis)

**Aquilegia 'Biedermeier Mixed'** – Race à tige courte et fl. regardant vers le ciel, proche de A. *vulgaris*, mais tiges 50 cm environ.

**Aquilegia Hybrides de Mrs Scott Elliott**
A. *caerulea* James est décrite p. 86.
Les couleurs des fl. de cette race sont plus ou moins proches de la forme-type bleue et blanche ; env. 80 cm de haut.

**Aquilegia 'Dwarf Fairyland Mixed'** –
Race basse à plusieurs tiges 45 cm,
à fl. regardant le ciel, simples ou doubles à pétales tubulaires et éperons courts. Insolites, mais il leur manque la grâce qui est un des charmes des Ancolies.

**Aquilegia 'Hensol Harebell'** – Race hybride entre A. *vulgaris* et A. *alpina*. Tiges ramifiées att. 80 cm à grandes fl. bleu intense, obtenue au début des années 1900 par une certaine Mrs Kennedy en Ecosse à Mossdale, Castle Douglas.

**Aquilegia 'hybrides à longs éperons'**
et **'hybrides Dragonfly'** – Hybrides à longs éperons, de différents tons de bleu, jaune, rouge ou bicolores, issus des espèces américaines A. *caerulea*, A. *chrysantha* et A. *formosa*. Ce sont des vivaces de courte vie, qui viennent bien de semis, à placer en situation ensoleillée et sol bien drainé mais pas sec. Les 'hybrides à longs éperons' att. 80 cm, les fl. ont des tons pâles. Les hybrides

'McKana' leur ressemblent. Les hybrides 'Dragonfly' sont plus petits, env. 50 cm, les fl. ont des tons plus soutenus.

**Aquilegia 'Music'** – Race de taille moyenne, 50 cm, à fl. de couleurs variées à long éperons.

**Aquilegia 'Nora Barlow'** – C'est une variante de A. *vulgaris*, fl. à nomb. pétales étroits vert pâle et rouges.

**Aquilegia 'Olympia, Bleu et Blanc', 'Rouge et Or'** et **'Violet et Jaune'** – Dans ces races issus de semis aux couleurs étonnantes, on a stabilisé le caractère bicolore. Tiges att. 60 cm.

**Aquilegia vulgaris 'Flore Pleno'** – Fl. doubles pourpre foncé, sépales normaux, mais deux fois plus de pétales que la normale. On connaît d'autres mutants étranges, sans éperons, les 'Stormy Columbines', et un autre, qui se tient à l'envers, à nomb. éperons regardant le sol sur une fl. infléchie, que l'on peut voir dans le *Gerard's Herball* (1633). Il semble qu'il ait disparu aujourd'hui mais il pourrait réapparaître.

*Aquilegia* 'Olympia' violet et jaune

*Aquilegia* 'Hensol Harebell'

Aquilegia fragrans près de Vishensar au Cachemire

Aquilegia fragrans

**Aquilegia alpina** L. – Or. Alpes en France, Suisse, Autriche, Italie et au N. des Appenins, dans les bois clairs et sur les roches à l'ombre, sur les falaises à 1 300-2 000m, flor. juil.-août. Tiges 15-60 cm, pubescentes au sommet, portant 1-3 fl. Folioles profondément divisées, fl. infléchies, sépales bleus, 30-45 mm. Eperons 18-25 mm, bleus, droits ou arqués, limbe plus pâle 14-17 mm. Sol humide en situation fraîche et ombragée. R. -20°C.

**Aquilegia atrata** Koch – Or. Alpes, de la France à l'Autriche et aux Apennins, dans les prairies à foin subalpines, flor. mai-juil. Tiges 40-80 cm, très pubescentes au sommet. Fl. infléchies, violet foncé, 3-5 cm de large, sépales 15-24 mm ; limbe des pétales 8-12 mm,

éperon 10-15 mm, crochu. Facile en sol humide ou un peu sec à mi-ombre. Etonnante avec ses longues tiges et ses fl. presque noires. R.-20°C.

**Aquilegia bertolonii** Schott syn. *A. reuteri* Boiss. – Or. S.-E. France et N.-O. Italie, dans les Alpes maritimes et les chaînes voisines, dans les fourrés de collines rocheuses à 750-1 500 m, flor. juin-juil., dans les coins plus chauds et à plus basse altitude que *A. alpina*. Tiges 10-30 cm, glanduleuses au sommet ; fll. caulinaires linéaires, génér. entières. Fl. 1-5, infléchies ; sépales, éperons et limbe de la même couleur, génér. bleu violacé ; sépales 18-33 mm ; éperons 10-14 mm, droits ou arqués ; limbe 10-14 mm. Devrait supporter des emplacements plus chauds et secs que *A. alpina*. R. -15°C.

**Aquilegia flabellata** Sieb. & Zucc. var. **pumila** Kudo **'Mini star'** – Or. Honshu et Hokkaido, jusqu'à l'île Sakhaline, aux îles Kouriles et au N. Corée, dans les fourrés de montagne, flor. juin-août. Limbe des fl. 1,5 cm, éperons récurvés, 1,5 cm. 'Mini star' est une race naine à tige de 15 cm de haut. On ne connaît pas *A. flabellata* dans la nature, mais on la cultive depuis longtemps au Japon. Elle est plus grande, à fll. glauques et tiges 20-50 cm, à fl 3-5 cm diam. On connaît aussi une forme blanche. R.-20°C.

**Aquilegia fragrans** Benth – Or. N. Pakistan au N. Inde (Uttar Pradesh) et fréquente au Cachemire, dans les fourrés et les prairies

subalpines à 2 400-2 500 m, flor. juin-août. Tiges 40-80 cm peu ramifiées ; plante glanduleuse dans son ensemble. Fl. jaune paille, blanches ou vert-bleuté pâle, parfumées, mais à vague odeur de chat, 3-5 cm de long. Sépales 2,5-3cm, étalés ; éperon 15-18 mm, droit ou crochu. Bonne terre, bien drainé au soleil ou à mi-ombre. R.-20°C.

**Aquilegia vulgaris** L. – Or. Europe : Angleterre, Irlande, France, Espagne et Portugal jusqu'en Yougoslavie, Pologne et N. Russie, dans les bois et les prairies jusqu'à 1 700 m dans les Alpes, flor. mai-juil. Tiges 30-60 cm, très ramifiées. Fl. infléchies, bleu-violacé, roses ou rarement pourpre carminé ou blanches, 5 cm diam., à éperons 15-22 mm et limbe 10-13 mm. Au jardin s'hybride facilement avec d'autres espèces. La variante bicolore, montrée ici, est l'un de ces hybrides. Facile au soleil ou à mi-ombre. R.-25°C.

**Aquilegia yabeana** – Or. Corée et N.-E. Chine, dans la montagne, flor, mai-juil. Petites touffes de tiges délicates att. 60 cm. Folioles 1,5 cm de large. Fl. rose pourpre ou rougeâtres, 2,5 cm diam. Sol humifère en situation fraîche. R.-20°C.

**Semiaquilegia ecalcarata** (Maxim.) Sprague & Hutch, (*Ranunculaceae*) – Or. O. Chine (Gansu, O. Sichuan et Shensi), dans les bois, les fourrés humides et moussus, flor. mai-juin. Petites touffes de tiges ramifiées att. 40 cm ; fl. 2,5 cm diam. Sol humifère humide au soleil ou à mi-ombre. R.-20°C.

*Aquilegia flabellata* 'Mini Star'

*Aquilegia vulgaris* plant issu de semis

*Aquilegia atrata* dans le Valais

*Aquilegia alpina* dans le Valais en compagnie de *Geranium sylvaticum* et *Trollius*

*Semiaquilegia ecalcarata*

*Aquilegia yabeana*

*Aquilegia bertolonii*

*Thalictrum aquilegifolium* en Suisse

*Thalictrum minus* et plumets de *Ferulago* en Asie centrale

*Thalictrum speciosissimum* au Savill Garden, à Windsor

'Hewitt's Double'

*Thalictrum lucidum* à Wisley

*Thalictrum delavayi*

# PIGAMONS

*Thalictrum aquilegifolium* au bord de l'étang aux nymphéas dans le jardin de Monet à Giverny

**Thalictrum aquilegifolium** L. (*Ranunculaceae*)
– Or. Europe : France, Espagne, jusqu'à l'O.
Russie à la Roumanie et à la Turquie (rare),
dans les prairies, souvent dans la montagne et
parmi les rochers ombragés, flor. mai-juil. Tiges
att. 1,50 m ; fll. vertes, fl. à sépales qui tombent
rapidement, mais étamines voyantes ; filets
gonflés vers l'apex, violacés, roses ou blancs.
Facile en bonne terre humide. R.-25°C.

**Thalictrum delavayi** Franch. syn.
*T. dipterocarpum* hort. non Franch. – Or. S.-O.
Chine (Yunnan), dans les prairies et les fourrés
de montagne, flor. juin-sept. Tiges att 2 m.
Folioles , lobés, att. 2,5 cm de large.
Fl. à étamines pendantes, sépales 1,2 mm de
long, pourpres, Fl. à étamines pétaloïdes chez
**'Hewitt's Double',** formant comme une
rosette serrée. On cultive aussi une forme
blanche : *T. chelidonii* DC, or. Himalaya
(Bhoutan et Sikkim), s'en distingue par ses
folioles 1-4 cm de large, grossièrement dentées.
Sépales 8-15 mm de long., pourpres.
Conviennent toutes deux en situation fraîche
et sol tourbeux et humide. R.-15°C.

**Thalictrum diffusiflorum** Marquand & Airy
Shaw – Or. Chine (S.-E. Xizang), dans l'herbe
des bois et des fourrés à 3 500 m, flor. juil.
Ressemble à *T. chelidonii* DC, mais à folioles
plus petites et infl. très lâches. Tiges att. 3 m ;
sépales 12 mm de long. Sol tourbeux riche.
R.-20°C.

**Thalictrum lucidum** L. – Or. C. & E. Europe
jusqu'en Turquie et Russie occid., dans les

*Thalictrum diffusiflorum* à Kew

fossés, les marais, les prairies détrempées,
flor juin-août. Tiges att 1,20 m. Plante d'un
vert brillant, folioles oblongues effilées
ou linéaires dans les fll. du sommet. Infl.
longuement ramifiées. Etamines érigées, 7 mm
de long. Plante robuste formant de grandes
touffes de folioles pointues et de grandes tiges à
fl. jaune-vert. Terre riche et humide. R.-25°C.

**Thalictrum minus** L. – Or. Europe (entre
l'Ecosse, l'Irlande, le N. Afrique), Asie C.
(Chine, Japon), espèces apparentées en
Amérique du N., sur rochers crayeux, dans les
pâturages calcaires, sur dunes de sable et galets,
dans les prairies détrempées, dans les steppes
de montagne et la toundra, flor. mai-août.
Fl. petites, pendantes, jaunes ou marron,

à longues anthères suspendues à de minces
filets. Adaptées à une pollinisation par le vent.

**Thalictrum flavum** L. subsp. *glaucum* (Desf.)
Batt. syn. *T. speciosissimum* – Or. Espagne,
Portugal et N. Afrique, dans les prairies
détrempées et au bord des cours d'eau,
flor. juin-août. Tiges att. 1,50 m. Ensemble de
la plante vert-bleuté ; folioles à nervures
saillantes au revers. Il lui faut une terre
riche et humide. Subsp. *flavum*, or. Europe
y compris Angleterre, Irlande, Ecosse,
jusqu'en Turquie et Sibérie, dans les prairies
humides, les marécages et au bord des rivières.
Elle lui ressemble, mais elle est plus petite,
à tiges et fll. vert brillant, et folioles à nervures
très saillantes au revers.

# PIVOINES

*Paeonia rhodia* à Rhodes

*Paeonia rhodia*

*Paeonia cambessedesii*

**Paeonia cambessedesii** (Willk) Willk. (*Paeoniaceae*) – Or. îles Baléares (E. Majorque et Minorque), sur rochers et falaises calcaires, flor. avr. Cette espèce se raréfie dans la nature. Tiges att. 50 cm, plus souvent 25 cm. Fll. biternées, à folioles glabres, lancéolées, vert-gris luisant sur le dessus, pourpres au revers. Fl. 6-10 cm diam., à 5-8 carpelles. Facile en situation abritée ou sous châssis, à protéger des gelées tardives et d'une humidité excessive en été. C'est la plus petite, et parmi les plus belles espèces. R.-10°C.

**Paeonia mascula** (L.) Miller subsp. **mascula** – Or. Europe (France, Autriche, jusqu'en Grèce. Caucase, Turquie, N. Iran et Irak), en forêts de chênes, de pins ou de hêtres, souvent parmi les fougères-aigle ou sur pentes rocailleuses calcaires, génér. exposées au N., et jusqu'à 2 200 m à l'E. Turquie, flor. avr.-juin. Grande touffe de racines charnues, épaisses ; nomb. tiges att. 60 cm. Fll à 9 folioles elliptiques en principe, mais souvent certaines sont divisées, on peut donc en compter jusqu'à 15, toutes glabres ou à peine poilues sur les nervures du revers. Fl. 8-14 cm diam., rouges ou roses. Capsules 3-5, blanches, tomenteuses. Facile en sol sec bien drainé en plein soleil ; en sol humide les limaces risquent d'endommager les racines. R.-15°C.

**Paeonia mascula** subsp. **arietina** (Anders.) Cullen & Heywood – Or. E. Europe, l'Italie (mais non signalée en Grèce) jusqu'en Turquie, dans les fourrés de chênes et sur les pentes rocailleuses, jusqu'à 2 000 m en Turquie, flor. juin-juil. Se distingue de subsp. *mascula* par ses folioles plus étroites et poilues au revers qui possèdent 12-16 segments, habituellement 15. Supporte moins bien la sécheresse que subsp. *mascula*. R.-15°C.

**Paeonia mascula** subsp. **hellenica** Tzanoudakis – Or. Sicile (montagnes du N.) et Grèce : dans l'Attique, les îles Eubée et Andros et le C. Péloponèse (var. *icaria* sur l'île d'Ikaria), parmi les fougères-aigle en forêts d'*Abies*, dans les fourrés ou sur pentes rocailleuses claires, génér. sur schiste, à 450-850 m, flor. avr.-mai. Se distingue des autres sous-espèces par fl. blanches, 10-13 cm diam. ; fll. à 9 segments génér. mais parfois jusqu'à 21. Connu depuis de nomb. années (photo prise en 1968), cette sous-espèce ne fut pourtant décrite qu'en 1977. Je l'ai vue dans les jardins du N. Europe, mais Stearn dans son livre *Pivoines en Grèce* rapporte qu'elle était cultivée dans le jardin du museum d'Histoire naturelle Goulandris à Athènes. On dit qu'elle entre en végétation très tôt, tout comme *P. rhodia*, il faudra donc la protéger des gelées tardives. On ne connaît pas sa résistance au gel.

**Paeonia mascula** subsp. **russii** (Biv.) Cullen & Heywood – Or. Corse, Sardaigne, Sicile, les îles Eoliennes et le C. Grèce, dans les forêts de montagne, les vignes et les fourrés de *Quercus coccifera* sur pentes rocailleuses calcaires, flor. mars-mai. Se distingue de subsp. *mascula* par les folioles plus larges, ovales, poilues au revers. La tige est génér. plus courte, 25-45 cm, pas tout à fait déployée au moment de la floraison, les tiges et les fll. sont pourpres à l'état jeune. Fl. 9-12 cm diam., génér. mauve-rose. Facile en situation chaude et sol riche, bien drainé mais profond. R.-15°C.

**Paeonia rhodia** WT Stearn – Or. Rhodes, en forêts claires de *Pinus* et *Cupressus* à 500-700 m, flor. fév.-avr. Forme des touffes de tiges rouges et lisses att. 50 cm et de fll. jusqu'à 29 folioles. Fl. 7-8 cm diam. On trouve encore facilement cette espèce à Rhodes. Elles sont sensibles au botrytis, mais poussent et fleurissent bien. *P. clusii* Stern & Stern, très voisine, or. Crète et Carpates a beaucoup plus de folioles (40-80) plus étroites, génér. plus raides que les fll. douces de *P. rhodia*. Fl. blanches 7-10 cm diam. Mêmes conditions que *P. rhodia* : on cultive des hybrides entre les deux.

*Paeonia mascula* subsp. *hellenica* à Evvia, en compagnie de *Abies cephalonica*

*Paeonia mascula* subsp. *russii*

*Paeonia mascula* subsp. *mascula* près de Mus dans l'E de la Turquie

*Paeonia mascula* subsp. *arietina*

# PIVOINES

Paeonia anomala dans la montagne Maili Tau près de Yumin, au N.-O. de la Chine

Paeonia anomala

Paeonia 'Smouthii' à Kew

**Paeonia anomala** L. syn. *P. hybrida* Pall., *P. intermedia* C.A. Meyer – Or. Russie de l'extrême N.-O. (presqu'île de Kola), vers l'Asie C. dans le Tien Shan et le Pamir-Alaï, la Mongolie et la Chine à l'O. du désert de Gobi, dans les bois de conifères, à flancs de coteaux rocheux dans les fourrés et dans l'herbe sèche des steppes, for. mai-juil. Tiges att. 50 cm, en touffes. Fll. biternées, à folioles divisées en de nomb. segments étroits, génér. 5-25 mm de large, vert foncé sur le dessus avec de tout petits poils raides sur les nervures. Fl. 7-8 cm diam., rouges. Carpelles glabres. *P. hybrida* s'en distingue par ses folioles plus étroites, 10-15 mm de large. Follicules pubescentes chez *P. intermedia* var. *intermedia* (C.A.M.) B. Fedtsch. C'est sans doute l'espèce la plus robuste. Très décorative avec ses grandes fl. presque plates, rose carminé. Sol sableux, profond, bien drainé en plein soleil. R.-25°C.

**Paeonia coriacea** Boiss. – Or. Espagne et Maroc (Moyen Atlas), signalé sans certitude en Corse et en Sardaigne, dans les fourrés et les forêts de cèdres, et sur les rochers et les vieux murs, flor. avr.-mai. Tiges att. 60 cm. Fll. biternées, à 9 folioles et jusqu'à 16 segments, glabres au revers. Fl. 7-15 cm diam., génér. roses. Carpelles 2,4-5 cm de long, glabres, affinés à l'apex. Les formes précoces de cette espèce craignent les gelées tardives. Situation chaude en sol plutôt sec. *P. broteri* Boiss. & Reut., qui pousse aussi en Espagne et au Portugal, s'en distingue par fll. plus douces et plus divisées, ses fl. génér. rouges et 2-4 carpelles très tomenteux.

**Paeonia officinalis** L. subsp. ***officinalis***. – Or. S. France jusqu'en Hongrie et en Albanie, dans les bois, les fourrés, sur les pentes rocheuses, génér. sur calcaire, jusqu'à 1 800 m dans le S. Alpes, flor. mai-juin. Fll. à 3 folioles terminales profondément trilobées et à folioles latérales à 5 lobes ; lobes lancéolés, acuminés, pubescents au revers. Fl. 7-13 cm diam., rouges, s'épanouissant à plat. Facile en bonne terre de jardin. R.-25°C. Il existe plusieurs cultivars de cette ancienne pivoine de jardin ; la plus courante : 'Rubra Plena', énorme, très double, rouge profond, est de culture facile et dure longtemps dans les jardins et au bord des jardins d'arbustes victoriens. Il en existe aussi une blanche à fl. doubles, une rose à fl. doubles, 'China Rose', une rose saumon à fl. simples et 'Anemoniflora Rosea', à étamines pétaloïdes rouges bordées de jaune et pétales rose soutenu. Elles sont rares en culture sauf les fl. doubles.

**Paeonia mollis** Anderson – Var. de jardin, probablement un hybride, connu depuis 1818, mais toujours en culture. Aurait été obtenu par MM. Loddiges à partir de graines envoyées de Russie par Pallas. Fll. à segments étroits, à lustre bleuté. Fl. 7 cm diam., poilues en dessous ; on dit qu'elle est comme « assise » sur le fllge., bien que la photo prise à Kew ne le montre pas. R.-20°C.

*Paeonia mollis* à Kew

**Paeonia officinalis** L. subsp. **villosa** (Huth)
Cullen & Heywood syn. *P. humilis* Retz var.
*villosa* (Huth) F.C. Stern. – Or. S. France,
surtout autour de Montpellier, jusqu'en Italie
C., autour de Florence, dans les endroits
rocheux et les fourrés, flor. mai-juin. Tiges att.
40 cm. Fll inférieures à folioles découpées en
segments att. 1/3 de leur longueur. Fl. 7-13 cm
diam., rouges, s'épanouissant presque à plat.
Carpelles pubescents, 2-3. La sous-espèce
*officinalis* s'en distingue par ses folioles plus
profondément incisées. Carpelles glabres chez
subsp. *humilis*. Facile en terre ordinaire.

**Paeonia peregrina** Miller syn. *P. decorata*
G. Anderson – Or. Italie (Calabre) jusqu'en
Roumanie, Grèce, Bulgarie et O. Turquie,
les terrains et les fourrés rocailleux, parmi les
roches calcaires et dans les forêts de chênes
jusqu'à 1 200 m, flor, avr.-mai. Tiges att.
50 cm, touffe de racines étroites renflées au
bout. Fll. inférieures à 9 folioles obovales
cunéiformes, chacune divisée en 3 lobes
pointus (ou plus), à tout petits poils raides le
long des nervures de la face supérieure.
Fl. génér. rouge foncé, parfois roses, en forme
de coupe, 9-12 cm diam. Carpelles 1-4, à longs
poils blancs. Facile au soleil en sol bien drainé.
R.-20°C.

**Paeonia 'Smouthii'** syn. *P. laciniata* hort. –
Hybride entre *P. tenuifolia* et *P. lactiflora*,
connu depuis 1843. Forme de grandes touffes,
à tiges att. 60 cm, robustes et très florifères en
sol bien drainé et plein soleil. Fl. parfumées,
10 cm diam. R.-20°C.

**Paeonia tenuifolia** L. – Or. S.-E. Europe,
de Yougoslavie et Bulgarie jusqu'en Roumanie
et S.-O. Russie en Crimée et dans la steppe
environnante, près de Stavropol, dans l'herbe
sèche, flor. mai, (signalée aussi en Arménie
soviétique). Tiges att. 60 cm. Fll. divisées en
segments filiformes, de moins de 5 mm de
large. Fl. rouge vif, 6-8 cm diam.; carpelles 2-3,
poilus. Facile et très résistant, jusqu'à -25°C.,
en sol bien drainé en plein soleil.

*Paeonia coriacea* près de Ronda, dans le S.-E. de l'Espagne

*Paeonia officinalis* subsp. *villosa*

*Paeonia officinalis* subsp. *officinalis*

*Paeonia tenuifolia*

*Paeonia peregrina*

# PIVOINES

*Paeonia mlokosewitschii* dans l'Aberdeenshire avec *Berberis thunbergii* 'Atropurpurea' au second plan

*Paeonia wittmanniana* à Kew

*Paeonia obovata* var. *alba* à Aylburton, dans le Gloucestershire

*Paeonia mairei* près de Baoxing, dans le Sichuan

***Paeonia emodi*** Wall. – Or. Pakistan et N. Inde de Chintral au Cachemire et à l'O. Népal, dans les forêts et les fourrés, à 1 800-2 500 m, flor. avr.-juin. Tiges att 75 cm. Fll. profondément découpées en segments lancéolés, glabres en génér. Fl. blanches, 2-4 par tige, 8-12 cm diam., à 5-10 pétales. Carpelles 1-2, poilus ou glabres. Elle pousse en grandes colonies dans la nature et doit offrir un superbe spectacle en fl. En culture, vient bien en sol sableux dans une plate-bande ordinaire et humide. R.-20°C.

***Paeonia mairei*** Léveillé – Or. Chine (N. Yunnan et O. Sichuan), dans les bois clairs escarpés, les fourrés et à flancs de montagne à 800-2 900 m, flor. mai-juin. Tiges 50 cm à 1 m, génér. uniflores ; folioles longuement acuminées ou caudiformes à l'apex, glabres, de texture fine. Fl. 8-15 cm diam. Carpelles glabres ou couverts de poils courts marron-doré, 2-2,5 cm de long, affinés vers le stigmate. Proche de *P. obovata*, mais à fll. plus étroites ; on la trouve plus au S. Vient mieux dans les régions à étés frais et humides en sol humifère bien drainé. R.-15°C.

***Paeonia mlokosewitschii*** Lomakin – Or. S.-E. Caucase (vallée de Lagodeki aujourd'hui réserve naturelle), sur les pentes ensoleillées en forêts de charmes et chênes, flor. avr. Tiges att. 60 cm. Fll. biternées, à folioles ovales à obovales, souvent obtuses ou arrondies à l'apex, glauques surtout en dessous. Fl. 8-12 cm diam., jaunes. Carpelles tomenteux. Facile en sol bien drainé au soleil ou à mi-ombre. R.-20°C., mais les gelées tardives peuvent tuer les boutons, pousse bien dans des régions froides du N.-E. Ecosse.

***Paeonia obovata*** Maxim. var. **alba** Saunders – Or.E. Sibérie, Chine, dans le Heilongjiang (Mandchourie), Shaansi, Sichuan, île Sakhaline et Japon (Hokkaido, Honshu et Shikoku) ; dans les bois et les fourrés en montagne, flor. avr.-juin. Tige att. 60 cm. Jeunes fll. pourprées, biternées à folioles plus arrondies. Fl. blanches, crème ou pourpre rosé clair (on cultive génér. la forme blanche), 7 cm diam. Carpelles glabres. Facile à mi-ombre en sol sableux, bien drainé mais riche. R.-20°C, chez la var. *willmottiae* (Stapf) Stern, or. O. Hubei et E. Sichuan, la fll est poilue au revers, les fl. sont plus grandes, att 10,5 cm diam., et plus précoces, flor. mai dans nos jardins. Fl. blanches aussi mais courts stigmates recourbés chez *P. japonica* Mak., or. Japon, Corée et Heilongjiang.

***Paeonia veitchii*** Lynch – Or. N.-O. Chine (Gansu, Sichuan, Shensi), dans les prairies et les fourrés subalpins et dans les steppes de montagne à 2 500-3 500 m, flor. mai-juin. Rhizomes traçants, formant de grandes touffes denses d'1 m de diam. et plus. Tiges att. 50 cm. Folioles profondément incisées en segments étroits, pointus avec de minuscules poils raides ; fl. 2 ou plus par tige, roses, 5-9 cm diam. Carpelles 2-4, poilus. Facile en sol bien drainé au soleil ou à mi-ombre. Il existe aussi une forme blanche. R.-20°C. La var. *Woodwardii* (Stapf ex. Cox) F.C. Stern, or. Gansu et N.O. Sichuan, pousse dans les pâturages de Yaks à 3 000 m et se distingue de la var. normale par ses tiges att. 30 cm, et ses fll. à poils raides, plus longs sur les nervures.

*Paeonia emodi* à Wisley

*Paeonia veitchii* à Kew

***Paeonia wittmanniana*** Hartwiss ex. Lindl. – Or. O. & S. Caucase, le Talysh au S. Azerbaidjan et N.-O. Iran, et dans l'Elbrouz, dans les pâturages alpins, sur pentes rocheuses, parmi les fougères-aigles et dans les bois de hêtres jusqu'à 1 700 m, flor. avr.-août selon l'altitude. Tiges att im. Fll. biternées à folioles 4,5-10 cm de large, aiguës à acuminées, glabres et luisantes sur le dessus, vert plus clair au revers, avec quelques poils sur les nervures. Fl. 10-12 cm diam., jaune pâle. Carpelles 2-3, tomenteux ou glabres (var. *nudicarpa* Schipczinsky). Plante robuste, feuillue (surtout la var. *macrophylla* (Albor) Busch, aussi à fl. presque blanches), facile en sol riche au soleil ou à mi-ombre parmi des arbustes. R.-15°C.

*Paeonia veitchii* var. *Woodwardii*

*Paeonia lactiflora* à fleurs blanches doubles, fin maí, au palais d'Eté près de Pékin

# PIVOINES

'Kelway's Unique'

'Beersheba' dans le champ des pivoines aux pépinières Kelway, à Langport, dans le Somerset

'Bowl of Beauty'

*Paeonia lactiflora* (les cultivars). Ce sont les pivoines de jardin communes qui atteignirent le sommet de leur popularité dans les jardins de la fin du siècle dernier, comme l'attestent les noms de Lord Kitchener et de Sarah Bernhardt, bien installées en Chine dans les jardins au XVIIIe siècle, elles furent introduites en Europe en 1784. Très résistantes au froid, étant originaires du N. Chine, elles peuvent supporter des temp. inférieures à -50°C. sans dommage pour les racines. Sol riche, lourd, bien drainé mais humide en été. Planter les couronnes juste en dessous de la surface du sol, les bourgeons dormant à moins de 3 cm de profondeur. Plantées trop profond, elles ne fleuriraient pas à profusion.

'**Beersheba**', tiges att. 1 m. Floraison précoce. Obtenue par Kelways.
'**Bowl of Beauty**', tiges att. 90 cm. Fl. parfumées. Flor. mi-hâtive ou tardive. Obtenue par Hoogendoorn en 1949. Probablement la plus courante des pivoines de Chine où les étamines sont remplacées par d'étroits filaments pétaloïdes.
'**Kelways' Unique**', obtenue par Kelways.
'**Lorna Doone**', obtenteur inconnu.
'**Madelon**', tiges att. 90 cm. Obtenue par Dessert en 1922.
'**Pink Delight**', tiges att. 70 cm. Fl. particuliè-rement belles et parfumées, mi-hâtives ou tardives. Obtenue par Kelways.
'**White Wings**', tiges att. 80 cm. Obtenue par Hoogendoorn en 1949.

'Madelon'

'White Wings'

'Lorna Doone'

'Pink Delight'

'Ballerina'

'James Kelway'

'Barrymore'

'Shirley Temple'

'Laura Dessert'

'Festiva Maxima'

'Jan van Leeuwen'

'Gleam of Light'

'Kelway's Supreme'

'Countess of Altamont'

Echantillons des pépinières Kelway, à Langport, dans le Somerset, 26 juin ; réduction à 33,33%

# PIVOINES

Paeonia lactiflora 'Whitleyi Major'

'Duchesse de Nemours'

'White Innocence'

'Alice Harding'

'Heirloom'

**Paeonia lactiflora** Pallas syn. P. **'Whitleyi Major'**, P. albiflora Pallas - P. lactiflora est la pivoine herbacée à partir de laquelle la plupart des grandes pivoines de jardin ont été obtenues. Or. Sibérie, du S. lac Baïkal jusqu'à Vladivostok, du N.-O. Chine, de la Mongolie et de Pékin, elle pousse dans la steppe et les fourrés, flor. mai-juin. Tiges att. 60 cm, portant 2 fl. ou plus. Fll. divisées en lobes lancéolés, 9 en principe, mais le lobe terminal des folioles latérales est plus divisé, glabre ou légèrement pubescent avec un bord rêche et papilleux. Fl. 7-10 cm diam. dans la nature, blanches à roses ; carpelles 3-5, glabres. 'Whitleyi Major' est un clone de jardin, ressemblant au type sauvage. Bonne terre sableuse bien drainée, humide en été, R.-25°C.

**'Alice Harding'**, tiges att. 1 m ; fl. mi-hâtives parfumées. Obtenue par Lemoine en 1922.

**'Ballerina'**, tiges att. 90 cm ; fl. rose bleuté, hâtives ou mi-hâtives, passant au blanc. Obtenue par Kelways.

**'Barrymore'**, tiges att. 90 cm ; fl. rose très pâle en début de flor. Obtenue par Kelways.

**'Countess of Altamont'**, tiges att. 1 m ; fl. parfumées, mi-hâtives. Obtenu par Kelways.

**'Duchesse de Nemours'**, tiges att. 80 cm ; très florifère et parfumée. Obtenu par Canlot en 1856.

**'Festiva Maxima'**, tiges robustes, att. 90 cm. Fl. parfumées, blanches, tachées de cramoisi. Obtenue par Miellez en 1851.

**'Gleam of Light'**, tiges att. 90 cm. Fl. mi-hâtives à tardives. Obtenue par Kelways.

**'Heirloom'**, assez petite. Tiges att. 70 cm. Obtenue par Kelways.

**'Jan van Leeuwen'**, obtenue en 1928 par van Leeuwen.

**'Kelways' Supreme'**, tiges att. 90 cm, très ramifiée et à floraison étalée. Fl. rose très pâle passant au blanc. Obtenue par Kelways.

**'Laura Dessert'**, tiges att. 75 cm. Fl. blanches à étamines pétaloïdes jaunes, hâtives ou mi-hâtives. Obtenue par Dessert en 1913.

**'Mme Claude Tain'**, tiges att. 75 cm. Obtenue par Doriat en 1927.

**'Shirley Temple'**, tiges att. 75 cm. Fl. très parfumées, rose très pâle à blanches.

**'White Innocence'**, hybride entre P. lactiflora et P. emodi obtenu par le Dr A.P. Saunders à New York en 1947. Tiges 1,20-1,50 m, arquées, portant plusieurs fl. verdâtres au centre.

'Mme Claude Tain'

# PIVOINES

'Knighthood'

'Magic Orb'

'Beacon'

'Crimson Glory'

'Mr G.F. Hemerick'

'Kelway's
Majestic'

'Inspecteur Lavergne'

'Kelway's Brilliant'

'Shimmering Velvet'

'Auguste Dessert'

'Sir Edward Elgar'

Echantillons des pépinières Kelway, à Langport, dans le Somerset, 24 juin. Réduction à 33,33 %

‘Sarah Bernhardt’

‘Silver Flare’

‘Polindra’

‘Albert Crousse’

**‘Albert Crousse’**, tiges att. 90 cm ;
flor. tardive. Obtenue par Crousse en 1893.

**‘Auguste Dessert’**, tiges att. 75 cm. Flor.
mi-hâtive ou tardive ; jolies teintes automnales
sur le fllge. Obtenue par Dessert en 1920.

**‘Beacon Flame’**, tiges att. 75 cm. Obtenue
par Kelways.

**‘Crimson Glory’** – Tiges att. 80 cm.
Flor. tardive. Obtenue par Sass en 1937.

**‘Inspecteur Lavergne’** – Tiges att. 80 cm.
Flor. mi-hâtive ou tardive. Obtenue par Doriat
en 1924.

**‘Kelways’ Brilliant’** – Tiges att. 90 cm.
Obtenue par Kelways.

**‘Kelways’ Majestic’** – Tiges att. 90 cm.
Très grandes fl. Obtenue par Kelways.

**‘Knighthood’** – Obtenteur inconnu.

**‘Magic Orb’** – Tiges att. 95 cm. Fl. parfumées.
Obtenue par Kelways.

**‘Mr G.F. Hemerick’** – Probablement obtenue
par van Leeuwen.

**‘Polindra’** – Obtenteur inconnu.

**‘Sarah Bernhardt’** – Tiges att. 90 cm.
Très grandes fl. mi-hâtives ou tardives.
Obtenue par Lemoine en 1906.

**‘Shimmering Velvet’** – Tiges att. 85 cm.
La flor. se poursuit pendant l'été. Obtenue
par Kelways.

**‘Silver Flare’** – Tiges att. 90 cm. Flor. hâtive.
Obtenteur inconnu.

**‘Sir Edward Elgar’** – Flor. mi-hâtive ou
tardive. Tiges att. 75 cm. Obtenue par
Kelways.

Pivoines simples à Giverny en juin

*Corydalis flexuosa* près de Wolong, au N.-O. de Sichuan

*Corydalis wilsonii*

*Corydalis lutea*

*Corydalis thrysiflora* au bord d'un cours d'eau en dessous du glacier sur le lac Vishensar

*Corydalis scouleri* à Kew

*Corydalis arthriscifolia* à Baoxing dans le Sichuan

Corydalis nobilis

Corydalis nobilis près de Yumin au N.-O. de la Chine

Corydalis ochroleuca

**Corydalis arthriscifolia** Franch.
(*Fumariaceae*)– Or. Sichuan (autour de
Baoxing), à l'ombre dans les bois et au pied
des falaises, à 2 000 m, flor. avr.-mai. Les tiges
s'étalent à partir d'une souche épaisse att.
40 cm. Fll glauques. Fl. 2,5 cm, s'ouvrant
violet et passant à la couleur chamois, éperons
pointés vers le haut, capsules chamois.
Jolie plante ; association de couleurs
inhabituelle. Situation fraîche, à l'ombre,
en sol humifère. R.-15°C.

**Corydalis flexuosa** Franch. – Or. Chine dans
l'O. Sichuan (vallées de Baoxing et Wolong),
sur pentes raides et ombragées en compagnie
de *Matteuccia*, à 2 000 m, flor. avr.-juil. Plante
érigée, souche fine, base des fll. charnue,
fins stolons, dormants en hiver. Fll. glauques,
parfois tachées de pourpre. Tiges att. 40 cm.
Fl. 2,5 cm de long, bleues, parfois violacées.
Capsule fine. Sol meuble, humifère, humide
à l'ombre ou à mi-ombre. R.-10°C.

**Corydalis lutea** (L.) DC. – Or. contreforts des
Alpes en Suisse, Italie, Yougoslavie, dans les
rochers et les éboulis calcaires à l'ombre,
souvent naturalisée ailleurs, surtout sur les
vieux murs, flor. mai-oct. Touffe arrondie de
fll. vertes, délicates, souche fine charnue.
Tiges att 40 cm. Jusqu'à 16 fl. jaunes,
12 à 20 mm de long, en grappe dense,
allongée. Fruits suspendus, graines brillantes.
De culture facile, se ressème dans les fissures de
murs ombragés et parmi les rochers. R.-20°C.

**Corydalis nobilis** (L.) Pers. – Or. Asie C.
soviétique, dans les monts Saur et Tarbagatay
et en Chine, dans l'O. Sinjiang, dans les monts
Maili près de Yumin, dans les fourrés et dans
l'herbe au bord des cours d'eau en montagne,
flor. avr-mai. Plante robuste érigée, nomb.
tiges att. 60 cm ; souche centrale, en dormance
si l'été est sec. Fl. 20-30, en grappe dense,
20 mm de long, jaunes (ou blanches ?),
avec une marque foncée sur les pétales
internes. Bon sol sableux en plein soleil ou
à mi-ombre. R.-20°C.

**Corydalis ochroleuca** Koch – Or. Italie et
Yougoslavie, Albanie et N. Grèce, dans les
bois rocheux, et naturalisée ailleurs en Europe,
surtout sur les vieux murs, flor. mai-sept.
Souche centrale, plusieurs tiges érigées att.
40 cm. Fll. glauques. Jusqu'à 14 fl., rarement
plus, en grappe dense, blanc-crème, 15 mm
de long. Fruit érigé, graines ternes. Plante
raffinée, à cultiver dans les murs ou les
dallages, au soleil ou à mi-ombre. R.-15°C.
La sous-espèce *leiosperma* (Conr.) Hayek,
illustrée ici, a des bractées au moins 1/3 aussi
longues que les pédicelles, et des graines
brillantes.

**Corydalis scouleri** Hook. – Or. O. Amérique
du N., de Colombie-Britannique jusqu'en
Orégon, dans les bois humides et ombragés,
flor. juin-juil. Souche vigoureuse, tiges att.
60 cm ou plus, forme de grandes touffes de fll.
délicates. Tiges florales à peine plus élevées

que les fll., à petites grappes de 15-35 fl.
mauve-rose, 2,5 cm de long. C. *caseana* Gray,
très proche, or. N.-E. Orégon et Californie
jusqu'en Idaho et Colorado, a des fl. rose plus
pâle ou blanches à pointe pourpre, 50-200 par
grappe. Sol humifère humide à mi-ombre en
situation abritée. R.-15°C.

**Corydalis thrysiflora** Prain – Or. O. Himalaya,
du Pakistan au Cachemire où elle est très
répandue, dans les ruisseaux de montagne
parmi les rochers et sous les glaciers,
à 3 000-4 300 m, flor. juil.août. Souche
profonde, forme une rosette de fll. Tiges
15-30 cm, ramifiées, à grappes terminales
denses. Fl. 12-15 mm de long. Eperon 1/2,
aussi long que la fl. Capsule 5-7 mm,
largement ovale, à long style courbe.
Sol tourbeux, humide, recouvert de graviers
au soleil ou à mi-ombre. Si elle est trop
à l'ombre, la plante s'allonge. R.-20°C.

**Corydalis wilsonii** N.E. Br. – Or. Chine,
dans l'O. Hubei, sur les falaises calcaires
ombragées à 1 50 m, flor. avr.-mai. Souche
centrale, rosette de nomb. fll. profondes
divisées en forme de frondes de fougère,
att 25 cm de long. Tiges florales att. 20 cm,
érigées, portant 20 fl. de 15 mm de long.
Facile en situation fraîche, dans un mur ou
une rocaille à l'ombre. R.-15°C.

# GÉRANIUMS

Geranium libani 'Wakehurst'

G. monacense var. monacense

G. monacense var. anglicum

Geranium
aristatum

G. reflexum

G. phaeum var. phaeum

G. phaeum var. phaeum

G. phaeum var. lividum 'Majus'

Echantillons du jardin botanique de l'université à Cambridge, le 20 juin. Réduction à 33,33%

# GÉRANIUMS

**Geranium aristatum** Freyn & Sint. – Or. S. Albanie, S. Yougoslavie et N.-O. Grèce, dans les lieux humides et ombragés en montagne, génér. sur calcaire, à 1 650-2 100 m, flor. juin-sept. Touffe de tiges att. 60 cm, plus ou moins érigées, glanduleuses vers le haut. Fll. à 7-9 lobes assez larges. Fl. infléchies, pétales 13-16 mm, très réfléchis, pâles, à nervures rose lilacé. Facile en terre de jardin ordinaire, à mi-ombre.

**Geranium libani** Davis – Or. S. Turquie (Hatey), O. Syrie et Liban, dans le maquis et les forêts d'*Abies*, flor. avr.-mai. Fll. vernissées sur le dessus, apparaissant en automne, disparaissant en été.R.-15°C. Situation chaude, sèche en été.

**Geranium × monacense** Harz (syn. *G. punctatus* hort.) var **anglicum** Yeo - Hybride entre G. *reflexum* et G. *phaeum* var. *lividum*. Pétales 11-14 mm, lilas rose, avec une pointe de blanc à la base. Fll. génér. non marbrées. G. ×*monacense* var. *monacense* est un hybride entre G. *reflexum* et G. *phaeum* var. *phaeum*. Fl. rouge pourpre à grande tache claire à la base. Fll. souvent marbrées.

**Geranium phaeum** L. – Or. Europe, des Pyrénées et des Alpes jusqu'à l'O. Russie, N. Yougoslavie et Tchécoslovaquie, dans les prairies et les bois subalpins et sur les talus, flor. mai-août. Rhizomes épais formant de grandes touffes. Fll. à 7-9 lobes, souvent ponctuées de violet-rougeâtre, 10-20 cm de diam. Tiges 60-80 cm, glanduleuses vers le haut. Pétales 11-14 mm de long, rosés, lilacés à violets ou presque noirs ; ou encore blancs chez la forme cultivée 'Album'. R.-20°C.
Var. **lividum** (L'Her.) Persoon **'Majus'** est un clone de la var *lividum*, plus grand, à grandes fl. et pétales att. 16 mm de long. Fl. pâles à base blanche cernée de bleu.

**Geranium pogonanthum** Franch. – Or. S.O. Chine (Yunnan et Sichuan), O.C. et N. Birmanie, dans les fourrés et en lisière de forêt, flor. juil.-sept. Souche robuste et longues tiges rampantes. Fll marbrées, profondément découpées en 5 à 7 lobes à pointe aiguë. Pédoncules 4-8 cm. Fl. infléchies 2,5-3,5 cm diam., roses ou violettes à presque blanches. Filets rouges. Sol frais humide au soleil ou à l'ombre. R.-15°C.

**Geranium reflexum** L. – Or. Italie dans les Apennins, N. Yougoslavie et N. Grèce, parmi les rochers des prairies de montagne à l'ombre, et les clairières ; flor. mai-juin. Forme des touffes ; tiges 40-80 cm. Fll. à 5-7 lobes pointus légèrement dentés. Fl. à pétales réfléchis, 11-13 mm de long, roses à base blanche. Semblable à G. *phaeum* mais à pétales plus étroits et plus réfléchis, et jeunes fruits pointés vers le sol. Facile à l'ombre ou à mi-ombre ; supporte un sol assez sec. R.-15°C.

**Geranium sinense** Knuth – Or. O. Chine (Yunnan et Sichuan), dans les prairies de montagne, flor. août-oct. Souche vigoureuse, quelques tiges dressées ou rampantes. Fll. radicales à long pétiole, découpées jusqu'à la base en 7 lobes assez étroits : fll. supérieures à court pétiole. Fl. att. 2 cm diam. très appréciées des guêpes. R.-15°C.

*Geranium phaeum*

*Geranium phaeum*

*Geranium phaeum* 'Album'

*Geranium pogonanthum*

*Geranium sinense*

# GÉRANIUMS

Geranium sanguineum var. striatum

Geranium sanguineum sur le Burren, comté de Clare

Geranium swatense au Jardin botanique royal d'Edimbourg

**Geranium maculatum** L. (*Geraniaceae*) – Or. E. Amérique du N. jusqu'au Manitoba et au Kansas, dans des lieux humides dans les bois, sur des rochers mouillés et dans les marécages, flor. avr.-juil. Tiges 50-70 cm, peu nomb., souche vigoureuse. Fll. à 5 ou 7 lobes assez étroites, chacun denté et lobé près de l'apex, 10 cm de large. Fl. roses, souvent très pâles et blanches à la base. plante gracieuse, intéressante par sa flor. hâtive et sa tolérance aux sols gorgés d'eau. R.-25°C.

**Geranium oreganum** Howell – Or. Etat de Washington jusqu'au N. Californie, dans les prairies, les fourrés ou les bois clairs à 800-1 500 m, en Californie flor. juin-juil. Tiges étalées att. 60 cm. Fll. 10-20 cm de large, divisées jusqu'à la base en 7 lobes, chacun profondément découpé. Infl. lâche ; fl. 4,3-4,7 cm diam., regardant le ciel. Espèce intéressante pour le soleil ou la mi-ombre, mais de couleur assez criarde. R.-15°C.

**Geranium orientalitibeticum** Kunth – Or. Sichuan près de Kanding (Tatsienlu), dans les éboulis à 2 250-3 750 m, flor. juin-juil. La plante pousse à partir d'un chapelet de petits tubercules souterrains roses à centre blanc. Fll. apparaissant au printemps, se fanant en fin d'été, 10 cm de large, verdâtre pâle, marbrées de crème. Tiges 20-35 cm. Fl. rosâtres, 2,3-2,7 cm̓ diam. Facile en terre de jardin ordinaire, bien drainée, en plein

soleil mais maintenue humide en été ; elle s'étale et forme de petites colonies. R.-20°C.

**Geranium palustre** L. **Géranium des marais** – Or. C. & E. Europe, de la France à la Suède, jusqu'en Russie, au Caucase et au N.-E. Turquie, dans les lieux détrempés, les fourrés et les lisières de bois, flor. juin-août. Souche centrale, tiges étalées att. 40 cm. Fll. 5-10 cm de large, à 7 lobes peu mais profondément dentés. Fl. 3-3,5 cm de large, magenta à nervures pourpre foncé. Bonne terre au soleil ou sous ombrage léger. R.-20°C.

**Geranium pylzowianum** Maxim. – Or. O. Chine (Gansu, Shaanxi, Sichuan et Yunnan), dans les pelouses alpines et les lieux rocheux à 2 400-4 250 m, flor. mai-juin dans nos jardins. Stolons souterrains et chapelet de petits tubercules, formant lentement des petites colonies. Tiges 12-25 cm, rarement plus. Fll. 5 cm de large, non marbrées, vert plus foncé et découpées plus profondément en segments plus étroits que G. *orientalitibeticum*. Fl. ne s'ouvrant pas à plat, pétales 1,6-2,3 cm de long, rose soutenu. Facile au soleil en sol bien drainé. R.-20°C.

**Geranium sanguineum** L. **Géranium sanguin** – Or. Europe ; N.-O. Irlande et Ecosse jusqu'au Caucase et N. Turquie, dans l'herbe au soleil, dans les fourrés, parmi les rochers, génér. en sol calcaire et sur les dunes côtières, flor. avr.-août. Souche à développement lent, plusieurs tiges

étalées ou rampantes att. 30 cm de long. Fll. très profondément découpées en 5 ou 7 lobes, chacun découpé en 3-5 presque jusqu'à la base. Fl. 2,5-4,2 cm diam., génér. rouge écarlate, parfois roses, notamment chez la var. *striatum* Weston syn. var. *lancastrense* (Miller) Druce, or. île Walney, au large des côtes du N.-O. Angleterre. Facile au soleil ou, en climat très chaud, à mi-ombre. Touffes basses, convient donc pour le bord d'un massif ou dans un sentier ; période de flor. exceptionnellement longue. R.-20°C.

**Geranium swatense** Schonbeck-Temesy (*Geraniaceae*) – Or. N. Pakistan (Dir et Swat) et Cachemire, sur collines herbeuses à 2 000-2 500 m, flor. août. Souche centrale. Tiges rampantes mais non radicantes att. 50 cm. Fll. palmatipartites découpées en 3 ou 5 lobes très séparés, pétioles 10 cm de long. Fl. 2 cm de large, rose soutenu à blanc, à base blanche, pédicelles à longs poils doux et glanduleux. Facile au soleil en sol bien drainé. R.-20°C.

**Geranium wlassovianum** Fisch. ex. Link – Or. Mongolie, N.-E. Chine et E. Sibérie, dans les prés mouillés et les fourrés, flor. juil.-août dans nos jardins. Souche centrale robuste, tiges étalées att 30 cm, couvertes de poils glanduleux. Fll. à pétiole court, souvent brunâtres. Fl. génér. pourpres, rarement rose pâle, à pétales 1,7 à 2,2 cm de long, veinés de violet foncé. Au soleil ou à mi-ombre dans toute terre de jardin. R.-25°C.

# GÉRANIUMS

*Geranium oreganum*

*Geranium pylzowianum*

*Geranium maculatum* dans les montagnes du Blue Ridge en Virginie

*Geranium orientalitibeticum*

*Geranium wlassovianum*

*Geranium palustre*

Geranium
viscosissimum

Geranium ibericum
subsp. jubatum

Geranium erianthum

Geranium
himalayense
'Plenum'

Geranium renardii

Geranium
richardsonii

Geranium himalayense

Geranium macrorrhizum
'Bevan's var.' (voir p. 114)

Geranium pratense
subsp. stewartianum (voir p. 117)

Echantillons du jardin botanique de l'université de Cambridge, 4 juin. Réduction à 33,33%

**Geranium erianthum** DC. (*Geraniaceae*) – Or. Colombie-Britannique et Alaska, en passant par les îles Kourile, jusqu'au Japon (Hokkaido) et E. Sibérie, dans les prairies subalpines, les fourrés et sur les pentes herbeuses près de la mer, flor. juin-août. Souche compacte, tiges att. 30 cm. Fll. découpées jusqu'au 3/4 en 7 à 9 lobes profondément et irrégulièrement dentés et qui se chevauchent; poils apprimés non glanduleux. Fl. 2,5-3,7 cm diam., souvent bleu très pâle à nervures plus foncées, en infl. dense R.-20°C. La plante illustrée ici est originaire du N.-E. Hokkaido.

**Geranium himalayense** Klotzsch – Or. Pamir et Himalaya du N.-E. Afghanistan au C. Népal, dans les forêts claires, les fourrés et les pentes herbeuses à 2 100-4 300 m, flor. mai-juil. Plante tapissante par rhizomes souterrains. Tiges 30-45 cm. Fll. 20 cm de large, découpées jusqu'aux 3/4 ou 4/5 en 7 lobes qui se chevauchent, chacun à lobes et dents crénelés. Fl. bleu profond, à pétales qui se chevauchent, 4-6 cm de large, les plus grandes du genre. Bonne plante de jardin, supporte la sécheresse et un ombrage relatif. Parmi les clones cultivés. **'Gravetye'** a les plus grandes fl., d'un beau bleu. Il est apparenté, ainsi que G. *pratense*, à l'excellent hybride 'Johnson's Blue' (voir p. 117). **'Plenum'** syn. 'Birch Double', plante plus petite à fl. doubles pourprées, 3-5 cm diam. Connu depuis 1928. R.-20°C.

**Geranium ibericum** Cav. subsp. **jubatum** (Handel-Mazetti) Davis – Or. N. Turquie, de Bolu à Trébizonde, dans les fourrés, les prairies et sur les pentes rocailleuses très chaudes à 1 900-3 000 m, flor. juil.-août. Tiges, à poils glanduleux ou non, att. 40 cm. Forme des touffes. Les fll. se chevauchent et sont profondément découpées, att 20 cm de large, à 9-11 lobes. Fl. 4-4,8 cm de large, dans les bleus, à nervures pourpres, regardant de côté. Subsp. *jubatum* se distingue de subsp. *ibericum* du N.-E. Turquie et du Caucase par ses poils glanduleux sur les pédicelles, comme G. *magnificum* et G. *platypetalum*. Facile en sol bien drainé, au soleil. R.-20°C.

**Geranium renardii** Trautv. – Or. Caucase, sur les falaises et dans les prés rocailleux à 2 000 m, flor. juil. (en juin dans nos jardins). Souche courte, épaisse; forme des coussins. Fll. att. 10 cm de large, grisâtres, très ridées, à nervures marquées, palmatifides (5 à 7 lobes dentés). Tiges att. 20 cm. Fl. plates, 30-36 mm diam., blanches à bleues à nervures bien visibles. Pétales bifides, bien séparés les uns des autres. Sol bien drainé en plein soleil. Le clone courant des jardins se nomme 'Walter Ingwersen', d'après son introducteur. R.-20°C.

**Geranium richardsonii** Fisch. & Trautv. – Or. Colombie-Britannique, jusqu'au Saskatchewan, à la Californie, au S. Dakota et au Nouveau-Mexique, dans l'herbe et les prairies détrempées, à 1 000-3 000 m (en Californie), flor. juil.-août. Souche épaisse, tiges peu nomb. très ramifiées, att. 60 cm. Fll. légèrement vernissées, 5-10 cm de large, profondément découpées en 5 ou 7 lobes, chacun légèrement lobé ou denté. Fl. 2,4-2,8 cm de large, génér. blanches,

parfois rose pâle et veinées, poilues vers le centre. Espèce variable, dont il existe de très belles formes comme celle qui est illustrée ici, rapportée du Colorado par Peter Yeo en 1973. Sol humide en plein soleil. R.-20°C.

**Geranium viscosissimum** Fischer & Meyer – Or. Colombie-Britannique, jusqu'à l'Alberta et au N.Californie (vers 1 800 m), au S. Dakota et au Wyoming, dans les bois clairs et les prairies, flor. mai-juil. Tiges 30-80 cm, très ramifiées, très glanduleuses. Souche ligneuse profonde. Fl. 4,5 cm diam., rose pâle à pourpre rosé, à nervures foncées. Fll. palmatipartitées à 7 lobes peu dentés, 7,5 cm de large. Bonne terre de jardin au soleil ou à mi-ombre. R.-25°C.

*Geranium himalayense* au Cachemire

*Geranium himalayense* 'Gravetye'

*Geranium renardii*

*Geranium erianthum* provenant du Japon

# GÉRANIUMS

Geranium macrorrhizum

Geranium *platypetalum* provenant du Caucase

**Geranium 'Ann Folkard'** – Magnifique hybride entre G. *procurrens* et G. *psilostemon*, obtenu par le Rev. O.G. Folkard à Sleaford, en Angleterre vers 1963, à partir d'un semis de G. *procurrens*. Souche compacte, tiges peu traçantes. Fll. toujours d'un vert-jaune lumineux ; fl. 3,5-4 cm diam., en abondance. Facile au soleil ou à mi-ombre.

**Geranium canariense** Reuter – Or. Iles Canaries (Tenerife, Palma, Gomera et Hierro), le long des cours d'eau et en forêts de lauriers, dans des endroits humides et partiellement ombragés, flor. mars-mai (et plus tard). Superbe roselle composée de nombreuses fll. larges, portées par des pétioles att. 15 cm chez les vieux sujets. Limbe des fll. att. 25 cm de large, à peine poilu, palmatiséqué, trilobé ; les 2 lobes latéraux eux-mêmes découpés jusqu'à la base, le lobe central non pétiolé ; les lobes sont tous profondément découpés, à dents recourbées. Fl. 2,3-3,6 cm diam. en inflor. axillaires, glanduleuses, très ramifiées. C'est l'une des Herbes à Robert géantes les plus rustiques des Iles Canaries et de Madère, qui survit en plein air en situation chaude et abritée. R.-5°C. L'espèce la plus superbe, G. *maderense* Yeo, or. Madère, est plus gélive et doit être réservée à la serre. Elle peut atteindre 1,5 m en tous sens.

**Geranium × cantabrigiense** Yeo – Hybride entre G. *macrorrhizum* et G. *dalmaticum*, obtenu par le Dr. Helen Kiefer en 1974 au jardin botanique de Cambridge. Fl. rose vif. D'autres clones à fl. roses sont apparus par hasard dans les jardins. On a trouvé dans la nature du S. Yougoslavie un clone que l'on a nommé 'Biokovo' car il pousse sur les monts Biokova. Il est à fl. blanches et ses stolons sont plus longs que dans la forme de Cambridge. Plante tapissante à tiges att. 30 cm. Fll. att. 10 cm de large ; fl. 2,5-2,8 cm de large, comme celles de G. *macrorrhizum*, en juin-juil. dans nos jardins. Vient bien au soleil ou dans des zones sèches à mi-ombre en climats chauds. R.-15°C.

**Geranium eriostemon** Fisch ex DC. – Or. E. Sibérie, O. Chine (E. Xizang, Sichuan et O. Hubei), Corée et N. Japon, dans l'herbe en

montagne et dans les bois clairs, flor. mai-juin, souvent en avril dans nos jardins et plus tard en saison de façon intermittente. Souche épaisse, tiges peu nomb. érigées, att. 50 cm à 1 m dans les jardins. Fl. 2,5-3,2 cm diam. Fll. palmatifides, à 3-5 lobes peu profondément dentés ; fll. inférieures à poils étalés au revers sur les nervures. Photo prise en mai dans le Sichuan. Cette espèce est parfois incorrectement nommée G. *Sinense* (q. v.), dont les fll. sont plus petites, rouge pourpre, les tiges étalées et rampantes et qui fleurit tard. Elle ressemble de façon déroutante à G. *erianthium* qui, cependant, a des poils apprimés sur les fll. inférieures, et les lobes des fll. profondément dentés. R. -20°C.

**Geranium macrorrhizum** L. – Or. S. Alpes en France et en Italie, et S.-E. Carpates en Roumanie jusqu'en Grèce, parmi les rochers calcaires, les éboulis, dans les bois et les fourrés jusqu'à 2 100 m en Grèce, flor. avr.-juin. Souche souterraine charnue et rhizomes épais traçants qui forment de grands tapis serrés. Tiges att. 50 cm. Fll. 10-20 cm de large, très aromatiques, que l'on utilisait autrefois pour en extraire l'essence de géranium. Fl. 2-2,5 cm diam. magenta à rose pâle ou blanches. Facile en situations sèches ou humides au soleil ou à l'ombre ; c'est un couvre-sol très efficace pour étouffer les mauvaises herbes. On en cultive dans les jardins plus. cultivars dénommés :
'**Album**', pétales blancs ; sépales et étamines roses. Introduit des monts Rhodope de Bulgarie par Walter Ingwersen.
'**Bevan's Variety**', pétales magenta intense, sépales rouge profond. Ramassé par le Dr. Roger Bevan et distribué par les pépinières Washfield.
'**Ingwersen's Variety**', variété à fl. rose pâle, or. Mt Koprivnik dans le Montenegro, introduite par Walter Ingwersen en 1929.
'**Spessart**', pétales rose foncé en principe bien que j'aie acheté une forme à fl. pâles qui portait ce nom. R.-15°C. pour toutes.

**Geranium × magnificum** Hylander – Hybride entre G. *platypetalum* et G. *ibericum* subsp. *ibericum*, d'origine inconnue, bien que l'on sache

qu'il est cultivé depuis 1871. Très bonne plante de jardin qui forme de grandes touffes et qui s'étend par de courts stolons souterrains. Son unique désavantage est sa très courte période de flor., en juin. Peter Yeo décrit dans sa monographie trois clones cultivés de cet hybride. Le plus courant a des tiges att. 70 cm ; des fll. palmatifides à palmatiséquées, à 9 lobes principaux ; des tiges à poils glanduleux et non glanduleux ; des fl. 4,5 cm-5 cm diam. à pétales souvent légèrement bifides, bleu-violet à nervures foncées, qui se chevauchent un peu. C'est une plante courante de « jardin de cottage » en Ecosse orientale. Elle prospère particulièrement en sol bien drainé en plein soleil et plein sud. Elle survit à l'ombre mais elle est alors plus faible et moins florifère. R.-20°C.

**Geranium platypetalum** Fisch. & Meyer – Or. Caucase jusqu'au N.-E. Iran, dans les prairies et sur les pentes rocailleuses dans le N. Caucase, et dans les bois d'épicéas et de noisetiers en Turquie, flor. juin-août. La plante forme de petites touffes à rhizomes courts et épais. Tiges glanduleuses att. 40 cm. Fll vertes, ridées sur le dessus, palmatilobées, à 7-9 lobes divisés en 3. Fl bleues à nervures en relief, 30-45 mm diam. ; pétales plus larges à l'apex, bifides ou à peine trifides. R.-20°C.

**Geranium psilostemon** Ledeb. syn. G. *armenum* Boiss. – Or. N.-E. Turquie et S.-O. Caucase, dans les fourrés, les forêts claires d'épicéas et les prés à foin subalpins essentiellement composés de grandes plantes herbacées, à 400-1 200 m, flor. juin-sept. Tiges att. 1,20 m, souche courte. Fll. palmatipartites ou palmatiséquées, à 7 lobes, chacun profondément fendu et denté. Fl. 3,5 cm diam. portées par une inflorescence très ramifiée. Espèce à forte végétation, à réserver pour le fond d'une plate-bande herbacée ou pour le jardin sauvage. Elle vient particulièrement bien en climats à étés frais et sols bien drainés, comme dans l'E. Ecosse. Ses fll. virent au rouge en automne. 'Bressingham Flair' en est une très jolie sélection, généralement plus petite et à fl. un peu plus pâles. Très florifère. Introduite en 1973. R.-20°C.

Geranium × *magnificum* poussant à l'ombre

Geranium *eriostemon* au-dessus de Baoxing, dans le Sichuan

Geranium *psilostemon* provenant de la région de Trébizonde

Geranium × *cantabrigiense*

Geranium 'Ann Folkard' à Wakehurst Place, dans le Sussex

Geranium *canariense* au bord d'un ruisseau dans la forêt à Teneriffe

Geranium *canariense*

*Geranium* 'Johnson's Blue'

*Geranium* 'Sellindge Blue'

*Geranium sylvaticum* 'Album'

*Geranium pratense* 'Plenum Violaceum' à Charleville, Co. Offaly

*Geranium pratense* 'Mrs Kendal Clarke'

*Geranium rivulare* dans le Valais

*Geranium clarkei* dans la vallée de Gadsar, au Cachemire

# GÉRANIUMS

*Geranium sylvaticum* au bord de la rivière Don, dans l'Aberdeenshire en Ecosse

***Geranium clarkei*** Yeo (*Geraniaceae*) – Or. Cachemire dans les prairies alpines et les vallées en sol bien drainé à 2 100-4 200 m ; flor. juil. Plante traçante à rhizomes souterrains. Tiges att. 50 cm, généralement 30 cm, étalées. Fll. 15 cm de large, palmatiséquées, à 7 lobes, chacun profondément fendu. Fl. 4,5-5,5 cm diam., bleu violacé, blanches ou rose pâle, à nervures roses. Très jolie plante, de culture facile au soleil ou à mi-ombre, à flor. étalée de juin à sept. La forme à fl. pâles est très différente, la forme à fl. bleues se distingue facilement de *G. himalayense* qui a des fll. moins divisées à lobes plus larges et des fll. qui regardent de côté ; et se distingue aussi de *G. pratense* qui a des tiges érigées plus robustes. R.-20°C. Photo prise dans la vallée du Gadsar, au Cachemire, où elle pousse en nombre dans les vallées herbeuses. C'est la forme pâle de l'espèce, connue sous le nom de 'Kashmir White'.

***Geranium* 'Johnson's Blue'** – C'est presque certainement un hybride entre *G. himalayense* et *G. pratense*. Il est né dans une pépinière hollandaise vers 1950, à la suite d'un semis de graines envoyées par A.T. Johnson. Il est plus petit que *G. pratense*, plus étalé, à tiges att. 70 cm et fl. d'un bleu plus pur. Pétales 25 mm de long. Etant donné que c'est un hybride stérile, sa période de floraison est plus longue que chez *G. pratense* et s'étend en juin-juil.

***Geranium pratense*** L. **Géranium des prés** – Or. Europe, de l'Irlande jusqu'en Espagne et dans le Caucase, et vers l'E. jusqu'à la Sibérie, l'Himalaya et les monts Altaï, dans les prairies et dans l'herbe, flor.juin-sept. Plante à souche en touffe et racines charnues profondes. Tiges robustes, érigées, très ramifiées jusqu'à 1,30 m,

généralement 80 cm. Fll. palmipartites à 7-9 segments pennatifides. Fl. 3,5-4,5 cm diam., bleues ou blanches, à nervures rosâtres. Cette espèce est répandue dans l'herbe au bord des routes, et particulièrement en sol calcaire, flor. juin et de nouveau plus tard si l'on fauche les bas-côtés : c'est donc une plante idéale pour le jardin sauvage car elle pousse sans problème dans l'herbe assez touffue. On cultive de nomb. cultivars, dont :
**'Galactic'** à grandes fl. blanches. Il existe aussi une forme double : 'Plenum Album',
**'Mrs Kendal Clarke'** qui est en principe gris perle nuancé du rose le plus tendre, mais qui est en fait le nom souvent donné à une forme à fl. pâles veinées de blanc.
**'Silver Queen'**, fl. blanches nuancées de bleu pâle.
**'Striatum'**, fl. blanches tachées et striées de bleu. Se ressème plus ou moins fidèlement.
Il existe deux bonnes formes doubles :
**'Plenum Caeruleum'** et **'Plenum Violaceum'** ; la première a des fl. assez ébouriffées, bleu pâle, à duplicature lâche, la seconde, des fl. bleu violacé profond, plus nettes, à sépales pétaloïdes entourés de pétales normaux.
**Subsp. *stewartianum*** Nasir, illustrée p. 112, or. Cachemire, est proche de *G. clarkei* ; les lobes de ses fll. sont étroits et ses fl. rose pourpré.

***Geranium rivulare*** Villars – Or. Alpes, en France, Suisse, N. Italie, Autriche, dans les prairies alpines, parmi des arbustes nains et des rochers et dans les bois clairs de conifères, génér. en sol acide, flor. juin. Plante en touffe. Tiges att. 45 cm. Fll. palmatipartitées à 7-9 lobes, chacun divisé à son tour en segments étroits, aigus, allongés. Fl. blanches à jolies nervures pourprées, 1,5-2,5 cm diam.

Plante gracieuse qui ressemblerait à un *G. sylvaticum*, en plus petit et plus pâle. R.-20°C.

***Geranium* 'Sellindge Blue'** – Probablement un hybride entre *G. pratense* et *G. regelii*, qui est apparu dans le jardin de l'auteur à Sellindge, dans le Kent, vers 1986, issu d'un semis naturel, dans une allée. Plante en touffe arrondie, à tiges nomb., glanduleuses, ramifiées et assez lâches. Fll. de la base plus petites que celles de *G. pratense*, att. 12 cm de large ; fl. 3 cm diam., de taille intermédiaire entre celles de *G. pratense* et *G. regelii*. Cet hybride étant stérile, sa période de flor. est plus longue que chez *G. pratense*. 'Brookside', autre hybride de *G. pratense*, lui ressemble beaucoup ; ses tiges sont plus couchées et sa période de floraison plus longue ; ses fl. sont bleues, 4 cm diam.

***Geranium sylvaticum*** L. **Géranium des bois** – Or. Europe, de l'Ecosse à l'Irlande, jusqu'en Sibérie, dans le Caucase et en Turquie, dans l'herbe au bord des routes et des rivières, et dans les bois clairs, flor. mai à juil. selon l'endroit. Plante à souche en touffe et racines profondes. Tiges att. 70 cm. Fll. profondément divisées en 7-9 lobes, chacun lobé et denté. Fl. très nomb. 2,2-3 cm diam. Peter Yeo signale que dans le N.-E. Europe, les plantes à fl. blanches et roses sont de plus en plus répandues à mesure que l'on avance vers le N. La forme 'Album', d'un blanc pur, est très belle et se ressème fidèlement. 'Mayflower', d'après Yeo, a des fl. d'un beau bleu violet à zone blanche réduite. Elle atteint 60 cm et fleurit en mai-juin. Facile au soleil ou à mi-ombre dans toute bonne terre humide bien drainée. R.-25°C.

# GÉRANIUMS

*Pelargonium endlicherianum* à Nurse's Cottage, dans le Sussex

*Geranium magniflorum* dans le N. du Drakensberg sur le Mont-aux-Sources

*Geranium brycei* dans la province du Cap

*Geranium incanum* var. *multifidum*

*Pelargonium quercetorum* à Harry May's

**Les espèces africaines** – Trente-six espèces de *Geranium* sont originaires d'Afrique du Sud. La plupart sont vivaces et on les trouve dans les régions à pluies d'été. Les quatre qui sont illustrées ici sont cultivées aujourd'hui, les autres sont décrites dans un article récent de Hilliard & Burtt. G. *pulchrum* a les plus grandes fl., c'est aussi le plus grand.

***Geranium brycei*** N.E. Br. (*Geraniaceae*) – Or. Drakensberg, dans le Lesotho, l'Etat libre d'Orange, le Natal et le N.-E. province du Cap, dans les endroits humides et rocheux, génér. ensoleillés, au bord des routes ou à flancs de montagne dégagés, à 2 200-3 000 m, flor. déc.-mars. Plante robuste ou semi-ligneuse, att. 1 m, à nomb. tiges, formant de grandes touffes arrondies de fll. gris argenté. Folioles 5-7, poilues des deux côtés, profondément lobées. Fl. portées par des inflorescences très ramifiées, roses, violet pâle ou bleutées, 1,8-4 cm diam., à pétales légèrement fendus. Facile en situation ensoleillée, flor. au cours de l'été. R.-10°C.

***Geranium incanum*** Burm. fil. var. **multifidum** (Sweat) Hilliard & Burtt – Or. Province du Cap, de Pont Alfred jusqu'à la Péninsule du Cap, dans les fourrés, sur les dunes et en forêt dans les clairières, flor. sept.-mars. Plante à souche vigoureuse et tiges étalées, vivaces, parfois ligneuses, att. 1 m et grimpant souvent dans les broussailles. Fll. palmatiséquées à 5-7 lobes, chacun découpé et redécoupé en segments linéaires d'1 mm de large, verts au-dessus, argentés au revers, à bords enroulés. Fl. violettes à magenta, à pétales 12-16 x 6-12 mm ; dans la var. *incanum*, pétales blancs à nervures foncées, 10-12 x 6-7 mm seulement. Bien qu'elle vienne de la région à pluies d'hiver de la province du Cap, elle pousse bien en situation ensoleillée. R.-10°C., mais tuée par des temp. plus basses, elle réapparaît génér., de graine ?

***Geranium magniflorum*** Knuth – Or. Drakensberg, dans le Lesotho, le Natal et l'Etat libre d'Orange, dans les lieux humides parmi les rochers et sur les pentes herbeuses à 1 800-3 200 m, flor. déc.-fév. Plante à souche vigoureuse et tiges décombantes att. 30 cm. Nomb. fll. à partir de la souche, profondément découpées en 5 lobes, chacun redécoupé, vert au-dessus, gris argenté au revers, à bords révolutés. Fl. roses à bleuâtres ou rarement blanches, à nervures foncées, 2,5 à 3,2 cm de diam. Fleurit en été dans nos jardins.

# GÉRANIUMS

*Geranium pulchrum* N.E. Br. – Or. C.
Drakensberg et des montagnes environnantes,
dans l'O. Natal, dans les lieux humides et les
lits de cours d'eau parmi les broussailles,
à 1 500-2 200 m, flor. déc.-mars. Robuste
plante vivace semi-ligneuse att. 1,20 m.
Fll. att. 12 cm de large, gris argenté, soyeuses,
surtout au revers, palmatipartitées, à 5-7 lobes
grossièrement dentés. Tiges florales très
ramifiées, poilues et glanduleuses, à fl. roses ou
mauve pâle, 3,2-4,4 cm diam. Cette espèce
vient facilement de bouture ou de semis.
R.-10°C.

*Pelargonium endlicherianum* Fenzl
(*Geraniaceae*) – Or. S., N.-E. & C. Turquie,
Syrie et Irak (?), parmi les rochers calcaires
secs, souvent à l'ombre ou à mi-ombre
à 650-1 500 m, flor. juin-juil. La plante forme
de petites touffes de fll. att. 6 cm diam.
Ombelles de fl. sur des tiges peu ramifiées att.
35 cm ; portant chacune jusqu'à 10 fl. R.-10°C.
Sensible au botrytis en hiver. Situation
ensoleillée, bien drainée et sol pauvre.

*Pelargonium quercetorum* Agnew – Or.
N. Irak et S.-E. Turquie (Hakkari), parmi les
rochers calcaires, dans les fourrés de chênes et
de *Celtis* à 1 200-2 000 m ; flor. juin et de façon
intermittente jusqu'en sept. dans nos jardins.
La plante forme de grandes touffes arrondies de
fll. att. 18 cm à limbe 12 cm de large ; ombelles
d'une trentaine de fl. sur tiges att. 1 m, peu
ramifiées. Situation sèche en plein soleil ou à
mi-ombre ; ne supporte cependant pas la
sécheresse en tant que jeune semis. Rusticité
incertaine, peut-être -10°C.

*Biebersteinia multifida* DC. (*Geraniaceae*) –
Or. Liban et S.-E. Turquie, jusqu'en
Afghanistan et Asie C. soviétique parmi les
rochers, flor. mai-juin. Plante à racine épaisse,
dormante en hiver, quelques tiges att. 70 cm.
Fll. très aromatiques. Fl. infléchies, à pétales
10 mm de long. Situation sèche bien drainée.
R.-15°C. **Biebersteinia orphanidis** Boiss. –
Or. Péloponèse et C. Turquie, a de petites fl.
roses en inflorescences serrées.

*Erodium acaule* (L.) Becherer & Thell.
(*Geraniaceae*) – Or. S. Europe, du Portugal et
de l'Espagne jusqu'en Turquie et dans le bassin
méditerranéen, dans les lieux herbeux et les
fourrés, flor. fév.-mai et jusqu'en sept. dans nos
jardins. Les tiges et les fll. partent d'une souche
vigoureuse et att. 25 cm. Fll. att. 15 cm de
long. Pétales 7-12 mm, non marqués. Situation
ensoleillée et sol bien drainé. R.-10°C.

*Erodium carvifolium* Boiss. & Reut. – Or.
C.-O. et C.-N. Espagne, notamment autour de
Soria, dans les bois de pins et les prairies de
montagne, à 1 500 m, flor. mai-juin.
Fll. pennées att. 10 cm de long, finement
découpées, à poils non glanduleux. Fl. att.
4 cm diam. Facile en sol bien drainé. R.-15°C.

*Erodium manescavii* Cosson – Or. O. & C.
Pyrénées, surtout en France, peut-être aussi en
Espagne, dans les prairies de montagne,
flor. juil.-août. Fll. pennées att. 50 cm,
à folioles finement découpées. Ombelles de
5-20 fl., à bractées vertes qui se rejoignent
pour former une coupe. Pétales 15-20 mm. De
culture facile en sol bien drainé mais humide.

*Geranium pulchrum* sur la montagne Ngeli

*Biebersteinia multifida* près de Samarkand

*Erodium carvifolium* à Corsley Mill, Warminster

*Erodium acaule*

*Erodium manescavii*

# GÉRANIUMS

*Geranium* × *oxonianum* 'Claridge Druce'

*Geranium* × *riversleaianum* 'Russel Pritchard'

*Geranium endressii*

*Geranium endressii* 'Wargrave Pink'

***Geranium asphodeloides*** N.L. Burman subsp. ***asphodeloides*** – Or. Sicile, jusqu'en Grèce, N. Turquie, Caucase et N. Iran, dans les bois clairs et les prairies, flor. juin-oct. Souche vigoureuse, tiges att. 60 cm ou plus, la plante forme une touffe arrondie de tiges qui s'entre-croisent. Fll. radicales palmatifides à 5-7 lobes. Fl. rose pâle à rose intense ou blanches, assez petites, avec de nomb. pétales, 10-15 mm de long. C'est une espèce particulière, à la séduction discrète et période de flor. prolongée. Chez subsp. *crenophilum* (Boiss.) Bornm., or. Liban et Syrie, les fl. sont rose intense avec de larges pétales ; chez subsp. *sintenisii* (Freyn) Davis, or. N. Turquie, les fl. sont rose pâle à mauve et l'ensemble de la plante est recouvert de poils glanduleux à pointe rouge. R.-20°C.

***Geranium collinum*** Willd. – Or. S.-E. Europe, N. & E. Turquie, Iran et Asie C. jusqu'en Sibérie et le N.-O. Himalaya, dans les prairies détrempées et les bois clairs, flor. juin-sept. Tiges étalées et rampantes att. 60 cm. Fll. profondément découpées en 5-7 lobes étroits et très découpés. Les fruits encore verts se tiennent droits sur des pédicelles réfléchis. Fl. rosâtres, 2,5-3 cm diam. Cette plante fiable conviendrait très bien au jardin un peu sau-vage à mi-ombre ou dans une prairie mouillée.

***Geranium endressii*** Gay **'Wargrave Pink'** G. *endressii* est. or. du S.-O. France et du N.-O. Espagne, dans des lieux détrempés de la partie occid. des Pyrénées, flor. juin-juil. 'Wargrave Pink' est une sélection trouvée en 1930 dans la pépinière de Waterer Sons and Crisp. Souche ramifiée, plusieurs tiges érigées ou étalées att. 50 cm et plus. Fll. palmatipartitées, à 5-7 lobes, chacun assez large, denté et trilobe. Fl. 35 mm diam. De culture facile au soleil ou à mi-ombre. G. *endressii*, quant à lui, a des fl. d'un rose plus soutenu et des rhizomes souterrains traçants qui finissent par former des taches considérables. R.-15°C.

***Geranium nodosum*** L. – Or. Pyrénées et jusqu'en Italie, et C. Yougoslavie, dans les bois de montagnes et de collines, flor. juin-oct. La plante à rhizomes allongés forme des taches qui s'agrandissent d'année en année. Fll. palmati-fides, à 3-5 lobes peu profondément dentés. Fl. 2,5-3 cm diam., bleuâtres ou lilacées. Vigou-reuse et sans prétentions elle convient au jardin sauvage, elle supporte l'ombre sèche et on apprécie sa flor. tardive en climat sec. R.-15°C.

***Geranium*** × ***oxonianum*** Yeo **'Claridge Druce'** – Hybride fertile entre *Geranium endressii* et *Geranium versicolor*, que l'on trouve mainte-nant dans la nature en Angleterre. Plante vigoureuse, formant des touffes de fll. vert foncé, flor. mai-oct. Pétales 2,5 x 1,4 mm, roses veinés de carmin, blancs à la base. Toutes les var. de *Geranium* × *oxonianum* sont de bonnes plantes de jardin à période de flor. prolongée, qui constituent d'excellents couvre-sol et que l'on multiplie facilement par division de touffes. R.-15°C.

**'Thurstonianum'** – Une forme de G. × *oxonia-num* que l'on connaît depuis 1914. Pétales souvent très étroits, 3-6 mm de large, 1,8 cm de long, souvent à étamines déformées et péta-loïdes. La période de flor. est très longue et s'étend de juin à sept. Supporte le soleil, l'ombre et la sécheresse.

Geranium versicolor

Geranium nodosum

Geranium collinum

Geranium 'Thurstonianum'

Geranium asphodeloides

**G. × riversleaianum** Yeo **'Mavis Simpson'** –
C'est l'un des hybrides entre G. endressii (q.v.)
et G. traversii, or. l'Ile Chatham, en Nouvelle-
Zélande. 'Mavis Simpson' est issu d'un semis
trouvé à Kew. La souche est vigoureuse et les
tiges traçantes et redressées. Fll. radicales
5-10 cm de large, douces et grisâtres, à poils
soyeux. Fl. 20-30 mm diam., rose pâle lustrées
d'argent. Plante petite et basse pour le plein
soleil. 'Russell Pritchard' est sans doute le plus
connu, avec ses fl. magenta, 3 cm de diam.
R.-15°C.

**Geranium versicolor** L. – Or. S. Europe (C. &
S. Italie, Sicile, Yougoslavie, jusqu'en Grèce),
dans les bois et sur les talus ombragés ;
flor. mai-oct. Souche compacte, tiges étalées
att. 60 cm. Fll. radicales 5-20 cm de large,
persistantes, palmatipartitées à 5 lobes, avec
des taches marron entre les lobes. Fl. érigées
à pétales plus larges à l'apex, profondément
fendus, blancs avec un fin réseau de veines
magenta. De culture facile en situation
relativement sèche, R.-15°C.

Geranium × riversleaianum 'Mavis Simpson' aux pépinières Washfield

# GÉRANIUMS

*Geranium lambertii* dans le jardin de rocaille à Wisley

*Geranium lambertii*

*Geranium procurrens*

*Geranium kishtvariense*

*Geranium wallichianum* 'Buxton's Blue'

*Geranium* 'Salome'

*Geranium wallichianum* aux pépinières Axeltree à Rye, dans le Kent

# GÉRANIUMS

*Geranium lambertii* Sweet (*Geraniaceae*) – Or. C. Népal jusqu'au Boutan et dans le S.-E. Xizang, dans les clairières en forêts de conifères et dans les fourrés de genévriers à 2 350-4 200 m, flor. juil.-sept. Souche vigoureuse, tiges rampantes att. 1 m, mais non radicantes. Fll. palmatifides à 5 lobes larges et profondément dentés. Fl. 4-6 cm diam., en forme de soucoupe, les pétales élégamment recourbés sur le bord, lilas pâle, rose intense ou blancs, tachés de cramoisi à la base. Très belle plante à placer en situation fraîche. Très difficile à reproduire par division de touffes, mais se ressème fidèlement. 'Swansdown' est le nom donné à la forme blanche ; la forme normale a des fl. rose pâle. On appelle parfois à tort la forme blanche G. *candicans* ou même 'G. candidum'. R.-20°C.

*Geranium procurrens* Yeo – Or. E. Népal, Sikkim et Bhoutan, en forêts de sapins à 2 440-3 600 m, flor. juil.-sept. Souche vigoureuse ; quelques tiges très traçantes et radicantes ou grimpantes. Fll. radicales palmatifides (apparaissant au printemps) à 5-7 lobes profondément dentés. Fl. 2,3-4 cm diam., magenta veinées de noir, jusqu'en nov. dans nos jardins. Les tiges traçantes peuvent atteindre 2 m dans la saison et s'enracinent aux nœuds pour donner de nouvelles plantes, ce qui forme un couvre-sol luxuriant en situation humide et à mi-ombre. Très appréciable dans les coins du jardin plantés de bulbes à flor. de printemps, et parmi les lys.

*Geranium* 'Salome' – Hybride entre G. *lambertii* et G. *procurrens* qui apparut autour de 1981 en Angleterre dans la pépinière Washfield d'Elizabeth Strangman à Hawkhurst, dans le Kent. La période de flor. est prolongée, elle débute au milieu de l'été. Fl. 4 cm diam., veinées de pourpre foncé sur fond violet clair. La plante disparaît en été, seule demeure la souche centrale, ce qui rend sa multiplication difficile, tout comme G. *lambertii*.

*Geranium kishtvariense* Knuth – Or. Cachemire, dans les forêts herbeuses et claires et dans les fourrés, flor. juin-sept. Plante à stolons souterrains traçants, mais non envahissants ; tiges rampantes qui forment une touffe arrondie att. 30 cm diam. Fll. radicales palmatifides, à 5 lobes, les lobes et les dents en pointe. Fl. att. 4 cm diam., pourpre carminé ou rose vif, à petit œil pâle. Facile en situation fraîche au soleil ou à mi-ombre, en sol humifère humide.

*Geranium wallichianum* D. Don ex. Sweet – Or. O. Himalaya, du N.-E. Afghanistan jusqu'au Cachemire, dans les prairies subalpines et à flancs de collines plantés de bois clairs à 2 400-3 600 m, flor. juin-sept. et jusque dans le courant du mois d'octobre dans les jardins. Souche centrale, plusieurs tiges rampantes att. 1,20 m, mais non radicantes, pédoncules et pétioles att. 30 cm. Fll. à 5 lobes, chacun découpé jusqu'en son milieu. Fl. par paires, génér. rosâtres ou bleu violacé, à centre blanc, 3,5 cm de diam. **'Buxton's Variety'** ou **'Buxton's Blue'** a des fl. bleu presque pur, à très grand centre blanc qui se ressème plus ou moins fidèlement On a récemment introduit du Cachemire des formes à fl. rose vif. R.-20°C. Vient mieux en situation fraîche et humide en été, mais pas trop ombragée.

*Geranium species* près de Gadsar au Cachemire

*Geranium wallichianum* dans les bois clairs au Cachemire

# HÉLIANTHÈMES

Hybrides d'*Helianthemum, Geranium sanguineum* et *Alchemilla mollis* à Barnsley House

Henfield Brilliant

*Helianthemum nummularium* dans le Kent

*Pegamum harmala*

*Ruta graveolens* aux Savill Gardens à Windsor

*Haplophyllum latifolium*

# DICTAMNUS

*Dictamnus albus*, formes blanche et rose

*Dictamnus angustifolius*

**Dictamnus albus** L. (*Rutaceae*) **Fraxinelle** –
Or. Espagne jusqu'en Italie, Allemagne,
Turquie dans le Caucase et l'O. Himalaya,
avec une espèce très proche en Asie C., pousse
dans la steppe, les bois clairs et les rocailles
sèches jusqu'à 2 700 m, flor. mai-juil. La plante
forme des touffes denses, à tiges 40-80 cm,
glanduleuses et aromatiques. Fll. pennées,
6-8 folioles. Pétales 2-2,5 cm de long, généralement rosés, souvent blancs. Les vapeurs
essentielles dégagées par les fll. sont si fortes
que l'on peut les enflammer pendant un
instant par de chaudes soirées sans vent.

**Dictamnus angustifolius** G. Don ex. Sweet –
Or. Asie C. soviétique et N.-O. Chine, dans
les steppes herbeuses et les bois rocheux,
flor. mai-août. Souche vigoureuse, plusieurs
tiges érigées att. 1 m. Comparable à *D. albus*,
mais plus petite et de port plus soigné, avec des
pétales plus étroits, à nervures plus marquées.
R.-20°C.

**Haplophyllum latifolium** Kar. & Kir.
(*Rutaceae*) – Or. Asie C. soviétique et N.-O.
Chine (Tarbagatai, Dzungarian Alatau,
Tienshan et Pamir Alaï), dans les steppes
fertiles parmi le fenouil et d'autres grandes
herbes, flor. mai-juin. Souche vigoureuse, tiges
ramifiées étalées, att. 60 cm. Fl. 1 cm diam.
Sol sec en plein soleil, très chaud en été.
R.-20°C. Le genre *Haplophyllum*, proche de
*Ruta*, comporte de nomb. espèces or. E. Europe
jusqu'en Sibérie ; la plupart ont des fl. jaunes
et des fll. entières ou peu lobées.

**Helianthemum nummularium** (L.) Miller syn.
H. *chamaecistus* Mill. (*Cistaceae*) **Hélianthème**
– Or. Europe, sauf N. Scandinavie et Russie,
Afrique du N., Turquie, Caucase et N. Iran,
dans les pâturages, généralement en sol
calcaire, les rocailles sèches et les dunes, flor.
mai-sept. C'est une espèce très variable dans la
nature que l'on divise en 8 sous-espèces en
Europe. Tiges att. 50 cm, ligneuses dans la
partie basse. Fll. att. 5 cm de long, 1,5 cm
de large, vertes ou blanches, tomenteuses.
Fl. rouges, oranges, jaunes et jusqu'à roses ou
blanches, att. 3,5 cm de diam. On trouve dans
la nature en Grande-Bretagne, subsp. *nummu-*
*larium* à fl. jaunes et fll. grisâtres au revers. Elle
a servi à l'obtention de nomb. variétés de
jardin, ainsi que subsp. *pyrenaicum* qui a des fl.
roses. Subsp. *grandiflorum* que l'on trouve dans
le S. Europe a de grandes fl. à pétales att.

18 mm, H. *croceum* (Desf.) Pers. à fll.
arrondies, charnues, velues et étoilées, et à fl.
de couleur variable doit aussi être à l'origine
des hybrides de nos jardins à fll. blanchâtres.
'Henfield Brilliant' (illustré ici) est l'un des
plus intéressants, à fl. rouge-orangé vif. Sol
bien drainé, calcaire, plein soleil. R.-20°C.

**Linum narbonense** L. (*Linaceae*) – Or. S.
Europe, du N.-E. Portugal et Espagne, vers l'E.
près de la Méditerranée jusqu'en Yougoslavie,
Sicile et Afrique du N., sur les collines sèches,
flor. mai-juil. Tiges att. 50 cm. Fll. longues,
acuminées, glauques. Fl. à sépales 10-14 mm,
plus longs que la capsule ; pétales 2,5-4 cm de
long, bleu vif. Bractées à marge blanche
parcheminée. Superbe, mais il lui faut un
emplacement chaud, en plein soleil. R.-10°C.
'Heavenly Blue' et 'Six Hills Variety' sont deux
formes dénommées, que nous n'avons pas
encore vues.

**Linum perenne** L. **Lin vivace** – Or. Europe,
de l'Angleterre (subsp. *anglicum*
Miller/Ockenden) à l'Espagne, jusqu'en Russie
et Asie C., dans les pâturages et les prairies
sèches subalpines, flor. mai-juil. Tiges att.
60 cm, érigées, étalées ou décombantes.
Fl. à pétales 1-2, 5 cm ; sépales 3,5-6 mm,
généralement plus courtes que la capsule.
Bractées à marge blanche parcheminée.
Pour sol sec ; bien drainé, en plein soleil.

**Pegamum harmala** L. (*Zygophyllaceae*) – Or.
S. Europe et N. Afrique jusqu'en Asie C.,
N.-O. Chine et Tibet, dans les steppes sèches,
très pâturées, jusqu'à 1 500 m en Turquie, flor.
mai-juil. Souche vigoureuse, plusieurs tiges
ramifiées att. 70 cm. Fll. multifides, grisâtres,
à odeur âcre. Fl. 25-40 mm diam. Sol sec en
plein soleil. R.-20°C. par froid sec. Plante très
vénéneuse qui provoque des hallucinations
et qui a été utilisée comme sérum de vérité.

**Ruta graveolens** L. (*Rutaceae*) – Or.
Yougoslavie jusqu'en Grèce, Bulgarie et
Crimée, dans les lieux secs et rocheux,
flor. juin-juil. Base plus ou moins ligneuse et
tiges ramifiées att. 45 cm. Fll. grisâtres, à odeur
âcre, à segments terminaux 2-9 mm de large.
Fl. 1 cm diam., à pétales profondément dentés
et ondulés. Pour un emplacement sec.
'Jackman's Var.' est une forme touffue,
tirant bien sur le bleu. La variété illustrée ici
est couchée, à tiges rampantes.

*Linum perenne*

*Linum narbonense* dans le S. de la France

# SAXIFRAGES

Boykinia aconitifolia

Aceriphyllum rossii

Saxifraga stolonifera

Saxifraga fortunei dans l'Ile de Hokkaido

Saxifraga spathularis

**Aceriphyllum rossii** (Oliv.) Englemann (*Saxifragaceae*) – Or. N. Chine et Corée, dans les lieux ombragés et humides parmi les rochers, flor. mai, généralement plus tôt dans nos jardins. Forme des touffes de fll. profondément lobées à limbes 15 cm de large, fl. 8 mm diam. Sol frais, humide, à mi-ombre. R.-20°C.

**Boykinia aconitifolia** Nutt. syn. *Saxifraga aconitifolia* Field (*Saxifragaceae*) – Or. Amérique du N. du S.-O. Virginie jusqu'en Caroline du N., Tennessee et Géorgie, dans les bois de montagnes, flor. juil. Forme comme d'immenses nappes de plusieurs mètres de diam. Tiges 30-60 cm ; fll 15 cm de large, fl. 4 mm diam. Facile en sol humifère à mi-ombre. R.-20°C.

**Lithophragma parviflorum** (Hook.) Nutt. (*Saxifragaceae*) – Or. Rocheuses et du S. Californie à la Colombie-Britannique, dans les collines sèches et rocheuses à 600-1 800 m, flor. mars-juin. Racines munies de bulbilles. Tiges 20-35 cm. Fl. 1-2 cm diam., à pétales incisés en 3-5 lobes étroits. Toute bonne terre, sèche en été. R.-25°C. *Lithophragma affines* Gray a des tiges att. 60 cm, elle est répandue en Californie et dans le S. Orégon en dessous de 1 000 m. Elle est probablement moins rustique.

**Saxifraga aquatica** Lapeyrouse – Or. E. & C. Pyrénées, dans des lieux humides, le long des ruisseaux de montagne à 1 500-2 400 m, en sol acide, flor. juin-août. La plante s'étend par ses stolons et forme des tapis att. 2 m de large. Tiges 25-60 cm, Fll. att. 35 mm de large.

Pétales 7-9 mm de long. Cette espèce ressemble à une grande saxifrage mousseuse, c'est une plante de marécage plutôt que de rocaille. Il lui faut un sol détrempé, près d'une eau courante. S. *irrigua* M. Bieb. or. Caucase et Crimée lui ressemble, mais en plus petit.

**Saxifraga fortunei** Hook fil. – Or. Japon, Ile Sakhaline, Corée, E. Sibérie et N. Chine, dans les rochers humides et ombragés au bord des cours d'eau dans la montagne et jusqu'au niveau de la mer dans le N., flor. juil.-oct. La plante peut former de petites touffes, mais elle est généralement solitaire. Fll. 4-20 cm de large. Tiges florales 5-45 cm de haut ; pétales inégaux, les inférieurs mesurant 5-15 mm de long. Les tiges sont généralement rougeâtres, mais la plante entière est rouge, chez 'Wada's Variety' et 'Rubrifolia'. On appelle les plantes cultivées ici var. *incisilobata* (Engl. & Irmsch) Nakai, pour les distinguer des S. *fortunei* chinoises. 'Windsor' est un grand clone à tiges att. 60 cm. R.-15°C.

**Saxifraga granulata** L. – Or. O. Europe et Afrique du N. (Norvège, Suède, jusqu'en Espagne, Sicile, Maroc et Yougoslavie, Russie occid. et Finlande), dans les lieux herbeux, génér. en sol calcaire ou sableux, mais dans des lieux humides en altitude dans le S., flor. avr.-juil. On connaît depuis longtemps dans les jardins la forme à fl. doubles 'Flore Pleno'. Petits bulbilles en été lorsque la plante est en état de dormance. Tiges 10-30 cm, parfois 50 cm. Fll. att. 3 cm de large. Fl. en fin de printemps, 7-16 mm de long. Très joli effet

*Saxifraga granulata* dans le Dorset

*Saxifraga granulata*

*Lithophragma parviflorum* à Kew

lorsqu'on les naturalise en prairie bien drainée, comme on peut en voir à Kew Gardens. R.-20°C.

**Saxifraga hirsuta** L. – Or. S.-O. Irlande, dans les comtés de Kerry et de Cork, et dans les Pyrénées et le N. Espagne, parmi les rochers, dans les bois, sur les falaises ombragées et au bord des cours d'eau et des torrents, flor. mai-juil. Forme des tapis de rosettes lâches. Limbe des fll. 15-40 x 10-50 mm et pétioles 2-3 fois aussi longs, fll. velues sur les deux faces. Pétales 3,5-4 mm, à tache jaune et ponctués de rose éteint. Facile en situation humide, à l'ombre ou à mi-ombre, mais ne supporte pas la sécheresse. R.-15°C.

**Saxifraga spathularis** Brot. – Or. N.-O. Espagne, N. Portugal et O. Irlande, autour de Killarney et de la baie de Killary, sur les rochers à l'ombre, dans les bois et sur les falaises ombragées en sol acide, flor. mai-juil. Forme des touffes lâches de rosettes. Fll. assez charnues, à limbe 15-50 x 12-30 mm et pétiole 25-55 mm de long à poils épars et glanduleux. Fl. à pétales 5 mm de long, ponctués de rouge avec 2 taches jaunes à la base. S. × *urbium* D.A. Webb, la « Gloire de Londres » est l'hybride entre S. *spathularis* et S. *umbrosa*. Les dents du limbe sont plus arrondies et les poils du pétiole plus glanduleux. Chez S. *umbrosa* L. or. C. Pyrénées, le limbe des fll. est plus long, les lobes légèrement crénelés et le pétiole pubescent. Toutes sont de culture facile en sol humide à mi-ombre. S. × *polita*, l'hybride entre S. *spathularis* et S. *hirsuta*, est répandu aussi dans l'O. Irlande. R.-15°C.

**Saxifraga stolonifera** Meeburgh syn. S. *sarmentosa* L. – Or. Chine occid. (naturalisée à Darjeeling) et Japon, sur les falaises à l'ombre et les rochers moussus à basse altitude, flor. mai-juil. La plante forme des rosettes de fll. assez charnues et s'étend grâce à ses longs stolons rouges. Limbe des fll. 3-9 cm de large. Tiges att. 40 cm, plus souvent 25 cm ; fl. à pétales inférieurs plus longs que les autres, 10-20 mm. De culture facile en situation humide et à l'ombre ; elle est couramment utilisée comme plante d'appartement. R.-10°C.

*Saxifraga granulata* 'Flore Pleno'

*Saxifraga aquatica* à Inshriach

*Saxifraga hirsuta* à Littlewood Park, dans l'Aberdeenshire

# TIARELLAS

*Tiarella polyphylla* (forme à fl. roses) près de Baoxing, dans le Sichuan, à l'O. de la Chine

*Tiarella cordifolia* dans les Valley Gardens, à Windsor

*Tiarella wherryi* aux pépinières Washfield dans le Kent

*Heuchera cylindrica* 'Greenfinch', avec des *Symphytum* panachés

**Heuchera cylindrica** Dougl. ex. Hook. – Or. N. Névada, Wyoming et Montana jusqu'au N.-E. Californie et à la Colombie-Britannique, sur les falaises et parmi les rochers, flor. avr.-août. La plante forme des tapis de fll. à bord ondulé, 2,5-7,5 cm de large. Tiges florales 15-90 cm. Fl. blanc crème ou verdâtres, 6-13 mm de long, à très petits pétales ou apétales. R.-20°C. Sol bien drainé au soleil ou à mi-ombre.
'Greenfinch' est une sélection à fl. vertes, obtenue par Alan Bloom, à tiges érigées, att. 90 cm.
'Hyperion' a des fl. rosâtres.

**Heuchera micrantha** Dougl. ex. Lindl. var **diversifolia** (Rydberg) Rosendahl, Butters & Lakela syn. *H. diversifolia* Rydb. (*Saxifragaceae*) – Or. Amérique du N., de l'île de Vancouver, Colombie-Britannique et O. Etat de Washington, jusqu'au N. Californie, dans les rochers jusqu'à 800 m, flor. mai-juil. La plante forme des touffes arrondies ou de petits tapis de fll. att. 20 cm de haut, les fll. d'hiver presque rondes et les fll. d'été lobées. 'Palace Purple' est étonnant avec son fllge pourpré à reflets métalliques et ses fl. blanches. R.-15°C.

**Heuchera pilosissima** Fischer & Meyer – Or. Californie, le long de la côte de San Luis (Comté d'Obispo) jusqu'au Comté de Humboldt dans les forêts de pins et de séquoias toujours verts, en dessous de 300 m, flor. avr.-juin. Plante à rhizomes traçants. Fll. 3-7 cm de large, velues. Tiges florales 20-60 cm, à poils marron, avec des fl. en grappes étroites et serrées. Tube du calice 3-4 mm de long ; pétales blanc rosé, 2 mm de long. Sol bien drainé à mi-ombre. R.-15°C.

**Heuchera villosa** Michx. – Or. E. Amérique du N. de la Virginie et du Kentucky jusqu'en Géorgie et au Tennessee, dans les rochers en montagne, flor. juin-sept. Forme des touffes ; fll. 7,5-12,5 cm de large, à 7-9 lobes aigus, le lobe terminal génér. plus long que large. Fl. 2-3 mm de long ; pétales blanchâtres ; étamines saillantes. Sol humifère, bien drainé, à mi-ombre. R.-25°C.

**Tiarella cordifolia** L. (*Saxifragaceae*) – Or. E. Amérique du N., de Nouvelle-Ecosse à l'Ontario et au Minnesota et jusqu'en Géorgie, Indiana et Michigan, dans les bois riches et humides de montagne, flor. avr.-mai. La plante forme de grands tapis grâce à ses stolons souterrains traçants. Fll 5-10 cm de long, à poils épars, fl. en grappes simples ou parfois un peu ramifiées, 6 mm diam. *T. cordifolia* subsp. *collina* Wherry (voir p. 130) s'en distingue par ses rhizomes non traçants.

**Tiarella polyphylla** D. Don. – Or. Sikkim et Bhoutan, jusqu'en Chine occid., Taïwan et Japon, dans les bois humides, sur les talus ombragés et au bord des cours d'eau de montagne, flor. avr.-août. La plante s'étend par semis naturel, et ne forme pas de tapis serré. Fll. à 5 lobes, cordées à la base, att. 7 cm de large, hispides et glanduleuses au revers. Tiges florales 10-40 cm, à petites fleurs blanches, rosâtres ou vertes (4 mm de long) en grappe étroite simple ou un peu ramifiée. Plante élégante pour un emplacement frais humide et à l'ombre. R.-15°C.

*Tiarella trifoliata* aux pépinières Washfield dans le Kent

*Heuchera micrantha* 'Palace Purple'

*Tiarella cordifolia* subsp. *collina*

*Heuchera villosa*

**Tiarella trifoliata** L. – Or. Orégon jusqu'en Colombie-Britannique et en Alaska, et jusqu'au N. Montana et à l'O. Idaho, dans les bois humides au bord des cours d'eau, flor. mai-juil. La plante forme des touffes de fll. à pétioles att. 17 cm de haut et à lobe terminal 3-8 cm de long ; tiges florales 25-50 cm.

**Tiarella wherryi** Lakela – Or. Tennessee, Caroline du N. et Alabama, dans les ravins ombragés et les bois rocheux, flor. juil.-août. La plante n'émet pas de stolons et forme de petites colonies, elle atteint 20 cm de haut ; fll. à 5 lobes principaux aigus, les autres crénelés, 7-14 cm de long. Tiges florales 15-35 cm de haut. Fl. souvent teintées de pourpre. Plante pour emplacement frais et abrité. R.-15°C.

*Heuchera pilosissima*

*Heuchera ✕ brizoides*
'Edge Hall'

*Heuchera sanguinea* 'Alba'

*Heuchera sanguinea*

*Heuchera micrantha*

*Mitella diphylla*

*Tiarella cordifolia* subsp. *collina*

✕ *Heucherella alba*

'Taff's Gold'

*Tellima breviflora*

*Tellima grandiflora*

*Tiarella trifoliata*

*Heuchera cylindrica* 'Greefinch'

*Tolmiea menziesii*

*Heuchera cylindrica*

Echantillons de Kew, 3 juin. Grandeur nature

**Heuchera × brizoides** hort. ex. Lemoine **'Red Spangles'** – H. × brizoides est un ensemble d'hybrides entre H. sanguinea et H. americana L. (à petites fleurs verdâtres) et peut-être aussi H. micrantha, obtenu en France à la fin du XIXᵉ siècle. 'Red Spangles' est une obtention de Alan Bloom qui date de 1958. Elle fleurit fin mai et de nouveau en fin d'été. Tiges 40-60 cm de haut ; chaque fleur mesure 9 mm de diam. Autre hybride 'Scintillation' a des fl. cramoisies ; 'Edge Hall' est un hybride rose. Ils conviennent tous en situation ensoleillée ou sous ombrage léger. R.-15°C.

**Heuchera cylindrica 'Greenfinch'** – Texte p. 129.

**Heuchera micrantha** Dougl. ex.. Lindl. (*Saxifragaceae*) – Or. O. Amérique du N., du C. Orégon au C. Etat de Washington dans les Cascades et jusqu'à l'O. Idaho, dans les bois humides au bord des petits ruisseaux et des chutes d'eau, flor. juin. Forme des touffes de fll. hispides, 15 cm de haut ; tiges florales att. 1 m, très ramifiées ; fll. à lobes peu profonds, à peine marqués ; presque rondes, 2-8 cm de long. Fl. verdâtres ou rosâtres, 1-3 mm de long, pétales blancs ou rosâtres. De culture facile en sol humifère humide, au soleil ou à mi-ombre. R.-15°C.

**Heuchera sanguinea** Engelmann – Or. S. Arizona et N. Mexique, dans les rochers humides et ombragés, flor. mars-oct. Forme des tapis ras de fll. vert foncé 2,5-7,5 cm de large. Tiges florales 25-50 cm, portant de nomb. fl. rouges 6-13 mm de long. 'Alba' est un cultivar à fl. blanches. Soleil ou à mi-ombre en climat frais où elle fleurit à partir du mois de mai. R.-20°C.

**× Heucherella alba** (Lemoine) Stearn **'Bridget Bloom'** (*Saxifragaceae*) – Hybride entre Tiarella cordifolia et Heuchera × brizoides, parfois classé sous le nom de × Heucherella tiarelloides obtenu par Alan Bloom vers 1958. Forme des tapis de fll. assez petites, 4-8 cm de long, profondément cordées, à 5-7 lobes dentés. Infl. ramifiée, att. 45 cm. Fl. à tube glanduleux rose vif, calice 6 mm de long et pétales blancs, ovales effilés 4 x 1 mm. Sol humifère léger à mi-ombre, flor. mai-oct. × tiarelloides (Lemoine) Wehrahn ex. Stearn est une obtention de Lemoine à Nancy en 1917. Le parent Tiarella de 'Bridget Bloom' serait T. cordifolia, Alan Bloom signale aussi l'utilisation de T. Wherryi.

**Mitella breweri** Gray (*Saxifragaceae*) – Or. C. Californie, jusqu'en Colombie-Britannique et Montana, sur les pentes mouillées et ombragées dans les forêts de conifères au-dessus de 1 800 m, flor. juin-août. Plante en touffe ; fll. 2-6 cm de large, à pétioles pourvus de poils frisés jaune-marron. Tiges florales 10-30 cm de haut ; fl à tube de 3 mm de large et pétales à 5-7 lobes fins. M. pentandra Hook., au N. jusqu'en Alaska, et dans les Rocheuses a des pétioles munis de poils raides et des graines plus arrondies. Culture facile en sol humifère humide. R.-20°C.

**Mitella diphylla** L. – Or. E. Amérique du N., du Québec au Minnesota et jusqu'en Caroline

*Mitella breweri*

du N. et Missouri, dans des lieux frais et au bord des cours d'eau dans les bois, flor. avr.-mai. La plante forme de petites touffes. Fll. 2,5-5 cm de long, à 3-5 lobes peu profonds. Tiges florales 25-45 cm de haut, munies d'une paire de fll. assez pointues à court pétiole et d'une grappe de petites fl. blanches à pétales fimbriés. Situation fraîche, humide, en sol humifère léger. R.-25°C.

**Tellima breviflora** Rydb. – Or. Colombie-Britannique et Alaska jusqu'au N. Californie, au bord des cours d'eau, flor. avril-juin. Se distingue de T. grandiflora par le tube du calice qui est plus court (5 mm).

**Tellima grandiflora** (Pursh) Dougl. – Or. Californie, San Luis, Comté d'Obispo et plus au N., et sur les contreforts de la Sierra jusqu'en Alaska, dans les bois frais et humides, flor. avr.-juin. La plante forme des touffes arrondies ; fll radicales hispides (5-10 cm de large) à 3-7 lobes. Tiges florales 40-80 cm de haut ; fl. portées par de courts pédicelles (1-3 mm), à pétales d'abord blanchâtres, puis rouges, pennatifides, réfléchis : tube de la fl. très large, campanulé. Emplacement humide, à l'ombre. R.-15°C.

**Tiarella cordifolia** subsp. **collina**. Texte p. 129.

**Tiarella trifoliata**. Texte p. 129.

**Tolmiea menziesii** (Pursh) Torrey & Gray (*Saxifragaceae*) – Or. O. Amérique du N., du N. Californie jusqu'en Alaska, dans les forêts de conifères en dessous de 1 800 m, flor. mai-juin. La plante forme de grandes touffes. Fll. lobées, hispides, 3-10 cm de large, vert pâle ou mouchetées comme chez **'Taff's Gold'**. Tiges florales 30-80 cm de haut ; fl. à tube 5-6 mm de long, à pétales marron, recourbés, filiformes, 5-7 mm de long, et seulement 3 étamines. Situation humide, fraîche, à l'ombre ou à mi-ombre. R.-15°C.

*Mitella diphylla* dans l'Etat de New York

*Heuchera × brizoides* 'Red Spangles'

*Tellima grandiflora*

*Tolmiea menziesii*

*Chloranthus fortunei* près de Ya-an, dans le Sichuan

*Anemopsis californica*, E. de la Californie

*Houttuynia cordata*

*Houttuynia cordata* 'Plena'

*Houttuynia cordata* 'Variegata'

*Rheum* 'Ace of Hearts'

*Rheum ribes* à Makkari, en Turquie

*Rheum spiciforme* au Cachemire

**Anemopsis californica** (Nutt.) Hook. fil.
& Arnott syn. *Houttuynia californica* Benth.
& Hook. (*Saururaceae*) Verba Mansa – Or. S.
Californie et O. Sierra Nevada, jusqu'au
Nevada, au Texas, en Basse-Californie et au
Mexique, en terrains détrempés, souvent salins
ou alcalins, poussant parfois en masse,
en dessous de 2 000 m, flor. mars-sept. Tiges
10-50 cm, laineuses, avec une fll. largement
ovale, embrassante. Limbe de la fll. radicale
4-18 cm, oblong-elliptique, aussi long que le
pétiole. Bractées pétaloïdes 1-3 cm de long.
Convient en sol chaud et humide ou en eau
peu profonde ; il lui faut un été chaud pour
bien se développer. R.-15°C.

**Chloranthus fortunei** (A. Gray) Solms Lauth
(*Chloranthaceae*) – Or. Chine, dans les bois
humides à 1 800 m, flor. mai. Souche
vigoureuse donnant 1 ou 2 tiges charnues att.
30 cm. Fll. de 15 cm de long, en 2 paires
opposées formant un verticille de 4.
Fl. apétales et asépales, à 3 étamines.
Fruits bacciformes. R.-10°C. 10 espèces de
*Chloranthus* dont des arbustes qui ressemblent
à des *Aucuba* (forêts d'Asie orientale et du
Japon) et des plantes vivaces herbacées
cultivées pour leur parfum.

**Houttuynia cordata** Thunb. (*Saururaceae*) –
Or. Japon, Chine, S.-E. Asie (jusqu'à Java),
Himalaya et jusqu'à Himachal Pradesh au
N. Inde, dans des lieux ombragés et humides
jusqu'à 2 400 m ; c'est aussi une mauvaise
herbe dans les champs détrempés, flor.
juin-juil. Fins rhizomes traçants et tiges érigées
20-50 cm de haut. Fll. 3-8 cm de long.
Fl. minuscules en épi terminal de 1-2 cm de
long, au-dessus de 4-6 bractées pétaloïdes.
De culture facile dans des lieux humides et
ombragés. Trois formes sont illustrées ici ;
la forme sauvage, avec un seul verticille de
bractées ; **'Plena'**, une forme double, avec de
nomb. bractées devenant plus petites vers le
sommet ; et une forme à fllge multicolore,
**'Variegata'** syn. 'Chameleon'. R.-15°C.

**Rheum 'Ace of Hearts'** – Hybride entre
*R. kialense* et *R. palmatum*, à fll. en forme de

cœur à nervures rouges au revers. Fl. blanches ou rose très pâle, portées par des tiges att. 1,25 m. Pour sol riche et humide.

***Rheum alexandrae*** Batalin. (*Polygonaceae*) – Or. Chine dans l'O. Sichuan au-dessus de Kanding (Tachienlu), dans les prairies marécageuses à végétation luxuriante, à 4 000 m, flor. juin. Racines profondes et hampes florales érigées att. 1,20 m. Fll. radicales ovales, vert brillant. Bractées jaune crème. Pour sol riche, humide, en plein soleil. R.-20°C.

***Rheum nobile*** Hook. & Thoms. – Or. Népal et Bhoutan, pousse sur des saillies de rochers à 4 000 m. Ses fll. radicales sont arrondies et att. 30 cm de large et ses bractées se chevauchent sur une tige att. 1,5 m de haut. Vient difficilement dans nos jardins.

***Rheum palmatum*** L. – Or. O. Chine, dans le Yunnan, O. Sichuan, E. Xizang et Gansu, dans les fourrés, les lieux rocheux et au bord des cours d'eau à 2 500-4 000 m, flor. mai-juin. Plante gigantesque. Fll. att. 1 m de large, profondément lobées et dentées. Hampes florales att. 3 m à la fin du printemps. Fl. blanches génér. Chez **'Atrosanguineum'** syn 'Atropurpureum', jeunes fll. pourpre-cramoisi et fl. rose vif. Chez la var. *tanguticum* Maxim., or. N.-O. Chine, les pousses latérales de l'infl. seraient érigées. C'était l'une des plantes médicinales les plus prisées en Chine. Terre humide très riche, bien fumée tous les ans. R.-20°C.

***Rheum ribes*** L. – Or. S. & E. Turquie, jusqu'en Israël, N. Irak, Arménie soviétique et N.-O. Iran, dans les gorges asséchées, parmi les rochers, à 2 300-2 700 m, flor. mai-juin. Rhizome ligneux très vigoureux. Fll. att. 40 cm de large, à pétiole 15 cm, épineux ; en été, le limbe des fll. craquèle en se desséchant et bruisse dans le vent. Les populations indigènes mangent les tiges crues. Hampes florales 30 cm. Akènes longuement ailés. Convient pour un emplacement sec où elle vivra longtemps. R.-15°C.

***Rheum spiciforme*** Royle – Or. Asie C., Tien Shan et Pamir Alaï, jusqu'en Afghanistan, au Bhoutan et S.-E. Xizang, à 3 500-4 800 m dans les fourrés, sur les pentes dégagées et parmi les rochers, flor. janv.-juil. Souche vigoureuse et roselle de fll. 15-30 cm de large, sur de courts pétioles att. 18 cm. Epis 5-30 cm, à fl. virant au rouge en mûrissant. Pour toute bonne terre de jardin en situation bien drainée. R.-20°C.

***Rumex alpinus*** L. (*Polygonaceae*) **Patience des Alpes** – Or. montagnes du C. et du S. Europe, France, Espagne, jusqu'en Pologne, Russie occ., Caucase, en Turquie, et naturalisée en Ecosse et dans le N. Angleterre, dans des lieux humides, herbeux, jusqu'à 2 500 m, flor. juin-août. Rhizome traçant, forme de grandes colonies. Fll. 40 cm de long et de large. Hampes florales att. 1 m. Sol très riche, frais et humide. R.-20°C. Les jeunes pousses sont comestibles. La patience à nervures rouges, *R. sanguineus* L. var. *sanguineus*, est intéressante à cultiver à cause de ses fll.

*Rheum palmatum* en fleurs chez Beth Chatto

*Rheum palmatum* 'Atrosanguineum'

*Rheum palmatum* (jeunes feuilles)

*Rumex alpinus* dans le Perthshire

*Rheum alexandrae* au Savill Garden à Windsor

*Silene dioica* (forme sauvage) dans l'Aberdeenshire

*Silene dioica* (forme de jardin compacte)

*Silene schafta*

*Silene fimbriata* venant de Itkol, dans le C. du Caucase

*Silene caroliniana*

*Lychnis flos-cuculi* à Gibbon's Brook, Sellindge

**Lychnis flos-cuculi** L. **Fleur de coucou**
(*Caryophyllaceae*) – Or. Europe, Islande et
Ecosse jusqu'en Sibérie, Caucase, Espagne,
Sicile et Grèce et naturalisée au N.-E.
Amérique du N., dans les marécages et les
tourbières, flor. mai-juil. plante traçante au
niveau du sol. Tiges florales érigées, 30-75 cm.
Fl. 3-4 cm diam. Pétales roses à 4 lobes très fins
et étroits, ou blancs chez subsp. *subintegra*
Heyek de Grèce et des Balkans, à pétales
bilobés, moins profondément découpés.
Jolie plante, surtout la forme double, pour une
prairie humide, une plate-bande détrempée,
ou un jardin aquatique.

**Silene asterias** Griseb. (*Caryophyllaceae*) – Or.
Albanie, Yougoslavie, Bulgarie et Grèce, dans
des lieux détrempés, au bord des cours d'eau
à 1 200-2 000 m, flor. juin-juil. Forme des
touffes de rosettes de fll. fines att. 15 cm de
long. Tiges att. 1 m, à 1 ou 2 paires de fll. Fl.
en cymes de 4-6 cm diam. Plante étonnante
et peu courante, pour un sol tourbeux, humide,
en plein soleil. R.-20°C.

**Silene caroliniana** Walt. – Or. Maine jusqu'en
Géorgie le long des montagnes, le C. Etat de
New York, la Pennsylvanie et le Kentucky,
dans des lieux secs et rocheux ou sableux, flor.
avril-juin. Tiges 10-25 cm, glanduleuses,
pubescentes et collantes. Fll. radicales 5-10 cm
de long. Fl. 2,5 cm diam. Sol pauvre, sec et peu
profond. R.-25°C.

**Silene dioica** (L.) Clairv. syn. *Lychnis dioica* L.
**Compagnon rouge** – Or. Europe et jusqu'en
Bulgarie et au N. Afrique, dans les bois, sur les
pentes rocheuses, les haies et les falaises au
bord de la mer, flor. mars-juin. Forme des
touffes de rosettes à plusieurs tiges velues,
30-90 cm de haut. Fl. 1,8-2,5 cm diam., rose
vif, rarement blanches. On cultive aussi deux
formes à fl. doubles : 'Flore Pleno', un ancien
cultivar que l'on connaît depuis le XVIe siècle,
et 'Richmond', à fl. semi-doubles, trouvée à
Richmond Park près de Londres en 1978.
Pour toute situation pourvu qu'elle ne soit ni
chaude, ni sèche. R.-25°C.

**Silene fimbriata** Sims syn. *Oberna multifida*
(Adam) Ikonn., *Silene multifida* (Adam)
Rohrb. – Or. Caucase à 2 000 m, dans les bois
humides de hêtres à l'étage subalpin, flor.
mai-juin. Tiges 1-1,50 m, renflées aux nœuds.
Fl. 2,5 cm diam., à calice très gonflé. Jolie
plante pour le jardin sauvage ou en fond de
plate-bande fraîche et ombragée. R.-25°C.

**Silene laciniata** Cav. – Or. montagnes du
Mexique, avec subsp. *major* Hitch. et Maguire
dans le S. Californie, du Comté de Santa Cruz
vers le S., dans les fourrés, les chaparrals et les
lieux sableux le long de la côte, flor. mai-juil.
Plusieurs tiges étalées att. 70 cm, racine profonde pivotante. Fll. linéaires à lancéolées,
5-10 cm de long. Fl. 16-30 mm diam., avec des
appendices 1-1,5 mm de long. Capsule exserte
du calice. *Silene californica* Durand,
du S. Californie jusqu'en Orégon lui ressemble
beaucoup, mais ses fll. sont plus larges et les
capsules non exsertes. Convient en sol sec,
bien drainé, en plein soleil. R.-10°C.

**Silene schafta** S.C. Gmel. ex. Hohen – Or.
Talysh et N. Iran, dans les rochers de l'étage
subalpin à 1 500-1 800 m, flor. juil-août,
généralement en juin dans nos jardins. Tiges à
demi-couchées att. 30 cm de long. Fl. 2 cm
diam., rose vif, plus pâles chez 'Shell Pink'.
Pour une couronne de muret ou le devant
d'une plate-bande en plein soleil. R.-20°C.

**Silene virginica** L. – Or. Etat du New Jersey,
O. Etat de New York et S.-O. Ontario,
jusqu'au Minnesota, à la Géorgie et au
Missouri, dans les bois secs et sur les talus au
bord des routes, flor. avr.-sept. Tiges 30-60 cm.
Fl. 2,5-3,5 cm diam., pétales étroits, bilobés
ou dentés à l'apex. Plante étonnante mais
rarement cultivée. Pour sol bien drainé
à mi-ombre ou sous ombrage saisonnier.
R.-20°C.

*Silene virginica* près de Charlottesville en Virginie

*Silene laciniata* au Jardin botanique royal d'Edimbourg

*Silene asterias* à Harry May's, dans le Surrey

# LYCHNIS

Lychnis coronaria 'Alba', en compagnie de *Viola cornuta* 'Alba', de delphiniums et de rosiers *'Iceberg'*

*Lychnis coronaria* 'Oculata'

*Lychnis* 'Abbotswood Rose'

*Lychnis* ✕ *arkwrightii* hort. ex. Heydt
**'Vesuvius'** (*Caryophyllaceae*) – Hybride entre
*L.* ✕ *haageana* (*L. fulgens* ✕ *L. coronata*) et
*L. chalcedonica*. Tiges att. 45 cm.
Fll. pourprées. 'Vesuvius' est une bonne
sélection obtenue en 1912. R.-15°C.

*Lychnis chalcedonica* L. **Croix de Jérusalem** –
Or. Russie occid., d'Odessa à Moscou, et
signalée aussi au N.-O. Chine, dans les bois
et les fourrés, flor. juin-juil. Plante à souche
traçante, plus tiges érigées att. 45 cm, parfois
1,20 m dans les jardins. Infl. plates de 10-50 fl.
de 1,5 cm diam. pétales très échancrés. Facile
en bonne terre humide au soleil ou à
mi-ombre, en situation abritée ; on la cultive
dans les jardins depuis avant 1593. R.-20°C.
On cultive plusieurs formes dans les jardins ;
'Alba' et 'Alba Plena', blanche simple et
double ; **'Rosea'**, rose pâle ; 'Carnea', rose
carné double et 'Rubra Plena', rouge double.

*Lychnis coronaria* (L.) Desr. **Coquelourde** –
Or. Tchécoslovaquie et Yougoslavie, jusqu'au
N.-O. Afrique, à la Grèce, au N.-O. Turquie,
à la Crimée, à l'Iran et au Turkestan, dans les
fourrés, les bois et sur les pentes rocheuses
ensoleillées, flor. mai-sept. C'est en général
une vivace assez éphémère. Tiges att 1 m,
très ramifiées. Fll. tomenteuses blanchâtres.
Fl. rouge carminé, 3 cm diam. Cultivée depuis
longtemps ; plusieurs formes colorées sont
maintenant répandues dans les jardins ;
'Atrosanguinea' rouge cramoisi ; **'Oculata'**,
blanche à œil rose ; **'Alba'**, blanche, et une
double : 'Flore Pleno'. La forme simple à fl.

pâles se ressème plus ou moins fidèlement,
**'Abbotswood Rose'** est peut-être un hybride
entre *L. coronaria* et *L. Flos-Jovis*, que l'on
appelle *L.* ✕ *walkeri*. Il est plus petit, att.
60 cm, et plus étalé que *L. coronaria*, et ses fl.
à pétales profondément échancrés sont d'un
rose très vif. Toutes ces coquelourdes peuvent
survivre en sol très pauvre, en plein soleil ;
mais placées en sol riche à mi-ombre,
elles seraient éphémères, R.-20°C.

*Lychnis Flos-Jovis* (L.) **Fleur de Jupiter** Desv.
– Or. France, Suisse et N. Italie dans les Alpes
occid., sur les pentes sèches et ensoleillées
de l'étage subalpin, flor. juin-août. Plante
vivace assez éphémère, à tiges 20-92 cm.
Fll. tomenteuses blanchâtres ; fl. pourpres
ou écarlates en têtes de 4-10. Pétales
profondément échancrés. Fl. d'un rose plus
pâle chez 'Hort's Variety' ; il existe aussi une
forme blanche et une forme naine. Terre assez
pauvre, bien drainée. R.-15°C.

*Lychnis viscaria* L. syn. *Viscaria vulgaris* – Or.
Ecosse et Pays de Galles jusqu'en Espagne,
N.-O. Turquie, Sibérie, et Asie C., dans des
lieux sableux et découverts, flor. mai-août.
Plante cespiteuse à fll. étroites, glabres.
Tiges att. 90 cm, plus souvent 40 cm ; fl. rouge
violacé, 18-20 mm diam. On en cultive
plusieurs formes dont une double **'Flore
Pleno'** ou **'Splendens Plena'** ; une blanche
'Alba', *atropurpurea* (Griseb.) Chater, or.
Roumanie jusqu'en Yougoslavie et Grèce,
s'en distingue par le calice et le pédoncule de
la capsule.

# LYCHNIS

*Lychnis × arkwrightii* 'Vesuvius'

*Lychnis chalcedonica* à Cedar Tree Cottage, dans le Sussex

*Lychnis viscaria* 'Alba'

*Lychnis viscaria*

*Lychnis chalcedonica* 'Rosea' à Wisley

*Lychnis viscaria* 'Flore Pleno'

*Lychnis Flos-Jovis* au Savill Garden à Windsor

137

# LUPINS

*Lupinus nootkatensis* au bord de la rivière Dee, près de Braemar

*Lupinus nootkatensis*

*Lupinus polyphyllus* (naturalisé)

*Lupinus perennis* dans le Maine

*Lupin* 'La Châtelaine'

*Lupin* 'My Castle'

*Lupin* 'Magnificence'

*Thermopsis mollis*

*Thermopsis ovata* dans l'Etat de Washington

**Baptisia australis** (L.) R. Br (*Leguminosae*) – Or. N. Virginie jusqu'à l'O. Pennsylvanie, Missouri, Kansas, Géorgie et Texas, en sol riche, flor. juin-août. Forme de grandes touffes de tiges érigées, glabres, att. 2 m de haut. Fll. à très court pétiole, à 3 folioles oblancéolées. Fl. 2-2,5 cm de long. Gousse globuleuse. Sol riche, humide, au soleil ou sous ombrage léger. R.-20°C. **B. cinerea** (Raf.) Feon. & Schub. à tous petits poils et fl. jaunes 2,5 cm de long ; fl. blanches chez *B. leucophaea* Nutt. et *B. leucantha* T. & G. Elles sont toutes originaires des plaines herbeuses et des riches prairies du S.-E. Amérique du N.

**Lupinus nootkatensis** Donn ex. Sims (*Leguminosae*) – Or. N.E. Asie et N.-O. Amérique, de la Colombie-Britannique au S. Alaska, et naturalisé en Norvège et au bord des rivières Tay, Dee, Spey et Beauly en Ecosse, sur les rives de galets dans les rivières, flor. juin-juil. Plusieurs tiges érigées att. 80 cm. Folioles 6-8. Fl. bleues, 6-18 mm de long. Cette espèce fut introduite en Europe par Archibald Menzies à la suite de l'expédition du Capitaine Vancouver en 1795. Elle a disparu des jardins depuis. Mais elle offre un beau spectacle fin juin dans les rivières à saumons dans l'E. Ecosse.

**Lupinus perennis** L. – Or. E. Amérique du N., du Maine à l'Ontario, jusqu'en Minnesota, Floride, Missouri et Louisiane, dans l'herbe en sol sableux, sec, flor. mai-juin. Souche compacte, quelques tiges att. 60 cm. Fll. à 8 folioles oblancéolées effilées. Fl. bleues, parfois roses ou blanches, 12-16 mm de long, sans tache sur l'étendard. Espèce intéressante un jardin de prairie en sol sableux et pauvre ; plus rustique que *L. polyphyllus*, plus occid. R.-25°C.

**Lupinus polyphyllus** Lindl. C'est le précurseur des grands lupins cultivés. – Or. côtes de Californie, du Comté de Santa Cruz à San Francisco, jusqu'en Colombie-Britannique (ainsi que subsp. *superba* (Heller) Munz à l'intérieur des terres jusqu'au Nevada), dans les prairies herbeuses humides, flor. mai-juil. Dans la nature les tiges att. 1,50 m de haut, avec 9-13 folioles. Les fl. sont bleues, violettes ou rouges ; elles mesurent 11-14 mm de long et sont disposées en grappes verticillées de 15-60 cm de long. Se prête très bien à la naturalisation dans l'herbe haute en sol sableux. R.-25°C.

**Lupins de jardin** – On cultive les lupins vivaces dans les jardins en Europe depuis 1826, date à laquelle on introduisit d'Amérique du N. *L. polyphyllus*. On fit de grands progrès dans l'amélioration de l'espèce à partir de 1911, lorsque George Russell, jardinier de Mme Michlethwaite à York en G.B. commença à cultiver des lupins et à sélectionner chaque année les meilleurs plants issus de ses semis. Le lupin annuel, *L. hartwegii*, à fl. magenta a sans doute été utilisé pour améliorer l'éventail de couleurs des hybrides de Russell. Il fallut attendre 1937 pour que les lupins de Russell soient largement reconnus ; on cultive encore de nos jours des couleurs remarquables comme 'Limelight' (jaune) et le bicolore bleu et blanc 'Vogue'. Les cultivars de lupins ont besoin d'un sol bien drainé, sableux, de préférence légèrement acide, sans apport de fumier azoté ; il ne faut pas les laisser former leurs graines. Les limaces endommagent les pousses tendres. Les frères Woodfield poursuivent le travail entrepris par Russell. Sont illustrés ici :
'La Châtelaine' syn. 'Schlossfrau'
'Magnificence'
'My Castle' syn. 'Mein Schloss'.

**Thermopsis caroliniana** M.A. Curtis (*Leguminosae*) – Or. Caroline du N., Géorgie et Tennessee, dans les bois clairs et sur les berges des rivières, flor. avr.-mai. Tiges 80 cm à 1 m, robustes, peu ramifiées et à stipules foliacées. Folioles obovales, 5-8 cm de long. Fl. en grappe compacte. Bonne terre en plein soleil ou à mi-ombre. R.-15°C.

**Thermopsis mollis** (Michx.) M.A. Curtis – Or. S.-O. Virginie, E. Tennessee, Caroline du N. et Géorgie, dans la montagne, flor. juil.-août. Tiges érigées plus ou moins nomb. att. 60-90 cm. Stipules non foliacées. Fll. pétiolées, à 3 folioles ovales, 2-4 cm de long. Fl. en grappes allongées, 2 cm de long. Gousse aplatie. Bonne terre au soleil ou à mi-ombre. R.-20°C.

**Thermopsis ovata** (Rob.) Rydb. – Or. Wyoming et Idaho jusqu'à l'Etat de Washington et l'Orégon, dans des lieux humides et herbeux, flor. mai-juil. Tiges 60-80 cm, robustes, succulentes. Stipules foliacées obovales à largement elliptiques, 6-8 cm de long. Fl. en grappe lâche. Capsules génér. dressées, soyeuses, 5-7 cm de long. Toute bonne terre humide au soleil ou à mi-ombre. R.-20°C.

*Thermopsis caroliniana*

*Baptisia australis*

# ALCHEMILLES

*Alchemilla mollis* et haies de buis dans le Gloucestershire

*Alchemilla conjuncta*

*Alchemilla pedata* à Harry May's, dans le Surrey

**Alchemilla conjuncta** Babington (*Rosaceae*) – Or. S.O. Alpes et Jura, en France et en Suisse, on la trouve aussi dans la nature en Ecosse ; à l'étage subalpin, dans les prairies et lieux rocheux au bord des cours d'eau, flor. juin-juil. Forme des taches de 30 cm diam. Fll. vert bleuté au-dessus, argentées soyeuses au revers, palmatifides ; tiges florales att. 40 cm. Facile en sol humide bien drainé, au soleil. R.-20°C. *A. alpina* L., répandue dans les montagnes granitiques d'Ecosse, du N. Angleterre et de la plus grande partie de l'Europe, est plus petite et ses fll. sont palmatiséquées.

**Alchemilla pedata** A. Rich. – Or. Ethiopie, surtout dans la partie N.-O., dans les lieux herbeux et en lisière de forêt. Plante stolonifère qui forme des colonies de plusieurs mètres de diam. Fll. 4 cm de large. Infl. simple et très délicate. R.-5°C., mais se ressème souvent après des hivers froids.

**Alchemilla erythropoda** Juz. – Or. O. Carpates, Yougoslavie et Bulgarie, jusqu'au N. Turquie, Caucase et N. Iran, dans les prairies rocheuses de montagne, flor. mai-août. Forme des touffes de 20 cm diam. Tiges florales 20-30 cm, violet carminé. Fll. vert bleuté, à poils doux et serrés sur les 2 faces, 4 cm diam., à poils caractéristiques courbés vers le bas sur les pétioles à maturité. Espèce de petite taille et de culture facile en situation ensoleillée ; convient pour des interstices entre des pavés, ou pour le bord des allées. R.-20°C.

**Alchemilla glabra** Neygenf. – Or. N. & C. Europe, y compris le N. Angleterre et l'Ecosse, et N.-E. Amérique du N., dans les lieux herbeux, les bois clairs et au bord des cours d'eau en montagne, génér. en sol acide, flor. mai-sept. Forme des touffes, tiges florales att. 60 cm. Fll. 8 cm diam., glabres, à l'exception de quelques poils sur la partie sommitale des nervures au revers. Forme un contraste avec *A. mollis* par ses fll. glabres et vert foncé. *A.* × *anthochlora* Rothm, lui ressemble, mais les tiges et l'inflorescence sont munies de poils et les fll. sont glabres au-dessus et poilues sur les nervures au revers. *A. glabra* réussit mieux en sol acide et humide que *A. mollis*. R.-25°C.

**Alchemilla mollis** (Buser) Rothm. – Or. N. Grèce et E. Carpathes en Roumanie et Russie occid., jusque dans le Caucase, le N. Turquie, l'Arménie soviétique et le N. Iran, au bord des cours d'eau dans les prairies et les forêts de sapins et de hêtres, flor. juin-sept. Forme de grandes touffes et se ressème volontiers. Fll. att. 15 cm diam., palmatilobées, poilues sur les deux faces. Tiges florales att. 80 cm de long. De culture facile au soleil ou à mi-ombre. R.-25°C. Supporte la sécheresse.

**Cornus canadensis** L. syn. *Chamaepericlymenum canadense* (L.) Asch. & Graebn. (*Cornaceae*) – Or. Amérique du N. (de Terre-Neuve à l'Alaska, et jusqu'en Virginie occid., au Colorado et en Californie),

Japon, Corée et Sibérie orientale, dans les bois de conifères, flor. mai-juil. La plante a des racines traçantes et forme des colonies de plusieurs mètres de diam. Tiges flor. 7,5-20 cm munies de fll. en verticille de 6 au sommet. Bractées blanches, 8-18 mm de long. Fl. minuscules, vertes. Fruits charnus rouge vif. De culture facile en sol tourbeux à l'ombre ou à mi-ombre. Bonne association avec les bruyères. On rencontre *C. suecica* L. tout autour de l'Arctique ; c'est une plante plus petite et plus délicate, avec 3 paires de fll. au sommet de la tige et des fl. pourpre presque noir.

**Gillenia trifoliata** (L.) Moench. syn. *Porteranthus trifoliatus* (L.) Britton (*Rosaceae*) – E. Amérique du N., de l'Ontario à l'Etat de New York et jusqu'au Michigan, à la Géorgie et au Missouri, dans les bois clairs, flor. mai-juil. Plante en touffes, souche ligneuse, nomb. tiges att. 1,20 m. Fll. trifoliées, les supérieures sessiles, à folioles 7,5 cm de long. Stipules petites et étroites, att. 8 mm de long, à la base des pétioles. Fl. blanches ou rosâtres, à pétales 1-1,2 cm de long. Très jolie plante, mais difficile à établir car les limaces mangent les jeunes pousses, et il lui faut un emplacement ni trop sec et ensoleillé ni trop à l'ombre. *G. stipulata* (Muhl.) Bergmans s'en distingue par sa plus petite taille et les stipules foliacées aussi longues que les fll. à court pétiole.

Alchemilla mollis après la pluie

Alchemilla glabra dans l'Aberdeenshire

Alchemilla erythropoda

Gillenia trifoliata

Cornus canadensis

# POTENTILLES

Duchesnea indica

Geum chilense 'Mrs Bradshaw'

Geum coccineum

Fragaria 'Pink Panda'

Potentilla palustris

Potentilla nepalensis 'Roxana'

Potentilla 'Gibson's Scarlet'

Potentilla nepalensis 'Master Floris'

**Duchesnea indica** (Andrews) Focke (*Rosaceae*) – Or. S. & E. Asie, y compris la Chine et le Japon, mais largement naturalisée en Amérique du N., depuis l'Etat de New York vers le S., et en Europe, dans les bois humides et ombragés et au bord des cours d'eau, flor. avr.-juin et pendant l'été de façon intermittente. Plante traçante, stolons radicants, fl. jaunes à pétales 8 mm de long; fruits rouge vif, comme des fraises, mais insipides. *D. chrysantha* (Zoll. & Moritz) Miq. est plus petite, à fruits plus pâles, d'un blanc rosé. *D. indica* est sans doute l'espèce la plus rustique, supportant -15°C. en l'absence de couverture neigeuse.

**Fragaria 'Pink Panda'** (*Rosaceae*) – Hybride entre *Fragaria × ananassa* un fraisier de jardin, et *Potentilla palustris*, la quintéfeuille des marais, et une obtention du Dr Jack Ellis. Le premier croisement fut fait en 1966, et après de nomb. croisements en retour, on sélectionna 'Pink Panda' qui fut introduit par Blooms en 1989. Hauteur 10-15 cm. Fl. 2-2,5 cm diam., à 6 pétales ou davantage, de mai à nov.; fructifie rarement. Plein soleil ou mi-ombre. R.-20°C.

**Geum coccineum** Sibth. & Sm. syn. *G. borisii* hort (*Rocaceae*) – Or. péninsule balkanique et N. Turquie, dans les prairies détrempées et au bord des cours d'eau dans les forêts humides, à 1 300-2 000 m, flor. mai-août. Forme des touffes basses de fll. vert clair avec 2-4 paires de folioles latérales et une grande foliole terminale, 4-14 mm de large, réniforme-orbiculaire. Tiges florales 10-45 cm portant 2-4 fl. Pétales 10-18 mm de long. De culture facile en sol tourbeux humide. R.-25°C.

**Geum chilense** Balbis **'Mrs Bradshaw'** – Or. Chili, sur l'île Chiloense, et autour de Conception, dans des lieux humides en montagne au bord des cours d'eau, flor. nov.-janv. Forme des touffes; tiges florales att. 45 cm. Fl. rouge orangé à pourpres. Se distingue de *G. coccineum* par ses tiges plus élevées et plus ramifiées, et par ses fll. dont la taille des folioles augmente progressivement jusqu'au sommet. R.-20°C.

**Potentilla nepalensis** Hook (*Rosaceae*) – Or. Himalaya, du Pakistan jusqu'au C. Népal, dans les prairies alpines et les champs à 2 100-2 700 m, flor. juin-sept. Forme des touffes lâches d'infl. souples et ramifiées 20-90 cm de long. Fll. inférieures à 5 folioles. Fl. 1,3-2,5 cm de diam., rose carmin foncé à rose vif ou orange. Facile dans toute bonne terre humide. **'Rosana'** : fl. rose vif à cœur rouge. **'Master Floris'** : fl. jaune crème à bord rose et cœur rouge foncé. **'Helen Jane'** : fl. rose pâle à cœur foncé. *P. nepalensis* se distingue de *P. atrosanguinea* par ses fll. radicales à 5 folioles et non 3; c'est aussi une plante plus élevée, plus traçante, à fl. plus petites en inflorescence plus ramifiée. **'Miss Willmott'** (non illustrée ici) est à fl. rouge cerise à cœur foncé.

**Potentilla palustris** (L.) Scop. syn. *Comarum palustre* L. **Quinte-feuille des marais** – Or. Europe jusqu'en Bulgarie, Sibérie et Japon, et Amérique du N., de Terre-Neuve jusque dans le New Jersey et le N. Californie dans les lieux détrempés, au bord des lacs, des étangs et des marécages, flor. mai-août. Rhizomes traçants, forme des colonies de plusieurs mètres de diam.

*Potentilla nepalensis* 'Helen Jane'

Tiges 15-45 cm. Fll. gris-bleu à 5-7 folioles.
Pétales pourpres, 1 cm, plus courts que les
sépales violacés. A réserver au jardin sauvage
humide.

***Potentilla thurberi*** A. Gray ex. Lehmann –
Or. C. Arizona jusqu'au Nouveau-Mexique,
dans les clairières en forêts de conifères,
les prairies humides et au bord des cours d'eau,
flor. juil.-oct. Plante en touffe, nomb. tiges
raides 30-75 cm de haut. Fll. pennées, à 5 ou
7 folioles dentées, rapprochées, 2,5-5 cm de
long. Fl. 2,5 cm diam., rouge velouté soutenu
à cœur noir. Bonne terre en situation chaude.
R.-25°C., pousse bien en Nouvelle-Angleterre
où elle fleurit en juin.

***Potentilla × russelliana*** – Hybride entre
*P. atrosanguinea* et *P. nepalensis* : fll. inférieures
à 3-5 folioles, plus étroites que *P. atrosanguinea*.
Certains cultivars que l'on dit être de
*P. atrosanguinea*, comme 'Gibson's Scarlet',
sont probablement des cv. de cet hybride.
Les cv. suivants sont sans doute des sélections
de *P. atrosanguinea* ou des hybrides entre
celui-ci et d'autres espèces. Les fl. ont différents tons de rouge, orange et jaune, portées
par des tiges ramifiées de 45 cm de haut,
touffes étalées sur 60 cm, **'Yellow Queen'**,
**'Fireflame'**, **'Hamlet'**, **'Gibson's Scarlet'**,
3-5 fll. à la base, **'Monsieur Rouillard'**.

***Waldsteinia ternata*** (Stephan) Fritsch
(*Rosaceae*) – Or. Europe, dans les Carpates en
Tchécoslovaquie et Roumanie, plus rarement
dans le S.-E. Autriche et le N.-O. Yougoslavie,
Asie occid. et Sibérie occid., îles Sakhalines et
N. Japon, dans les bois de montagne,
flor. mai-juin. Rhizomes traçants ; forme des
tapis assez ras. Fll. à 3 folioles de 2-3 cm de
long. Tiges att. 20 cm, portant 1-7 fl., 1,5-2 cm
diam. Facile en sol humifère à mi-ombre
où elle constitue un très joli couvre-sol.
D'après les descriptions données dans les
flores, les plantes japonaises seraient plus
délicates, les fl. moins nomb. et plus grandes.
*W. fragarioides* (Michx.) Tratt, or. N.-E.
Amérique du N. a les mêmes fll., mais des fl.
plus petites 6-10 mm diam.

*Potentilla thurberi*

*Potentilla × russelliana*

*Potentilla* 'Fireflame'

*Potentilla* 'Yellow Queen' et 'Viola cornuta'

*Potentilla* 'Hamlet'

*Waldsteinia ternata*

Geum 'Lemon Drops'

Potentilla
rupestris

Geum rivale f. album

Geum rossii

Potentilla
atrosanguinea

Geum
'Georgenberg'

Geum
montanum

Potentilla nepalensis (voir p. 143)

Potentilla atrosanguinea
(forme à fleurs pâles)

Echantillons de chez Beth Chatto, plantes peu communes, 2 juin. Réduction à 50%

# GEUMS

*Geum rivale* dans le Perthshire

*Geum* 'Leonard's Variety'

*Geum triflorum*

*Geum elatum* au Cachemire

*Geum rivale* f. *album*

*Potentilla rupestris*

**Geum elatum** Wall. ex. D. Don – Or. Himalaya, du Pakistan au S.-E. Xizang, dans les fourrés et les prairies alpines à 2 700-4 300 m, flor. juin-août. Très variable. La plante illustrée ici n'a pas de hampe florale, les fl. sont solitaires érigées, les fl. radicales, pennées les unes sur les autres. A des altitudes moins élevées, la plante est plus grande, les tiges ramifiées et les fl. infléchies jaunes ou plus rarement rouges. Sol bien drainé, en situation ensoleillée, humide en été.

**Geum 'Georgenberg'** – parfois cité en tant que *G. heldreichii*, est un hybride entre *G. coccineum* et *G. montanum*, mais les boutons infléchis pourraient faire penser que *G. rivale* ou *G. intermedium* serait l'un des parents ; *G. montanum* pourrait être le deuxième. L'hybride entre *G. rivale* et *G. montanum* se nomme *G.* × *tirolense* Kerner ; ce sont peut-être aussi les parents de **'Lemon Drops'**, obtention de Beth Chatto. Vient mieux en sol humifère humide.

**Geum montanum** L. – Or. Pyrénées, Alpes, Corse et Carpates, jusqu'en Russie occid. et S.-O. Grèce, dans les prairies subalpines à 1 500-3 000 m, flor. juin-juil. Rhizome peu traçant ; fll. en rosette. Lobe terminal 6 cm de long portant 1-3 fl. 2,5-4 cm diam. Facile en sol bien drainé, assez tourbeux, en plein soleil. *G. reptans* L. est très proche, mais on le trouve génér. à des altitudes plus élevées au-dessus de 2 000 m ; c'est une plante à longs stolons et fll. pennatiséquées, à lobe terminal à peine plus grand que les autres. R.-25°C. pour chacune.

**Geum triflorum** Pursh – Or. Amérique du N., de Terre-Neuve et de l'Etat de New York jusqu'en Colombie-Britannique, Orégon et Californie, et le long des Rocheuses jusqu'au Nevada, dans les lieux humides et les éboulis de montagne, flor. avr.-août, selon l'altitude. Forme des touffes de 30 cm de large ou davantage. Fll. radicales 5-15 cm, jusqu'à 30 segments. Tiges florales att. 30 cm de haut, portant 1-9 fl. Pétales jaune pâle à rougeâtres ou violacés. De culture facile en sol assez humide. R.-20°C.

**Geum rivale** L. **Benoîte des ruisseaux** – Or. Europe (excepté l'extrême S.) Caucase et N. Turquie, N. Asie jusqu'à l'Altaï au N.-O. Chine, et Amérique du N. de Terre-Neuve à la Colombie-Britannique et jusqu'au New Jersey et Colorado, dans les prairies détrempées, au bord des ruisseaux et dans les marais, flor. mai-juin. Forme des tapis de fll. irrégulièrement pennées ; à tiges florales simples ou ramifiées, de 30 cm, parfois 1 m. Tiges et fl. rouge brunâtre ou rosâtres, vert-jaune pâle chez la forme **album**. Styles 8-9 mm, velus. Les hybrides avec la Benoîte commune (*G. urbanum* L.) sont courants, surtout dans les lieux ombragés au bord des rivières. Ce sont les *G.* × *intermedium* Ehrh., à tiges plus élevées et fl plus pâles. **'Leonard's Variety'** est probablement un hybride entre *G. rivale* et une autre espèce, peut-être *G. coccineum*. C'est une plante avec une multitude de tiges att. 45 cm de haut, et des fl. infléchies rose orangé nuancées de marron. Toutes sont de culture facile dans une plate-bande humide ou partiellement ombragée.

**Geum rossii** (R. Br.) Sev. – O. Amérique du N. (Alaska jusqu'au N.-E. Orégon, Nevada, Nouveau-Mexique), et E. Asie, dans la toundra arctique, et dans les éboulis et les prairies caillouteuses en montagne, flor. juin-juil. Forme des touffes serrées de 30 cm de large. Fll. radicales 4-10 cm de long. Tiges florales 8-20 cm de haut. Pétales 10-12 mm de long, jaunes. De culture facile en sol bien drainé. R.-20°C.

**Potentilla atrosanguinea** Lodd. syn. *P. argyrophylla* Wall. ex. Lehm. – Or. Himalaya, de l'Afghanistan jusqu'au Sikkim, dans les fourrés et sur les pentes herbeuses dégagées, à 2 500-4 500 m, flor. juin-août. Quelques tiges érigées ou étalées att. 60 cm. Fll. trifoliolées, plus ou moins argentées, plus au revers, à folioles 2 x 5 cm de long. Fl. rouges à l'ouest, orange ou jaunes (var. *argyrophylla* (Lehmann) Grierson & Long) à l'est, 2-4 cm diam. Bonne plante tapissante pour le bord d'une plate-bande en sol frais et humide. Les plantes cultivées sous le nom de *P. argyrophylla* ont en général des fl. rouge plus pâle. R.-25°C.

**Potentilla rupestris** L. syn. *P. foliosa* Somm. & Lev. – Or. Europe, Caucase, Turquie et jusqu'en Sibérie C., sur pentes rocheuses sèches et ensoleillées en montagne, flor. juin-juil. Plante en touffe. Fll radicales pennées, à 5-9 folioles. Tiges 8-50 cm. Fl. à pétales 8-14 mm de long. De culture facile en sol bien drainé en plein soleil. C'est une espèce caractéristique des pentes sèches et rocheuses des contreforts en Europe. R.-25°C.

# ACAENAS

Acaena glaucophylla

Acaena 'Blue Haze'

Acaena microphylla à Wisley, dans le Surrey

Sanguisorba tenuifolia var. alba sur l'île d'Hokkaido

Sanguisorba canadensis à Kew

**Acaena magellanica** Vahl syn. *A. glaucophylla* Bitter (*Rosaceae*) – Or. Iles Falkland, S. Géorgie, Iles Kerguelen, O. Argentine et E. Chili, vers le N. jusqu'au 27°S., dans le sable et les rochers au bord de la mer, dans les fourrés, les forêts claires, les prairies humides et les marais jusqu'à 1 100 m, flor. nov.-mars. Tiges rampantes et radicantes. Limbe des fll. 2-8 cm de long, à 5-8 paires de folioles. Tiges florales 7-14 cm, fl. en têtes de 1-3 cm diam., violacées à l'état jeune, les étamines non ouvertes ; épines des fruits 5-10 mm de long, **'Blue Haze'** syn. **'Pewter'** en est une forme très bleutée. R.-15°C.

**Acaena microphylla** Hook. fil. – Or. Nouvelle-Zélande, dans l'île du N. et du S. (var. *robusta* Allan et var. *pallidoliracea* Bitter), dans les prairies et les lits de rivières, jusqu'à 1 100 m, flor. déc.-fév. Plante stolonifère. Fll. vertes, glabres, att. 3 cm de long. Fl. en têtes de 2,5 cm diam. De culture facile en sol assez humide ; convient comme couvre-sol dans les interstices de dallage. R.-10°C.

**Sanguisorba alpina** Bunge (*Rosaceae*) – Or. Altaï, Sibérie, Sinjiang, dans les prairies alpines, flor. juin-août. Forme des touffes qui s'étendent ; fll. très glauques, avec 15-19 folioles ovales, cordées. Fl. en épi allongé de 1-5 cm de long. De culture facile en sol riche et humide en plein soleil. Ressemble beaucoup à *S. armena* mais en plus petit et les dents au bord des folioles sont plus courbes et plus émoussées.

**Sanguisorba armena** Boiss. – Or. N.-E. Turquie, surtout autour de Erzurum, le long des cours d'eau de montagne, sur des collines herbeuses mais dépourvues d'arbres, flor. juil. Forme de grandes touffes. Tiges att. 1,50 m. Fll. radicales à 15-19 folioles ovales, cordées, très glauques. Fl. en épis oblongs att. 5,5 cm de long, dressés ou infléchis, rosâtres, à longues étamines. De culture facile en sol riche, humide, au soleil ou à mi-ombre. Cette espèce a des fll. glauques vigoureuses placées dans de bonnes conditions. Ressemble au *Melianthus Major* en plus petit. R.-25°C.

**Sanguisorba canadensis** L. – Or. N.-E. Amérique du N., de Terre-Neuve jusqu'au Michigan et à la Géorgie, dans les prairies détrempées et les marécages, flor. juil.-oct. Forme des touffes qui s'étendent. Tiges att. 1 m (ou 2 m !). Fll. radicales vertes, à 7-15 folioles ovales à oblongues 2,5-15 cm de long, dressés ; les fl. de la base de l'épi s'épanouissent en premier. De culture facile dans toute bonne terre humide au soleil ou à mi-ombre.

**Sanguisorba hakusanensis** Makino – Or. Honshu, avec des variantes en Corée et sur l'île d'Hokkaido, dans les prairies alpines et les fissures de rochers humides, flor. juin-sept. Forme des touffes ; tiges florales att. 40-80 cm. Folioles 9-13, ovales-oblongues à ovales, portées par des pétioles 3-7 mm de long. Fl. en épis 4-10 cm de long, infléchis ; étamines 7-10 mm de long, génér. rose pourpré soutenu. De culture facile en sol humide et situation fraîche. R.-20°C.

**Sanguisorba obtusa** Maxim. – Or. Japon sur le Mont Hayachine dans l'île de Honshu, dans les prairies alpines, flor. août-sept. Forme de petites touffes. Tiges 30-50 cm. Folioles 13-17,

# SANGUISORBAS

Sanguisorba hakusanensis au jardin botanique royal d'Edimbourg

Sanguisorba alpina

Sanguisorba officinalis

Sanguisorba obtusa

presque sessiles, les unes sur les autres. Fl. en épis infléchis. 4-7 cm de long, étamines 8-10 mm de long, génér. roses, blanches chez 'Alba'. De culture facile en sol humide au soleil ou à mi-ombre. Fl. juin-juil. dans nos jardins. R.-20°C.

**Sanguisorba officinalis** L. **Sanguisorbe officinale** – Or. N. Europe, Grèce, Turquie, N. Asie jusqu'au Japon et Amérique du N. (naturalisée dans le Maine), dans les prairies et les lieux herbeux humides au bord des cours d'eau, flor. juin-oct. Forme de grandes touffes ; tiges att. 1 m. Fll. radicales à 9-15 folioles cordées, ovales à orbiculaires. Fl. en épis dressés, courts, 1,2-2,5 cm de long, bordeaux, noirâtres ou rose carné chez var. *carnea* (Fisch.) Regel,

or. E. Asie. De culture facile en terre riche et humide. R.-25°C.

**Sanguisorba tenuifolia** Fisch. var. **alba** Trautv. & Meyer – Or. Japon, toutes les îles, dans les prairies et lieux humides près des cours d'eau, flor. août-oct. petites touffes, aux tiges de 80-130 cm. Folioles par 11 à 15, linéaires larges à oblongues étroites, génér. sessiles. Epis floraux étroits (6-7 mm), de 2-7 cm de long, érigés ou inclinés ; fl. blanches à étamines blanches, ou rouge sang chez var. *purpurea* Trautv. & Meyer. Pousse facilement en sol humide au soleil ou à mi-ombre. La var. *tenuifolia* pousse dans l'E. Sibérie, Heilonjiang (Mandchourie), Corée et îles du Pacifique Nord. R.-25°C.

Sanguisorba armena

# PRIMEVÈRES

**Primula bhutanica** Fletcher **'Sherriff's Variety'** (s. *Petiolaris*) – Or. N. Assam, E. Bhoutan et S. Xizang, dans les forêts de conifères et mixtes, sur des talus humides et moussus et sous *Rhododendron* à 3 000-4 300 m, flor. mai-juin, en fév.-mars dans nos jardins. Les grappes de boutons au repos donnent en s'ouvrant des masses de boutons couverts de farine blanche, puis des fl. sans tige. Fll. non farineuses à maturité, oblancéolées et aiguës, att. 20 cm de long ou plus sur les spécimens bien établis. Fl. à petit œil chez 'Sherriff's Variety' 2-3 cm de diam., solitaires ou parfois en groupes sur un court pédoncule. Cette var. fut découverte par Ludlow & Sherriff au Bhoutan ; elle pousse et se répand facilement, même au S. de l'Angleterre. Elle craint surtout la chaleur sèche en été et devrait être placée à l'abri du soleil, par ex. au nord d'un haut mur ; bassiner fréquemment les fll. pendant les étés chauds. R.-25°C., de préférence sous une couverture neigeuse.

**Primula heucherifolia** Franch. (s. *Cortusoides*) – Or. O. Sichuan, dans les forêts de bambous à l'ombre, flor. mai-juin. Plante stolonifère à rhizomes traçants. Limbes orbiculaires à 7-11 lobes. Tiges de 15-30 cm, portant 3-10 fl. penchées, larges de 1-2,5 cm, avec un cercle coloré dans la gorge. Situation fraîche et ombragée, sol bien drainé.

**Primula kaufmanniana** Regel (s. *Cortusoides*) – Or. C. Asie, Tien Shan et Pamir Alaï à 1 000-3 700 m, dans les rocailles à l'ombre, flor. mai-juin. Forme des touffes. Limbes de 2-8 cm de long et de large, à 9-11 lobes et poils soyeux. Tiges 8-22 cm, portant 3-6 fl. en 1-2 verticilles. Diffère de *P. cortusoides* L. par ses fll. plus arrondies et ses fl. génér. plus petites. R.-20°C.

**Primula kisoana** Miq. (s. *Cortusoides*) – Or. C. Honshu et Shikoku, dans les forêts et les coins ombragés en montagne, flor. mai, en mars-avr. dans nos jardins. Se répand loin par ses stolons. Tiges de 10-15 cm, fll. larges de 5-10 cm, à poils soyeux. Fl. larges de 2-3 cm, à tubes de 1,5-2 cm de long. Sol humifère à mi-ombre, en situation fraîche et abritée. R.-10°C.

**Primula mollis** Nutt. ex Hook. syn. *P. sino-mollis* Balf. fil. & Forrest (s. *Cortusoides*) – Or. Bhoutan, N. Assam, N. Birmanie et Yunnan, dans les endroits ombragés à 2 300-3 300 m, flor. mai-juil. Rosettes peu fournies de fll. à poils soyeux, aux limbes réniformes att. 12 cm de long et de large. Hampes florales att. 60 cm, portant 2-10 verticilles de 2-9 fl. Ombre en sol humifère. R.-10°C.

**Primula moupinensis** Franch. (s. *Petiolaris*) – Or. O. Sichuan, Baoxing et Ya-an, dans les forêts détrempées et sur la mousse sous les arbustes, à 2 500-3 000 m, flor. avr.-mai. Ressemble à *P. sonchifolia*, mais ses boutons en dormance n'ont pas d'écailles, et ses fll. sont plus larges, obovales, de texture très fine. Fl. lilas, larges de 1,5 cm.

**Primula ovalifolia** Franch. (s. *Petiolaris*) – Or. N.-E. Yunnan, O. Hubei et O. Sichuan, surtout dans les vallées de Wolong, Baoxing et Yan-an, et sur l'Omei Shan, sur des talus très ombragés ou en surplomb, à 1 200-1 800 m, flor. avr.-mai. Plantes solitaires, larges de 20 cm, ne produisant pas de boutons en dormance ; fll. 3-16 cm de long. Fl. pourpre rougeâtre, de 2-2,5 cm de large, en ombelles de 2 à 9, sur des tiges fines att. 15 cm. Calices lâches, s'étalant après la flor. Situation très ombragée, humide et chaude en été, sèche en hiver. R.-10°C.

**Primula polyneura** Franch. (s. *Cortusoides*) – Or. O. Chine, Kansu, Sichuan, Yunnan, S.-E. Xizang, dans les forêts et les lieux ombragés à 2 300-4 300 m, flor. mai-juin. Plante stolonifère, envahissante. Tiges de 10-50 cm. Fl. larges de 1-2,5 cm, rose pâle à cramoisies, pourpres ou rouge vin, avec un œil jaune, jaune vert ou orange. Facile à cultiver en sol humifère humide, à mi-ombre. Prob. la plus rustique de ce groupe, R.-20°C.

**Primula sonchifolia** Franch. (s. *Petiolaris*) – Or. N.-E. Birmanie, Chine au S.-E. Xizang, O. Sichuan et Yunnan, dans les prairies alpines détrempées et sous *Rhododendron* à 3 300-4 600 m, flor. mai-juil., dès fév. dans nos jardins. produit des boutons en dormance, serrés et pointus, couverts d'écailles, att. 5 cm de large. Fll. farineuses lors de la flor., glabres par la suite, att. 35 cm à maturité. Ombelles de 3-20 fl., lavande pâle, violacées, bleu vif ou « violet indigo intense », larges de 1,5-2,5 cm, aux bords souvent dentés. Mêmes exigences que *P. bhutanica*.

**Primula sieboldii** E. Morren (s. *Cortusoides*) – Or. Japon, S. Hokkaido, Honshu et Kyushu, et Corée, N.-E. Chine, E. Sibérie. Dans les endroits humides et herbeux près des rivières, flor. avr.-mai. Cultivée depuis longtemps au Japon, en nombreux coloris, la f. sauvage type étant rose pourpré. Rhizomes souterrains traçants. Fll. 4-10 cm de long. Tiges 15-40 cm, avec des ombelles de 7-20 fl., larges de 2-3 cm chez les f. cultivées, 2-2,5 cm dans la nature. Facile à cultiver en sol humifère humide ; soleil modéré ou mi-ombre.

# PRIMEVÈRES

*Primula sonchifolia* venant de Cluny dans le Perthshire

*Primula kaufmanniana* à Ferghana, en Asie centrale

*Primula ovalifolia* près de Wolong, dans le Sichuan

*Primula kisoana* au Savill Garden, à Windsor

*Primula moupinensis* dans le Sichuan

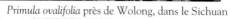

*Primula sieboldii*, cultivar à fleurs blanches

*Primula polyneura*

*Primula heucherifolia* dans le Sichuan

*Primula mollis*

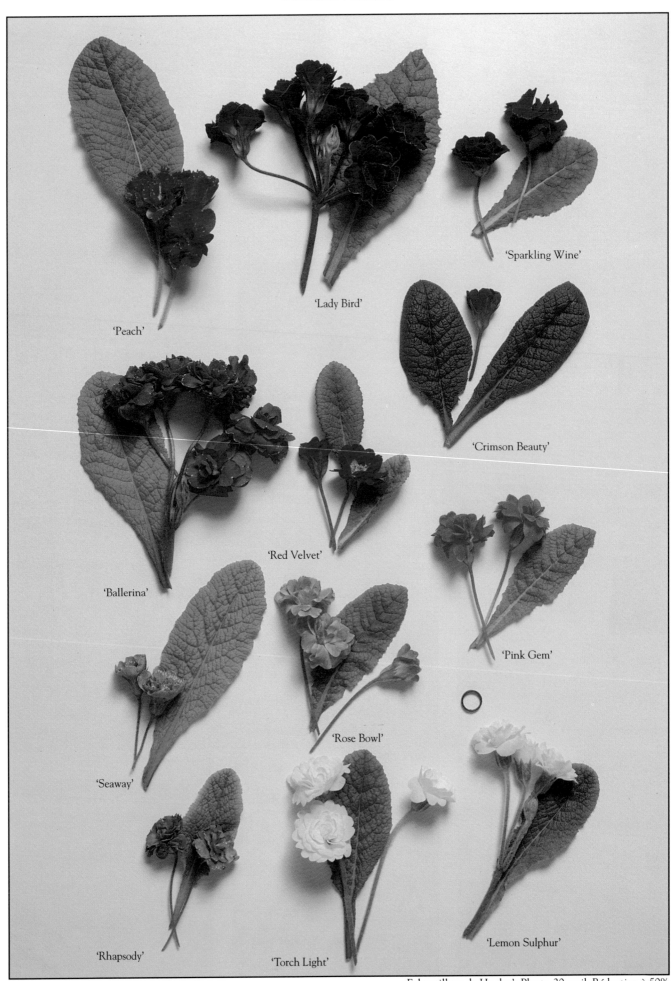

'Peach'

'Lady Bird'

'Sparkling Wine'

'Crimson Beauty'

'Ballerina'

'Red Velvet'

'Pink Gem'

'Seaway'

'Rose Bowl'

'Rhapsody'

'Torch Light'

'Lemon Sulphur'

Echantillons de Hopley's Plants, 20 avril. Réduction à 50%

Primevère double 'Fife Yellow'

Primevère jaune pâle et rose carné dans un vieux jardin du Kent

**Primula vulgaris** Huds. (*s. Vernalis*)
Primevère. La primevère sauvage d'Europe et
de Turquie est génér. jaune pâle, mais des f.
rose carné se sont croisées avec les jaunes dans
de nombreux vieux jardins, et la f. rose serait
répandue dans le Pembrokeshire. Ces dernières
ne sont pas les mêmes que la subsp. rose
pourpré *sibthorpii* d'Europe de l'E. (voir p. 153).
Des primevères blanches sont répandues à
Mallora (subsp. *balearica*), sur Andros (var.
*pulchella*) et dans certaines parties de l'Atlas
(var. *atlantica*), ainsi que dans les jardins.
'Gigha White', nommée d'après une île des
Hébrides, est une bonne f. blanche élégante.
Forma *viridiflora* Druce désigne une plante
dont la fl. vert pâle a une texture un peu
foliacée. Elle apparaît sporadiquement parmi
des primevères communes ; signalée en Argyll
et dans le Somerset, elle pourrait provenir
d'une infection par un mycoplasme semblable
à un champignon. Elle reste verte en culture,
et ne semble pas contagieuse. R.-25°C.

**Primevères doubles.** Naguère, ces primevères
surannées étaient rares et chères, car longues
à reproduire et souvent affaiblies par des
infections virales ; beaucoup sont désormais
reproduites par culture *in vitro*, ce qui donne
des souches saines à des prix raisonnables. On
trouvera ici certaines var. anciennes et d'autres
nouvelles, rapportées récemment de Nouvelle-
Zélande par le Dr Barker des pépinières
Hopley, et nommées par lui en Angleterre.
**Variétés anciennes :**
'**Alba Plena**', vieille variété blanche double.
'**Double Red**', rouge rosâtre, à grandes fl.
doubles.
'**Fife Yellow**', fl doubles d'un jaune brunâtre
original. 'Double Sulphur' est plus pâle
et encore plus remarquable.
'**Red Paddy**' syn. 'Sanguinea Plena'.
Semi-double bordée de blanc.
**Nouvelles variétés** de chez Hopley's Plants
intr. en 1989 :
'**Ballerina**', fl. souvent en groupes sur de
robustes tiges comme chez les polyanthus.
'**Crimson Beauty**'
'**Lady Bird**', fl. souvent en groupes sur de
robustes tiges comme chez les polyanthus.
'**Lemon Sulphur**', fl. souvent en groupes sur
de robustes tiges comme chez les polyanthus.
Les var. suivantes ont des fl. solitaires, comme
la primevère type, en coloris variés : '**Peach**',
'**Pink Gem**', '**Red Velvet**', '**Rhapsody**', '**Rose
Bowl**', '**Seaway**', '**Sparkling Wine**', '**Torch
Light**'.

Primevère double 'Red Paddy'

Primevère double 'Double Red'

Primula vulgaris 'Gigha White'

Primevère double 'Alba Plena'

Primula vulgaris f. viridiflora

# PRIMEVÈRES

*Primula veris* subsp. *macrocalyx* en Chine

*Primula veris* sur collines crayeuses du Buckinghamshire

*Primula megaseifolia*

*Primula vulgaris* subsp. *sibthorpii*

*Primula veris* à Wye, Kent

*Primula vulgaris*

*Primula luteola* à Edimbourg

# PRIMEVÈRES

Primula elatior subsp. *pallasii*

Primula elatior subsp. *meyeri*

Primula elatior subsp. *elatior*

Primula juliae

**Primula elatior** (L.) Hill subsp. *elatior*
(s. *Vernalis*) – Or. N. Europe, du S.-E. de
l'Angleterre à la Finlande et à la Russie,
dans les bois et les prés, flor. avr.-juin selon la
latitude. Courante dans les taillis. Fl. jaune
pâle, tiges de 10-30 cm. de hauteur. Fll.,
10-20 cm de long, avec quelques poils frisés au
revers ; ombelles penchées d'un côté, groupant
jusqu'à 20 fl. de 1,5-2,5 cm de large. Prospère
en sol lourd, riche et calcaire, restant humide
l'été ; ombre ou mi-ombre. R.-25°C.

**Primula elatior** (L.) Hill subsp. *meyeri* (Rupr.)
Valentine & Lamond, syn. *P. amoena* M. Bieb.
– Or. Caucase, Géorgie et N.-E. Turquie,
sur rocailles, falaises, prairies alpines
caillouteuses et tourbeuses, éboulis, dans les
fourrés de *Rhododendron*, vers 1 800-4 000 m,
flor. mai-juil. Forme des petits groupes de
rosettes. Fll., 5-15 cm de long à maturité,
génér. blanc laineux dessous. Hampes florales
5-15 cm, groupant jusqu'à 10 fl. pourpres,
violet bleu ou lavande pâle, larges de
1,5-2,5 cm. Cette subsp., rarement cultivée,
est parent d'un grand nombre d'hybrides de
*P.* × *pruhonicensis*. A cultiver avec soin, en sol
bien drainé mais humide et tourbeux, au soleil
ou à mi-ombre. R.-20°C.

**Primula elatior** (L.) Hill subsp. *pallasii*
W. W. Sm & Forrest – Or. Oural, jusqu'à
l'Altaï en C. Asie, la Transcaucasie et la
Turquie. Dans les prairies alpines humides et
l'herbe des fourrés, à 1 900-3 200 m en
Turquie, flor. mai-juil. Fll. glabres ou presque
glabres dessous. Fl. jaune pâle, en ombelles de
3-6, ressemblant à la subsp. *elatior*. Culture
facile en sol lourd, ombrage partiel ou
saisonnier.

**Primula megaseifolia** Boiss. & Bal. ex Boiss –
Or. N.-E. Turquie, de Trabzon vers S.-O.
Géorgie, dans les bois, gorges humides, sur les
rives ombragées jusqu'à 1 100 m, flor.
mars-avr., souvent plus tôt dans les jardins.
Forme de petites touffes. Fll. cordiformes à la
base, att. 15 cm de long, avec pétioles
rougeâtres et poilus. Ombelles groupant jusqu'à
9 fl. rosâtres, à tubes, 2 cm de long. Sol
humifère et humide à l'ombre. Devrait bien
supporter la chaleur à l'ombre humide.

**Primula juliæ** Kusn. (s. *Vernalis*) – Or. S.-E.
Caucase près de Lagodeki, lieux humides et
ombragés près des chutes d'eau, flor. avr.-mai.

Fins rhizomes traçants donnant des tapis de fll.
arrondies. Fll., 2-10 cm de long, limbe, 3 cm de
large en général. Fl. rosâtres à tubes jaunes de
2-3 cm. Cette jolie espèce naine nécessite un
sol humide et humifère en situation fraîche et
ombragée. Parent de nombreux hybrides
(voir p. 154), dont P. 'Wanda', prob. la plus
connue. *P. juliae* fut nommée d'après Mme
Julia Ludovikovna Mlokossjewicz qui la
découvrit au même endroit qu'une pivoine
qui porte le nom de son mari.

**Primula luteola** Rupr. (S. *Farinosae*) – Or.
Caucase, surtout près de Tuschetien ; prairies
humides, bords de rivières, vers 1 400-3 000 m,
flor. mai-juin. En petites touffes de quelques
rosettes. Fll., 10-30 cm, à indentations fines et
pointues. Hampes florales 15-35 cm, aux apex
farineux et ombelles assez serrées de 10-25 fl.
de 1-5 cm de largeur, aux lobes profondément
découpés. Sol humide mais bien drainé,
soleil ou mi-ombre, climat aux étés frais.
R.-20°C. Apparenté à *P. auriculata* mais son
port est plus élégant et ses fl. toujours jaunes.

**Primula veris** (L.) subsp. *veris* (s. *Vernalis*)
Coucou – Or. N. Europe, Ecosse, Irlande,
Espagne jusqu'à O. Russie ; autres subsp. dans
les montagnes du S. Europe, Caucase, Italie,
Turquie, C. Asie jusqu'à l'Altaï (subsp.
*macrocalyx*), flor. avr.-juin. Subsp. *veris* est
caractéristique des pentes sèches herbeuses sur
sol crayeux ou calcaire, les autres des prairies
alpines ou subalpines et des fourrés. Tiges,
10-30 cm. Fl., 0,8-1,5 cm de large, en ombelles
penchées d'un côté, plus grandes chez les
autres subsp. Plante répandue dans les prairies-
jardins, qui exige un sol alcalin bien drainé en
plein soleil. *P. vulgaris* réussit mieux en sol
argileux et frais. On cultive des plantes à
grandes fl. orange ou rouges, portant
probablement des gènes de polyantha à fl.
rouges. R.-20°C.

**Primula veris** L. subsp. *macrocalyx* (Bunge)
Ludi – Or. S. Russie et Crimée, vers le
Turkestan chinois à l'Est, vers N. Iran et
Turquie au Sud ; pousse dans les fourrés près
des cours d'eau, dans les prairies montagneuses
et les rocailles, flor. mai-juin. Ressemble à un
assez grand Coucou, mais avec des fll.
brusquement rétrécies en pétiole, un calice très
grand, lâche et jaunâtre, une corolle large de
1,9-2,8 cm. Bonne terre, soleil ou mi-ombre.
R.-20°C.

**Primula vulgaris** Huds. subsp. *vulgaris*
(s. *Vernalis*) – Or. O. Europe, de l'Irlande à l'E.
Danemark, jusqu'à l'Ukraine, la Crimée et la
Transcaucasie ; Liban, Turquie et Afrique du
N.-O. (où elle est génér. blanche), bois,
falaises ombragées et prairies alpines, génér.
en sol assez lourd, jusqu'à 2 100 m en Turquie,
flor. jan.-juin. Tiges 3-20 cm portant une seule
fl. Fll., 2-30 cm de long, les plus petites
accompagnant la flor., les plus grandes au
début de l'été. Fl. jaunes, 2-4 cm de large,
parfois blanches ou rose carné. Cultiver de
préférence en sol lourd, restant humide l'été,
et à l'ombre. R.-20°C.

**Primula vulgaris** Huds. subsp. *sibthorpii*
(Hoffmann). W. W. Sm. et Forrest. – Or.
Grèce, S. Eubée et Ikaria, Crimée, Bulgarie,
Transcaucasie et N. Turquie ; en dessous
de 850 m dans la zone méd., sur talus
ombragés et falaises, flor. mars-avr. Dans l'E.
Turquie et le Caucase, elle pousse dans les
bosquets de noisetiers et les prairies
montagneuses, vers 2 200 m près d'Artvin ;
flor. mai. Fl. génér. rose violacé, parfois rouges.
Fll. ressemblent souvent à celles de subsp.
*vulgaris*, mais elles seraient plus rétrécies vers
la tige.

# PRIMEVÈRES

Grands Polyantha aux Savill Gardens, Windsor

**Primevères hybrides** – Les quatre groupes principaux de cv. de primevères hybrides sont :
**P. × variabilis** (*P. veris × P. vulgaris*) – Appelés *P. polyantha*, ou **Primevères des jardins**, ils proviennent de croisements entre Primevères et Coucous. Ces hybrides, répandus dans la nature où les parents poussent ensemble, ont été croisés depuis des siècles pour l'obtention de fl. plus grandes dans une gamme de coloris allant du bleu et du rouge au blanc et au jaune.
**P. × pruhonicensis** (*P. juliae × P. elatior × P. vulgaris*) – Hybrides plus petits, plus raffinés, génér. à fl. en ombelles. *P. juliae* fut intr. en 1911 ; le nom de *pruhonicensis* vient du village de Pruhonice, près de Prague, où le Comte Ernest Silva Tarouca créa un beau jardin entre 1886 et 1937. Une forme rose (voir photo), est souvent appelée à tort *Primula vulgaris sibthorpii*.
**P. × juliana** (*P. juliae × P. elatior*) – Plus petits que *P. pruhonicensis*, avec souvent une seule fl. par tige. 'Wanda' est une célèbre et ancienne variété de ce groupe.
**Primevères doubles** (voir p. 151)

### P. × pruhonicensis
**'Craddock White'**, fl. blanc crème, 2,5 cm de large.
**'Enchantress'**, fl. plus grandes et plus solides que 'Guinivere', 3 cm de large.
**'Guinivere'** syn. **'Garryard Guinivere'**, obtenu probablement par Mme Johnson, Kinlough, Comté de Leitrim, en Irlande. La primevère Garryarde d'origine, qui fut dénommée 'Appelblossom', semble avoir été perdue. Tiges att. 15 cm. Fll. bronze. Fl. larges de 2 à 5 cm.
**'Lady Greer'**, fl. d'un jaune pâle délicat larges de 2,5 cm.
**'Mc Watts Claret'**, d'un rouge brunâtre inhabituel.
**'Tawny Port'**, fl. d'un riche rouge foncé, larges de 2 cm. Proche de 'Wanda'.
**'Tomato Red'**, un ton exceptionnel rouge orangé. Fl. de 2 à 5 cm de large.
**'Wanda'**, l'un des plus anciens hybrides. Fl. larges de 2 cm.
**'Wanda, hose in hose'**, une 'Wanda' à deux corolles, imbriquées l'une dans l'autre.

### Polyantha
**'Crescendo Blue'**, grandes fl. bleu moyen, fll. vert pâle. Vendu génér. en graines hybrides F1 et en couleurs mélangées.
**'Duckyls Red'**, obtenu par Mme Hazel Taylor à Duckyls, E. Sussex. Port analogue à celui de 'Metianu Blue', avec des fll. plutôt sombres et un petit œil.
**'Metianu Blue'** Fl. de taille moyenne marquées d'un petit œil. Beau bleu profond, tiges violacées ; les fll. sombres attestent l'influence de *P. × pruhonicensis*, peut-être la souche des Garryarde. 10 cm de hauteur.
**'Pacific Giants'** en mélange. Race bien connue de polyantha à grandes fl. et vaste gamme de coloris. Les hybrides 'Paradise' offrent une sélection de couleurs plus intéressante, incluant des bicolores et des semi-doubles.

*Polyantha* 'Crescendo Blue'

*Polyantha* 'Duckyls Red'

*Polyantha* 'Cowichan Blue'

# PRIMEVÈRES

Primula × pruhonicensis (f. rose)

Primula × pruhonicensis 'Guinivere'

'Wanda'

'Enchantress'

'McWatt's Claret'

'Wanda, Hose in Hose'

'Tomato Red'

'Tawny Port'

'Craddock White'

'Lady Greer'

*Primula waltonii* à Branklyn

*Primula denticulata* subsp. *alta* au-dessus de Wolong, Sichuan

*Primula sikkimensis*

*Primula alpicola* var. *alba*

*Primula alpicola* 'Violacea'

*Primula alpicola*

*Primula secundiflora* au Cruickshank Botanic Garden, Aberdeen

*Primula florindae* à Stancombe Park, Gloucestershire

*Primula ioessa*, aux Savill Gardens, Windsor

*Primula ioessa*

**Primula alpicola** (W. W. Sm.) Stapf.
(s. *Sikkimensis*) – Or. E. Xizang, dans la vallée
du Tsangpo, et Bhoutan dans les prairies
alpines humides à 3 700-4 600 m, flor. mai.
L'esp. sauvage ayant des couleurs variables,
on a nommé trois variétés : var. *violacea*
(Stapf.) W. W. Sm., violacée ; var. *alba* W.W.
Sm., blanche et var. *Luna* Stapf. jaune. Fll.
elliptiques à oblongues-elliptiques, larges de
2-8 cm, arrondies à la base, avec un long
pétiole. Tiges, 15-90 cm, farineuses à l'apex,
portant 1 à 4 verticilles de fl. Pédicelles,
1-8 cm. Fl. penchées, 1,5-2,5 cm de long,
att. 3 cm de large, parfumées. Sol tourbeux
détrempé. R.-25°C.

**Primula denticulata** Smith (s. *Denticulata*) –
Or. Afghanistan jusqu'au Bhoutan et S.-E.
Xizang, dans les fourrés, à 1 500-4 500 m, flor.
avr.-juin. Tiges 3-15 cm, s'allongeant pendant
la flor. Fl., 1-2 cm de large. Fll. att. 30 cm après
la flor. Disponible en divers rouges, magenta et
roses jusqu'à blanc, et le bleu mauve d'origine.
Sol humide, soleil ou mi-ombre. R.-25°C.

**P. denticulata** subsp. *alta* (Balf. fil. & Forrest)
W. W. Sm. & Fletcher – Or. Birmanie,
vers Yunnan et O. Sichuan. Diffère surtout
par sa tige génér. plus haute lors de la flor.

**Primula florindae** Ward (s. *Sikkimensis*) – Or.
S.-E. Xizang dans le bassin du Tsangpo,
à 4 000 m, dans les marécages ombragés, flor.
juin-août en jardin. Une des plus grandes esp.
de *Primevère* ; limbes, 4-20 cm x 4-15 cm,
cordiformes à la base, sur de longs pétioles att.
30 cm ; tiges, 30-120 cm, portant génér.
1 ombelle de fl., parfois jusqu'à 80, jaunes,
rougeâtres ou orange ambré selon les secteurs,
au parfum épicé, 1,5-2,5 cm de long, 1-2 cm de
large. Pousse facilement en sol détrempé ;
ombre ou mi-ombre. R.-25°C.

**Primula ioessa** W. W. Sm. – Or. S.-E. Xizang,
lui ressemble, mais en diffère par ses fll. plus
profondément indentées, aux limbes alternés
à la base, et ses hampes florales souvent plus
courtes. Fl. rosâtres, mauves ou blanches.

**Primula secundiflora** Franch. (s. *Sikkimensis*)
– Or. Yunnan, N. et S.-O. Sichuan et
E. Xizang à 3 500-4 000 m, en prairies
humides, flor. juin-juil. Fll., 3-30 cm de long,
limbes, 1-4 cm de large, oblongs à obovales ou
oblancéolés, se rétrécissant en un très court
pétiole ailé. Tiges, 10-90 cm, farineuses à
l'apex, portant 1, rarement 2 ombelles de 5-20
fl. ; ces dernières sont longues de 1,5-2,5 cm,
violet rougeâtre, en clochettes pendantes.
Se distingue de *P. waltonii* par ses fll. R.-25°C.

**Primula sikkimensis** Hook. (s. *Sikkimensis*) –
Or. Népal, Sikkim, Bhoutan et S.-E. Xizang,
vers Yunnan et S. Sichuan à l'E.,
dans les marécages et près des ruisseaux à
3 300-4 400 m, flor. mai-juil. Limbes
elliptiques à oblancéolés, larges de 2-7 cm,
plus longs que larges, s'atténuant à la base en
pétiole court. Tiges, 15-90 cm, farineuses à
l'apex, avec 1, rarement 2 verticilles de fl.
Pédicelles, 2-10 cm. Fl. jaunes de 2-3 cm de
long, 1,5-3 cm de large, en clochettes ou plus
tubulaires et blanc crème chez la var. *hopeana*
(Balf. fll. & Cooper), or. Bhoutan Xizang à
4 500-5 000 m. Sol détrempé et tourbeux.
R.-25°C.

**Primula waltonii** Watt (s. *Sikkimensis*) – Or.
S.-E. Xizang au S. de Lhassa et Bhoutan, sur
les prairies alpines jusqu'à 5 800 m, flor.
mai-août. Fll. dentées, aux limbes elliptiques-
oblongs à oblancéolés, larges de 2-7 cm,
à longues bases cunéiformes, pétioles plus
courts ou de même longueur que les limbes.
Tiges, 20-70 cm portant 1 ombelle florale ;
fl. en entonnoir, 1,5-3 cm de long, 0,5-2 cm de
large, roses à lilas foncé ou pourpre clair.
Sol humide mais bien drainé, situation fraîche
en pleine lumière ou à mi-ombre. R.-25°C.

*Primula forrestii* dans les monts Lijiang, N. Yunnan

*Primula nivalis* dans le Tien Shan près de Alma Ata

*Primula nivalis*

*Primula capitata* subsp. *sphaerocephala*

**Primula capitata** Hook. (s. *Capitatae*) – Or. Sikkim, S. Xizang, Bhoutan, N.-O. Birmanie et Yunnan, dans les fourrés et dans l'herbe, à 2 900-5 000 m, flor. juil.-sept. Fll. att. 13 x 2 cm, rugueuses, denticulées, génér. farineuses dessous. Tiges, 10-45 cm, farineuses, à têtes florales denses, 0,7-1 cm de large. La subsp. *mooreana* W. W. Sm. & Forrest est une grande forme de Sikkim, couramment cultivée, qui pousse facilement en sol humide, bien drainé. Remarquable par sa flor. tardive, souvent jusqu'en août dans les jardins. Subsp. *sphaerocephala* (Balf. fil. & Forrest) W. W. Sm. & Forrest est une forme or. du Yunnan et S.-E. Xizang, aux fll. non farineuses, avec des têtes globuleuses de fl. plus tubulaires. R-25°C.

**Primula chionantha** Balf. fil. & Forrest (s. *Nivales*) – Or. N.-O. Yunnan, surtout plateau du Chungtien, sur les prairies alpines à 4 000 m. Limbes, 15-20 cm de long, s'allongeant après la flor., génér. poudrés de jaune. Tiges, 35-70 cm avec 1-4 ombelles de fl. Proche de *P. sinopurpurea*, mais à fl. toujours blanches. C'est l'esp. la plus facile à cultiver de la section *Nivales*, en sol humide et tourbeux ; soleil ou mi-ombre. R.-20°C.

**Primula flaccida** Balaknishnan syn. *P. nutans* Delavay ex Franch. non Georgi. (s. *Soldanelloideae*) – Or. O. et E. Yunnan et S.-O. Sichuan, surtout dans les montagnes au-dessus de Dali ; forêts de pins claires, herbages rocailleux à 3 500 m, flor. juin-juil. Fll. soyeuses att. 20 x 5 cm, elliptiques étroites. Tiges farineuses att. 50 cm, avec des têtes florales denses att. 5 cm de long. Les plus grandes fl. ont 2,5 cm de long et de large ; parfum épicé. La plus facile et l'une des plus grandes esp. de la section *Soldanelloideae* ; sol humide mais bien drainé à mi-ombre. Plante de courte durée, qui s'obtient facilement par semis.

**Primula forrestii** Balf. fil. (s. *Bullatae*) – Or. Yunnan, surtout sur le versant E. des monts Lijiang, et région du Lankong, sur rocailles et falaises calcaires sèches au soleil et à mi-ombre, à 3 000 m, flor. mai. Forme souvent des touffes de rosettes de longue durée. Fll., 6-20 cm de long, assez collantes, poilues et aromatiques, aux limbes arrondis à cordiformes à la base. Ombelles de 10-25 fl., sur des tiges de 15-90 cm. *P. bullata* Franch. est très semblable, mais avec des calices farineux et des limbes se rétrécissant en pétiole. Pour rochers ou murets verticaux, à protéger par-dessus en hiver. R.-15°, peut-être moins en situation sèche.

**Primula nivalis** Pallas (s. *Nivales*) – Or. C. Asie et S. Sibérie, Tien Shan, Alatau et Altaï, N.-O. Chine et Mongolie, près des rivières, dans les éboulis détrempés à plus de 2 500 m, flor. mai-juil. Limbes dentés att. 16 cm de long, oblongs, elliptiques ou oblongs-lancéolés, génér. poudrés de blanc. Tiges att. 40 cm. Fl. pourpre clair, 1,5-2,5 cm de large. Plante difficile, nécessitant un sol bien drainé, humide en été, sec en hiver. R.-25°C.

**Primula sinopurpurea** Balf. fil. (s. *Nivalis*) – Or. S.-O. Xizang, O. Yunnan où elle est très répandue et S.-O. Sichuan, dans les prairies

*Primula vialii* aux Wisley Gardens

*Primula chionantha*

*Primula tsariensis* f. *alba*

*Primula flaccida*

alpines humides à 3 000-4 000 m. Tiges génér. 25 cm, att. 75 cm lors de la fructification. Fll., 5-35 cm de long, 1,5-5 cm de large, poudrées de jaune. Fl. rose pourpré à œil blanc ou gris, 2,5-3,5 cm de large. Plante difficile, pour sol tourbeux et sablonneux, très humide mais bien drainé, en plein soleil.

**Primula tsariensis** W. W. Sm. f. *alba* (s. *Petiolares*) – Or. S. Xizang et C. Bhoutan, sur flancs de montagnes humides, près des cours d'eau et en lisière des forêts de bambous, à 3 500-5 000 m, flor. mai-juin. En touffes, aux fll. vert foncé, elliptiques à ovales-lancéolées, brillantes, non poudrées. Hampes florales, 2-12 cm, portant 1-8 fl. Corolles génér. violacé foncé, blanches chez la f. *alba*, plus rare, larges de 1,5-3 cm. Sol humide et tourbeux en situation fraîche. R.-20°C.

**Primula vialii** Delavay ex Franch. (s. *Muscarioides*) syn. *P. Littoniana* Forrest – Or. N.-O. Yunnan et S.-O. Sichuan, dans les prés marécageux jusqu'à 2 800 m, flor. juil.-août. Fll., 20-30 cm de long, 4-7 cm de large, à poils soyeux. Tiges, 30-60 cm ; infl. génér. 8 cm de long. Sol humide mais bien drainé en situation fraîche. R.-20°C.

*Primula sinopurpurea*

Primula × chunglenta
'Lillemor'

Primula prolifera

Primula helodoxa

'Miller's Crimson'
(p. 162)

'Postford White'
(p. 162)

Primula japonica
(p. 162)

Primula
× chunglenta

Primula chungensis

Primula
pulverulenta
(p. 162)

Grandeur nature, échantillons de Sandling Park, Kent, 10 mai

# PRIMEVÈRES

Primula 'Inverewe' à Sandling Park, Kent

Primula helodoxa à Sandling Park, Kent

Primula 'Red Hugh'

Primula cockburniana

Primula bulleyana

**Primula bulleyana** Forrest – O. Yunnan, surtout monts Lijiang; près des cours d'eau, dans les prairies alpines détrempées, à 3 000-3 200 m, flor. juin-juil. Fll. à pétioles rouges, 12-23 cm x 3-10 cm. Tiges att. 70 cm, avec 5-7 verticilles de fl. aux nœuds et pédicelles farineux. Calices aux lobes très étroits et pointus. Fl. orange, boutons rouges. Sol tourbeux détrempé. R.-20°C. *P. aurantiaca* W. W. Sm. & Forrest, pousse près des cours d'eau à 3 500 m dans l'O. Yunnan. Moins farineuse, tiges att. 30 cm, lobes des calices plus larges, pointus ou obtus.

**Primula chungensis** Balf. fil. & Forrest – Or. Yunnan, Sichuan, frontières Assam et Bhoutan; marécages et forêts vers 3 000 m, flor. mai-juin. Fll. elliptiques à oblongues ou oblongues-ovales, un peu lobées, 10-30 cm x 3-10 cm, non farineuses. Tiges aux nœuds farineux, att. 80 cm, avec 2-5 verticilles groupant jusqu'à 10 fl. Pédicelles, 2 cm. Fl. orange pâle, 1,5-2 cm de large, monomorphiques ou dimorphiques. Flor. précoce en jardins; soleil ou mi-ombre, sol humide, tourbeux et sableux. R.-15°C. *P. cockburniana* lui ressemble : fl. orange foncé, tubes des corolles presque deux fois aussi longs que les calices, fll. à pétioles différenciés, fl. toujours monomorphiques.

**Primula cockburniana** Hemsl. – Or. S.-O. Sichuan, surtout près de Kangding (Tatsienlu) dans les prairies alpines marécageuses à 2 900-3 200 m, flor. juin-juil. Fll. denticulées att. 15 x 4 cm, aux pétioles bien différenciés.

Tiges minces, att. 40 cm, aux nœuds farineux, avec 2-3 verticilles de fl. Fl. monomorphiques, 1,5 cm de large, tubes 1 cm de long. Sol bien drainé mais humide à mi-ombre; plante génér. monocarpique, qu'il faut laisser monter en graines. R.-20°C.

**Primula helodoxa** Balf. fil. – Or. O. Yunnan, près Tengchung (Tenguyeh), et N.-O. Birmanie. En sol lourd argileux, à 2 000 m, flor. juin. Fll. att. 35 x 7 cm, plus ou moins persistantes. Tiges att. 120 cm avec 4-8 verticilles de fl., aux nœuds et pédicelles farineux, boutons légèrement pendants. Fl. de 2,5 cm de large, tubes 1,5 cm de long. Une des meilleures esp. vivaces, qui tolère une certaine compétition, facile à cultiver en sol humide au soleil ou à mi-ombre.

**Primula prolifera** Wall. Or. des collines de Khasia, en Assam. Non farineuse; fll. persistantes 30 x 60 cm, tiges att. 60 cm; env. 4 verticilles de fl. de 2 cm de diam.; fleurit 2 semaines avant *P. helodoxa*.

**Primevères hybrides candélabres** – De nombreuses primevères de cette section peuvent se croiser naturellement; elles ont produit des f. offrant diverses nuances de saumon, rose pâle et écarlate. Parmi les plus anciennes, les primevères obtenues à Lissadell, jardin de Sir Josslyn Gore-Booth à l'époque, Comté de Sligo, en croisant *P. pulverulenta* avec *P. cockburniana*; on cultive encore 'Red Hugh' (O'Donnell, beau-frère des O'Neill), qui se reproduit bien par semis, 'Interewe',

P. bulleyana Brickell & Leslie 12320

appelé aussi 'Ravenglass Vermilion', issu de *P. pulverulenta* est aussi rouge vif; il est très robuste mais stérile et doit se reproduire par division. Le croisement de *P. beesiana* et *P. bulleyana* a donné de superbes coloris, mauve, rose saumoné et jaune crème. Tous ces hybrides poussent facilement en sol tourbeux très humide; flor. juin. *P.* × *chunglenta*, hybride de *P. chungensis* et de *P. pulverulenta*, fut obtenu à Wisley en 1929; ses fl. sont rouges passant au rose. R.-20°C.

161

*Primula pulverulenta* et 'Bartley Strain' à Littlewood Park, Aberdeenshire

*Primula pulverulenta* à Sandling Park

*Primula pulverulenta* 'Lady Thursby'

**Primula beesiana** Forrest – Or. Yunnan, surtout monts Lijiang et S.-O. Sichuan, dans les prairies montagneuses détrempées et près des cours d'eau à 2 600 m, flor. juin-août. Fll. att. 22 x 6 cm lors de la flor. et 40 cm lors de la fructification. Tiges att. 75 cm, avec 2-8 verticilles de fl., aux nœuds farineux. Pédicelles, 1-3 cm, peu ou pas du tout farineux. Fl. à tubes orange et pétales rose carminé à œil jaune, échancrés, larges de 2 cm. Diffère de *P. pulverulenta* par ses fll. ovales-lancéolées, plus larges au milieu et ses fl. marquées d'un œil jaune et non rouge. R.-20°C.

**Primula burmanica** Balf. fil. & Ward – Or. N.-E. haute Birmanie et N.-O. Yunnan, dans les prairies et les forêts détrempées à assez basse

altitude, flor. juil.-août. Fll. oblancéolées, att. 30 x 8 cm. Tiges non farineuses, att. 60 cm, portant jusqu'à 6 verticilles de 10-18 fl. aux pédicelles de 2 cm. Fl. dimorphiques, rose pourpré à œil jaune. Proche de *P. beesiana* mais non farineuse sauf à l'intérieur des calices. Bonne plante pour sol détrempé, à l'ombre ou à mi-ombre. R.-15°C.

**Primula ianthina** Balf. fil. & Cave – Or. Himalaya (au Sikkim), dans les prairies humides et les fourrés à 3 200 m, flor. juin-août. Rosettes de fll. oblancéolées att. 25 cm de long, génér. 15 cm. Hampes florales att. 60 cm, aux nœuds poudrés de jaune, avec 1-3 verticilles groupant jusqu'à 12 fl. violettes ou rosâtres, larges de 1,5-2 cm ; les lobes des

corolles sont larges. De culture moins facile que les autres esp. du groupe. Sol humide, de préférence près d'un cours d'eau sur une pente. R.-20°C.

**Primula japonica** A. Gray. (s. *Candelabra*) – Or. Japon, sur toutes les îles, et Taiwan, au bord des cours d'eau en montagne, flor. juin-juil. Plante non farineuse, sauf à l'intérieur des calices. Fll. att. 25 x 8 cm, obovales-oblongues à spatulées larges. Tiges att. 50 cm, portant jusqu'à 6 verticilles de fl. monomorphiques, larges de 2 cm, génér. rouge violacé, blanches chez la f. 'Postford White' qui se ressème à l'identique. 'Miller's Crimson' est d'un beau rouge, moins magenta que chez la f. habituelle (p. 160). Bonne vivace, facile à cultiver

*Primula ianthina*

*Primula beesiana*

*Primula wilsonii* à Edimbourg

*Primula japonica* 'Miller's Crimson'

*Primula poissonii* Brickell & Leslie 12307

*Primula japonica* 'Postford White'

*Primula burmanica* à Sandling Park, Kent

à mi-ombre, en sol riche et lourd; au soleil, les fl. ont tendance à se décolorer. R.-20°C.

**Primula poissonii** Franch. – Or. Yunnan, où elle est répandue, surtout au-dessus de Dali et Sichuan, près des cours d'eau et des sources à 2 000-3 000 m, flor. mai-juil. Proche de *P. anisodora*, mais non parfumée et non farineuse. Fll. argentées, persistantes, oblongues-obovales, att. 18 x 4 cm. Tiges att. 45 cm avec 2-6 verticilles de fl. aplaties, larges de 2-3 cm, pourprées à cramoisies, à œil jaune. Calices striés de rouge, lobés au 1/3 ou 1/2, à dents larges. Sol humide mais bien drainé, plein soleil ou mi-ombre. R.-20°C.

**Primula pulverulenta** Duthie – Or. O. Sichuan près de Kanding (Tatsienlu), dans les lieux humides et près des cours d'eau, flor. juin-juil. Fll. att. 30 x 10 cm, obovales ou oblancéolées, dentées. Tiges att. 1 m, farineuses, tout comme les pédicelles et les calices, vers 10 verticilles de fl. dimorphiques, larges de 2-3 cm, rouges à œil sombre, ou roses chez 'Bartley Strain' ou 'Lady Thursby' plus pâle. Sol tourbeux gorgé d'eau. R.-25°C.

**Primula wilsonii** Dunn syn. *P. poissonii* subsp. *wilsonii* (Dunn) W. W. Sm. & Forrest – Or. Yunnan et O. Sichuan, dans les lieux humides en montagne. Plante aromatique, moins argentée que *P. poissonii*. Fll. persistantes, oblancéolées, att. 20 x 5 cm, rondes à l'apex. Tiges att. 90 cm, avec 3-6 verticilles de fl. att. 1,5 cm de large, aux calices denticulés. Sol humide mais bien drainé. R.-25°C.

*Armeria pseudarmeria*

*Armeria alliacea* à Edington, Wiltshire

*Anagallis monellii*, S.-O. de l'Espagne

*Cortusa matthioli*

**Anagallis monellii** L. syn. *A. linifolia* L. (*Primulaceae*) – Or. Portugal et S., S.-E. et C. Espagne, dans les pinèdes claires, les vignes et les terrains vagues, ou, comme ici, sur des dunes, flor. mars-mai, en juil.-sept. dans nos jardins. Tiges étalées de 10-50 cm de long ; fl. larges de 1-2 cm, génér. bleues à œil rougeâtre, ou rouge vif chez 'Sunrise'. Sol bien drainé en situation sèche et chaude, R.-10°C ; se reproduit mieux à partir de boutures de fin d'été hivernées sous abri.

**Armeria alliacea** (Cav.) Hoffmann & Link syn. *A. plantaginea* Willd. (*Plumbaginaceae*) – Or. O. Europe, de Jersey, France et Allemagne vers Espagne, Portugal et Italie. Dans les prairies sèches, souvent en montagne, flor. juin-sept. Forme de petites touffes de fll. oblancéolées étroites ou linéaires spatulées de 5-13 cm de long, 3-14 mm de large. Hampes florales de 20-50 cm, têtes larges de 1-2 cm à bractées brunâtres ou rougeâtres. Pétales rose pourpré, rougeâtres, roses ou blancs. Facile à cultiver en sol bien drainé en plein soleil. R.-20°C. Les variétés de *A. maritima* (Mill.) Willd., le **Gazon d'Espagne**, sont plus indiquées pour les rocailles ; fll. toujours étroites att. 2,5 mm de large.

**Armeria pseudarmeria** (Murray) Mansfield syn. *A. latifolia* Willd. – Or. C. Portugal, sur le Cabo da Roca, sur les pentes granitiques herbeuses près de la mer, flor. mai-juin. Tiges robustes et ramifiées à la base formant des touffes denses. Fll. aplaties de 10-20 cm de long, 1,5-2 cm de large. Hampes florales de 25-50 cm, aux têtes larges de 3-4 cm. Fl. génér. blanches, également roses en culture. R.-15°C.

**Cortusa matthioli** L. syn. *C. altaïca* A. Los. (*Primulaceae*) – Or. Europe, depuis les Alpes françaises, vers Bulgarie, Oural, Sibérie, Altaï en Mongolie et N. Chine (Sinjiang), jusqu'au Japon avec la var. *yezoensis*, dans les endroits ombragés et les forêts rocheuses en montagne, génér. sur calcaire, flor. avr.-juin. Petites touffes de fll. rondes att. 25 cm de hauteur ; limbes att. 12 cm de large. Ombelles de 5-20 fl. de 1 cm de long. Pour terreaux de fll. humides et aérés à mi-ombre. R.-20°C.

**Dodecatheon clevelandii** Greene (*Primulaceae*) – Or. O. Californie, de San Francisco vers N. Baja ; pousse dans l'herbe en dessous de 600 m, flor. janv.-avr. Racines blanches sans bulbilles. Fll. oblancéolées de 5-11 cm de long, à bords dentés et ondulés. Tiges de 18-40 cm, avec ombelles de 5-16 fl. Pétales de 1-2 cm de long. Espèce à flor. précoce, pour sol lourd, humide au printemps, sec en été. R.-10°C.

**Dodecatheon meadia** L. **Gyroselle de Virginie** – Or. E. Amérique du N., de la Pennsylvanie au Manitoba, à la Géorgie et au Texas, dans les prairies et sur les falaises humides, flor. avr.-mai. Plante à racines blanches, formant de petites touffes de tiges de 20-60 cm de haut. Fll. oblongues à ovales, de 7,5-30 cm de long. Fl. 1,8-3 cm de long, rose pâle, rose pourpré ou blanches chez la f. *album* Macbride (photo). Sol riche et humide, même en été ; soleil ou mi-ombre. R.-20°C.

**Dodecatheon pulchellum** (Raf.) Merr. syn. *D. radicatum* Greene – Or. O. Amérique du N., depuis l'Alaska jusqu'au Wisconsin dans les Rocheuses, au N. Mexique et E. Sierra Nevada, dans les marécages, les prés détrempés et les forêts claires jusqu'à 3 000 m, flor. avr.-mai. Plante à racines blanches, formant des touffes de tiges dressées att. 50 cm. Fll. oblancéolées à ovales, de 4-25 cm de long. Ombelles de 2-25 fl. aux pétales de 0,9-2 cm de long, magenta à rose pourpré pâle. Sol bien drainé ou humide au soleil. R.-20°C.

**Fauria crista-galli** (Menzies ex Hook.) Mak. syn. *Nephrophyllidium crista-galli* (Menzies ex Hook.) Gilg. (*Menyanthaceae*) – Or. Japon, sur Hokkaido et Honshu, archipel des Kouriles, N.-O. Amérique du Nord, péninsule des monts Olympus, dans les prairies humides, flor. juin-août. Plante envahissante par ses rhizomes à ras de terre, formant des tapis denses de fll. charnues att. 30 cm de hauteur, mais génér. 20 cm. Limbes larges de 4-10 cm. Hampes florales de 15-40 cm à têtes larges de 1,2 cm, sans les pétales ciliés de *Menyanthes*. Sol humide et tourbeux, situation fraîche ou mi-ombragée. R.-20°C.

**Hottonia palustris** L. (*Primulaceae*) – Or. presque toute l'Europe, depuis Ecosse et Suède vers Sibérie, C. Italie, Roumanie et N.-O. Turquie, en eau fraîche, flor. avr.-juin. Les fll. submergées sont molles, en verticilles, très divisées en lanières filiformes att. 10 cm de long. Hampes florales émergées att. 40 cm de long. Fl. larges de 2-2,5 cm, en 3-9

*Hottonia palustris*

*Hottonia palustris* près de Wye, Kent

*Dodecatheon clevelandii*

*Dodecatheon pulchellum* près de Bishop, E. Californie

*Menyanthes trifoliata*

verticilles. Plante magnifique pour petit étang d'eau pure non ombragée. Elle supporte un assèchement partiel en été.

**Menyanthes trifoliata** L. (*Menyanthaceae*)
**Trèfle d'eau** – Or. tout l'hémisphère N. depuis l'Irlande et presque toute l'Europe jusqu'au Japon, de l'Alaska au Groenland, jusqu'en Californie, au bord des lacs, étangs et canaux, flor. avr.-juil., parfois plus tard. Plante envahissante par ses longs rhizomes charnus en surface. Limbes charnus à 3 folioles att. 4-8 cm de long. Hampes florales att. 40 cm. Boutons roses, fl. blanches, larges de 1,5 cm. Facile à cultiver en sol tourbeux gorgé d'eau ou en eau peu profonde. R.-25°C.

*Fauria crista-galli* aux Wisley Gardens

*Dodecatheon meadia* f. *album*

# POLEMONIUMS

*Polemonium cæruleum* à Sellindge, Kent

*Polemonium cæruleum* subsp. *himalayanum* à Gadsar, Cachemire

**Polemonium acutiflorum** Willd. var. **nipponicum** (Kit.) Ohwi (*Polemoniaceae*) – Or. de Norvège à N. Russie, Sibérie, archipel des Kouriles, avec la var. *nipponicum* dans les montagnes de Honshu, dans les fourrés humides au bord des rivières et des prairies, flor. juil.-août, plus tôt dans les jardins. Des touffes de fll. à la base sont dominées par des tiges feuillues de 40-80 cm, ne portant génér. pas plus de 8 paires de folioles. Fl., 1,8-2,2 cm de long, en panicules thyrsoïdes lâches. Sol tourbeux humide, situation fraîche au soleil ou à mi-ombre. R.-20°C.

**Polemonium caeruleum** L. **Valériane grecque** – Or. N. et C. Europe, de l'Ecosse et de la France à la Sibérie et à l'Himalaya et de l'Alaska à la Sierra Nevada en Californie, et aux Rocheuses (subsp. *amygdalinum*), flor. mai-août. Très variable, mais présente génér. quelques tiges att. 120 cm, sur une souche touffue. Tiges feuillues génér. glanduleuses en haut. Fl. rotacées, 0,8-1,5 cm de long, génér. bleues, à lobes ovales, génér. ronds. Pousse facilement en bonne terre humide, en plein soleil ou à mi-ombre. R.-20°C. Se reproduit bien par semis, jusqu'à devenir envahissante. On en cultive plusieurs sous-espèces, ou espèces voisines. Subsp. **himalayanum** (Baker) Hara – On trouve cette plante délicate dans les lieux humides parmi les rochers, du Pakistan à l'O. Népal, à 2 400-3 700 m. Tiges, 30-100 cm. Fl. att. 2 cm de long. Ressemble à *P. acutiflorum*, mais avec davantage de folioles.

**Polemonium carneum** A. Gray – Or. Californie, près de San Francisco jusqu'à l'État de Washington, dans les fourrés et les herbes, près de la côte et dans les collines jusqu'à 1 800 m, avr.-août. Forme lentement des tapis étalés, avec des hampes florales pubescentes glanduleuses de 40-80 cm, génér. moins hautes dans les jardins. Trois folioles à l'extrémité des tiges, souvent jointes à la base. Fl., 1-2, 5 cm de large, pourprées à roses. Soleil, sol humifère bien drainé ; supporte la sécheresse estivale. R.-10°C. Le croisement avec *P. reptans* a donné le très joli 'Lambrook Manor'.

**Polemonium foliosissimum** A. Gray – Or. Colorado, Utah, Nouveau-Mexique et Arizona, dans les lieux humides près des cours d'eau en montagne, flor. juil. Quelques tiges pubescentes att. 1 m, sur des souches touffues. Folioles elliptiques à oblongs-ovales. Fl. rose pourpré, 1,2-1,5 cm de long, aux pétales obtus ou mucronulés. Facile à cultiver en bonne terre de jardin. R.-20°C.

**Polemonium pauciflorum** S. Wats. – Or. S.-E. Arizona et N.-Mexique, au bord des cours d'eau en montagne à 2 000-3 000 m, flor. juin-août. Quelques tiges de 30-50 cm sur une souche peu fournie. Folioles lancéolés ; fl. jaune pâle, 4 cm de long, à long tube étroit. Sol assez humide mais bien drainé ; soleil ou mi-ombre. R.-20°C. Plante élégante et apaisante, avec ses fl. tubulaires pendantes. *P. flavum* Greene, également de l'Arizona, a des fl. d'un jaune plus vif, sans long tube, et des lobes acuminés.

**Polemonium reptans** L. – Or. E. Amérique du N. de New York au Minnesota, au Kansas et à la Géorgie, dans les bois, flor. avr.-mai. Plante

Polemonium *acutiflorum* var. *nipponicum*

Polemonium × *richardsonii* à Alford, Aberdeenshire

Polemonium *pauciflorum*

Polemonium *carneum*

Polemonium *foliosissimum*

diffuse, aux racines courtes et aux tiges génér. glabres att. 30 cm. Folioles oblongs, ovales-oblongs ou lancéolés-oblongs. Fl. bleues de 1-1,6 cm de large. Sol humifère, soleil ou mi-ombre. R.-20°C. Il existe plusieurs cv. nommés de cette espèce, comme 'Sapphire', 'Pink Beauty' et 'Blue Pearl'.

**Polemonium × *richardsonii*** Graham – Hybride de *P. caeruleum* et *P. reptans*, formant des souches de rhizomes s'étalant lentement, aux nombreuses tiges glanduleuses pubescentes att. 25 cm. Fl., 2,5 cm de large, bleu pâle, ou blanches chez 'Album'. Pour bonne terre restant humide l'été ; soleil ou mi-ombre. Il vaut sans doute mieux diviser et replanter les touffes tous les trois ans. R.-20°C.

Polemonium *reptans* 'Sapphire'

Polemonium *reptans*

*Hackelia setosa*

*Borago pygmaea*

*Hackelia uncinata* au Cachemire

*Myosotis sylvatica*

*Myosotis scorpioides*

***Borago pygmaea*** (DC.) Chater & W. Greuter, syn. *B. laxiflora* Poiret (*Boragineceae*)
**Bourrache** – Or. Corse, Sardaigne et île de Capraia (N.-E. île d'Elbe), lieux ombragés et rocheux, se répand surtout après les incendies de forêts; flor. mai-juil. Rosettes de fll. obovales à poils raides, tiges ramifiées étalées ou dressées att. 60 cm. Fl. bleu pâle, inclinées, 5-8 mm de long. Situation chaude mais à mi-ombre, humide en été. R.-10°C., mais revient par semis si le pied mère est tué par le froid. Ce malheureux changement de nom provient de l'erreur de Poiret à propos de *Campanula pygmaea* de De Candolle, qui était en fait cette bourrache !

***Hackelia setosa*** (Piper) Jtn. (*Boraginaceae*) – Or. Californie, chaînes côtières au N. de Lake County et Sierra Nevada, de Sierra County jusqu'à l'Orégon, dans les herbages découverts de la zone des forêts de conifères à 300-1 800 m, flor. juin-juil. Touffes denses de tiges dressées att. 50 cm. Fll. de base à poils raides, linéaires-oblancéolées, obtuses, dressées, 5-10 cm de long. Fl. bleues, 1-1,5 cm de large. Sol sablonneux bien drainé ; soleil ou mi-ombre. R.-15°C.

***Hackelia uncinata*** (Royle ex Benth. ) C. Fisher – Or. Himalaya, du Pakistan au S.-O. Chine, endroits découverts dans les forêts et les fourrés, à 2 700-4 200 m, flor. juin-août. Vivace aux fortes racines portant quelques tiges dressées. Fll. de base ovales, acuminées, à base cordée et longs pétioles. Tiges ramifiées, 30-60 cm. Fl. bleu pâle att. 1,3 cm de large. Fruits crochus et poilus. Situation plutôt sèche en sol humifère à mi-ombre. R.-20°C.

***Myosotis scorpioides*** L. (*Boraginaceae*)
**Ne m'oubliez pas** – Or. presque toute l'Europe du N., vers Roumanie et Crimée au S., vers N. Inde par Sibérie à l'E., importé puis naturalisé dans l'E. Amérique du N. jusqu'à l'Etat de New York, Pennsylvanie et Tennessee, Californie et Japon. Dans les cours d'eau, près des rivières et des lacs, dans les marécages, flor. mai-sept. Forme des tapis de tiges rampantes qui prennent racine dans l'eau peu profonde et sur les sols détrempés ; fll. vert jaunâtre assez charnues. Hampes florales att. 1 m, génér. 30 cm. Fl. bleu vif, 0,5-1 cm de large. Superbe plante très vivace, à flor. de longue durée, à planter près de l'eau ou en massif humide, facile à multiplier par bouturage de racines. R.-20°C.

***Myosotis sylvatica*** Hoffm. – Or. presque toute Europe et Asie du S.-O. jusqu'à l'Himalaya et au Japon. Dans les bois clairs, flor. mai-juin. Touffes de tiges dressées att. 50 cm issues d'une touffe de racines centrale. Génér. de faible longévité, bisannuelle. Plante assez poilue à fll. vert foncé. Fl. arr. 0,8 cm de large, bleu pâle ou rarement blanches, souvent roses si les pieds sont déplacés en plein flor. Tout sol humide, soleil ou mi-ombre ;

*Omphalodes cappadocica* 'Cherry Ingram' aux pépinières Washfield, Kent

souvent gâché par l'oïdium en situation sèche.
R.-20°C. Se ressème abondamment.

**Omphalodes cappadocica** (Willd.)DC.
(*Boraginaceae*) – Or. Géorgie soviétique
et N.-E. Turquie jusqu'à Ordu, sur des rochers
et falaises ombragés, près des cours d'eau dans
les forêts de châtaigniers, noisetiers et autres
feuillus, jusqu'à 1 000 m, flor. mars-mai.
Produit en été des tiges vivaces un peu
rampantes; hampes florales 10-15 cm. Fll.
ovales, cordiformes, limbes 4,5-9 cm, att. 5 cm
de large. Fl., 4-8 mm diam. Belle plante
délicate; les fll. persistantes peuvent être tuées
par les grands froids. Deux clones un peu plus
rustiques ont été obtenus.
**'Anthea Bloom'**, rustique.
**'Cherry Ingram'**, fll. plus étroites, belles
grandes fl. Une grande fll. peut avoir des
limbes de 17 x 4,8 cm, acuminés longs et
à peine cordés. Toutes les f. devraient être
plantées en situation abritée à mi-ombre,
et protégées du gel.

**Omphalodes moupinense** Franch. – Or. O.
Chine, surtout au Sichuan, dans les fourrés et
lieux humides et ombragés, à 2 000 m, flor.
mai. Fll. de base cordiformes larges en petit
nombre, hampes florales rampantes att. 20 cm.
Fl. bleu pâle, larges de 0,8 cm. Sol humide
et humifère, situation ombragée et abritée.
R.-15°C.

**Omphalodes verna** Moench. **Petite
Bourrache** – Or. S.-E. Alpes jusque dans les
Apennins en Italie et C. Roumanie, souvent
naturalisée ailleurs en Europe de l'O. et du
C. Forêts montagneuses humides, flor. mars-
mai. Longs stolons. Fll. ovales à cordiformes,
5-20 cm x 2-6 cm, mucronulées ou acuminées.
Hampes florales, 5-20 cm. Fl., 0,8-1 cm de
large. Situation humide et ombragée; ses tiges
rampantes et ses fl. génér. plus petites le
rendent moins décoratif que *O. cappadocica*.
On cultive aussi une forme blanche. R.-15°C.

*Omphalodes moupinense* à Wolong, Sichuan

*Omphalodes verna* aux Wisley Gardens, Surrey

Echium russicum et Stipa dans les steppes près de Stavropol, S. Russie

**Echium russicum** J. F. Gmelin syn. *E. rubrum* Jacq. (*Boraginaceae*) – Or. E. Europe, de l'Autriche vers Bulgarie et N.-O. Turquie au S. et vers Russie, Caucase et N.-E. Turquie à l'E. Steppes, forêts de pins claires et collines rocheuses, jusqu'à 2 200 m en Turquie, flor. juin-juil. Plusieurs tiges att. 60 cm, génér. 30 cm, sur de profondes racines. Fll. lancéolées à elliptiques étroites. Fl., 0,9-1,2 cm de long, rouge foncé, à 4-6 étamines exsertes. Cette plante, génér. décrite comme bisannuelle, s'est comportée comme une vivace à Edington, Wilts. où elle a fleuri plusieurs années consécutives en terre sablonneuse bien drainée et en plein soleil. R.-20°C.

**Symphytum asperum** Lepechin syn. *S. orientale* L.p.p. (*Boraginaceae*) – Or. N.-E. Turquie, Caucase, N. et N.-O. Iran, dans les forêts d'épicéas, les prairies, près des cours d'eaux, dans les fourrés, jusqu'à 2 200 m en Turquie, flor. mai-août. Tiges dressées att. 1,2 m, sur des racines profondes. Fll. les plus basses cordiformes ou arrondies à la base. Fl. d'abord roses, puis bleues ou violacées, 1,2-1,5 cm de long. Terre riche, profonde et humide, soleil ou mi-ombre. R.-20°C.

**Symphytum caucasicum** M. Bieb. – Or. Caucase, sur les terrains vagues, près des cours d'eau, dans les fourrés, dans l'herbe au bord des routes, flor. avr.-juil. Plante très envahissante par ses minces rhizomes souterrains, produisant des fll. en rosettes et des tiges dressées, puis étalées att. 1 m. Fl. d'un bleu pur, att. 1,2 cm de long. Toute bonne terre au soleil ou à mi-ombre. Cette plante étouffera toutes les autres, sauf les plus hautes vivaces, mais reste très jolie pendant une longue période, et refleurit à la fin de l'été si l'on coupe les tiges fanées.

**Symphytum ibericum** Stev. syn. *S. grandiflorum* auct. non DC. – Or. N.-E. Turquie et Géorgie soviétique, sur talus ombragés, dans les fourrés de *Rhododendron* jusqu'à 1 300 m en Turquie, flor. mars-juil. Plante stolonifère formant de grandes colonies. Tiges 15-40 cm. Fll. pétiolées, ovales à ovales-lancéolées, subcordiformes ou rondes à la base. Fl. blanc crème, 1,4-1,6 cm de long, rarement rosâtres, à petits calices, 3-6 mm de long. 'Hidcote Pink', peut-être un hybride, a de belles fl. roses. Les fll. de 'Variegatum' sont très irrégulièrement marquées de blanc crème. Lieux humides et ombragés. R.-20°C. Le vrai *S. grandiflorum* DC., or. du Caucase, a de grandes fl., des calices de 6-8 mm, des corolles longues de 2-2,4 cm.

**Symphytum orientale** L. – Or. S. Russie et Caucase, vers Istambul et N.-O. Turquie,

*Symphytum* × *uplandicum* 'Variegatum'

près des ruisseaux ombragés dans les forêts de pins jusqu'à 1 500 m en Turquie, flor. avr.-juin. Tiges dressées att. 70 cm. Fll. ovales ou oblongues-ovales, à poils courts non hérissés. Calices 6-9 mm, divisés au 1/3 ou à 1/2. Corolles blanc pur, 1,5-1,7 cm de long. *S. kurdicum* Boiss. & Hausskn., or. S.-E. Turquie, N. Iraq et O. Iran a des fl. blanches, 1,6-1,9 cm de long, des fll. plus minces, plus poilues, un port analogue. Ces deux belles espèces à flor. hâtive, tolèrent l'ombre sèche. R.-15°C.

**Symphytum 'Rubrum'** – Prob. un hybride de *S. ibericum* et *S. officinale* ; fl. assez petites d'un beau rouge, sur des tiges dressées.

**Symphytum tuberosum** L. – Or. Europe, depuis l'Ecosse, surtout à l'E., en France et Espagne, et jusqu'en Russie et Turquie. Dans les bois, les fourrés, près des rivières, flor. mai-juin. S'étend par ses rhizomes tubéreux en vastes colonies. Tiges arquées, 15-40 cm, peu ramifiées. Fl. jaune pâle, 1,5-2 cm de long, aux écailles non exsertes contrairement à *S. bulbosum* C. Schimper. Facile à cultiver à l'ombre ou en situation fraîche au soleil. Flor. hâtive, reste au repos en été. R.-20°C.

**Symphytum × uplandicum** Nyman. 'Variegatum' – *S.* × *uplandicum* est un hybride de *S. asperum* et *S. officinale*, (la **Grande Consoude**), naturalisé dans presque toute l'Europe du N. On le trouve génér. au bord des routes, sur les terrains vagues et humides. Fl. génér. rosâtres, devenant pourpres ou bleues à maturité, longues de 1,2-1,8 cm. La forme panachée est particulièrement belle en automne et au printemps, quand les fll. de la base sont fraîches (voir photo). R.-20°C.

# SYMPHYTUMS

*Symphytum orientale*

*Symphytum caucasicum* à Sellindge, Kent

*Symphytum tuberosum* à Alford, Aberdeenshire

*Symphytum asperum*

*Symphytum* 'Hidcote Pink'

*Symphytum ibericum*

*Symphytum* 'Rubrum'

*Anchusa azurea* 'Opal'

*Anchusa azurea* près de Ronda, S. Espagne

*Anchusa azurea* 'Opal' (premier plan) devant 'Loddon Royalist'

*Lithodora diffusa* au S. de l'Espagne

*Cynoglossum nervosum* à Dali, Yunnan

*Alkanna tinctoria*, S. France

**Alkanna tinctoria** (L.) Tausch (*Boraginaciae*) – Or. S. Europe, depuis Espagne et France jusqu'à Roumanie, Turquie, Syrie et Afrique du N., dans les rocailles, les bois ouverts, les fourrés, la steppe et les dunes jusqu'à 1 300 m, flor. avr.-juil. Nomb. tiges étalées ou traçantes, att. 30 cm, sortant d'une souche centrale exsudant un jus rouge foncé quand on l'écrase. Fll. verdâtres ou grisâtres, 1-7 cm de long. Fl. bleues, 0,4-1 cm de large. Sols sablonneux bien drainés en situation chaude et sèche. R.-10°C.

**Anchusa azurea** Miller syn. *A. italica* Retz (*Boraginaceae*) **Buglosse** – Or. Europe, depuis France, Espagne et Portugal vers l'E., depuis Afrique du N. et Turquie vers Iran, Arabie et C. Asie, au bord des champs cultivés et des routes, dans la steppe, sur les collines caillouteuses, jusqu'à 2 500 m, flor. mai-juil. On la remarque le long des routes des pays méd. et de C. Asie où elle est très répandue. Tiges dressées att. 1,5 m, sur une forte souche. Fll. 10-30 cm de long. Fl. violacées ou bleu foncé, 1-1,5 cm de large. Nombreux cv. nommés, à multiplier par bouturage des racines : **'Loddon Royalist'**, beau bleu foncé, **'Opal'** un peu plus court et plus pâle. **'Little John'** ne dépasse pas 45 cm. Tous sont des vivaces de faible longévité nécessitant un sol profond mais bien drainé et supportant la sécheresse. R.-15°C.

**Cynoglossum nervosum** Benth. & Hook. – Or. Himalaya, du Kumaon au Yunnan, sur les talus herbeux et au bord des champs de riz, flor. avr.-août. Tiges att. 60 cm sur une forte souche. Fll. de la base lancéolées étroites att. 30 cm de long. Fl., 1 cm de large. Sol bien drainé en plein soleil. Graham Thomas déconseille de la planter en terre trop riche de peur que les tiges ne s'effondrent ; j'ai trouvé cette plante capricieuse et de courte durée en sol lourd. R.-15°C. C. *amabile* Stapf & Drummond, or. Yunnan et Sichuan, lui est proche, mais génér. bisannuelle, avec des fl. plus grandes, bleu pâle.

**Lindelofia longiflora** (Benth.) Baillon – Or. Himalaya, du Pakistan à O. Népal, répandue au Cashemire, sur les herbages en pente à 3 000-3 600 m, flor. juin-août. Forme des groupes de tiges dressées att. 60 cm, sur une souche rhizomateuse. Fll. de base lancéolées, à longs pétioles. Fll. de la tige lancéolées étroites, entourant la tige à leur base. Fl. bleu foncé à violettes, att. 1,5 cm de large. Sol riche, humide et bien drainé en plein soleil. R.-20°C.

**L. anchusoides** (Lindl.) Lehm. a les fll. supérieures rétrécies à leur base, non embrassantes, et des fl. bleu vif.

**Lithodora diffusa** (Lagasca) Johnson syn. *Lithospermum diffusum* Lagasca (*Boraginaceae*) – Or. O. France, Espagne et Portugal, dans les forêts de pins, les bruyères et les dunes, flor. mars-juin. Plante sous-ligneuse à la base, s'étalant sur plus d'1 m, à tiges rampantes, radicantes. Fl. att. 2 cm de long. Couramment cultivée dans les rocailles, cette espèce préfère s'étaler parmi des petits arbustes ou sur des talus de terre acide couverts de bruyères. Le cv. le plus répandu est **'Heavenly Blue'**, aux fl. d'un bleu profond. **'Cambridge Blue'** est bleu pâle ; **'Alba'** est une f. blanche rare. La vieille var. **'Grace Ward'** est réputée supporter le calcaire, contrairement aux autres, qui préfèrent les sols acides. R.-20°C.

**Lithospermum purpureocaeruleum** L. syn. *Buglossoides purpureocaeruleum* (L.) Johnston (*Boraginaceae*) **Thé d'Europe** – Or. presque toute l'Europe, rare en Angleterre, (sur calcaire S. Pays de Galles, N. Somerset, S. Devon), jusqu'en Espagne et à l'E. jusqu'en Russie et Turquie, Caucase et N. Iran, dans les fourrés et le maquis, en lisière des bois, flor. mars-juin. S'étale en vastes colonies par ses tiges radicantes ; hampes flor. dressées att. 60 cm, longues tiges stériles étalées. Fll., 3,5-8 cm de long. Fl., 1,4-2 cm de long, violettes en s'ouvrant, devenant bleu profond. Sol sec, situation chaude à mi-ombre. R.-20°C.

*Lindelofia longiflora* près de Vishensar, Cachemire

*Lithospermum purpureocaeruleum*

*Lithodora* 'Heavenly Blue'

# MUFLIERS

*Antirrhinum australe* sur une tranchée routière près de Ronda, S. Espagne

*Antirrhinum* 'Black Prince'

*Scrophularia auriculata* 'Variegata'

*Asarina procumbens*

*Scrophularia sambucifolia* entre des rochers calcaires, S. Espagne

*Synthyris missurica*

# MIMULUS

*Mimulus ringens* dans le jardin de Beth Chatto

*Parahebe perfoliata*

**Antirrhinum australe** Rothm.
(*Scrophulariaceae*) **Muflier** – Or. S. et S.-E.
Espagne, sur rochers et murs calcaires,
flor. avr.-juin. Groupes de tiges dressées att.
1,2 m. Fll. opposées ou en verticilles de 3.
Fl., 4-4,5 cm de long, génér. pourpre rosé,
aux pédicelles plus courts que les bractées.
Bien qu'on les cultive génér. comme
annuelles, la plupart des *Antirrhinum*
sauvages sont vivaces ; 16 des 17 espèces
existantes sont présentes en Espagne.
*A. majus* L., dont on a tiré les f. cultivées
dites **Gueules de loup**, est présent au S.
de l'Europe, depuis l'Espagne et l'Afrique
du N. jusqu'à l'Italie : ses fl. sont génér.
pourpre rosé.

**'Black Prince'** est un vieux cv. vivace à fll.
génér. pourpre foncé (parfois vertes, photo),
qui fleurit tout l'été et forme un buisson bas de
30 cm diam.

**A. graniticum** Rothm., fl. génér. blanches
aux pédicelles plus longs que les bractées.
Or. Espagne et Portugal sur roches acides.
En culture, les vivaces demandent un sol
pauvre très bien drainé. R.-10°C, peut-être
moins si on le maintient au sec.

**Asarina procumbens** Miller syn. *Antirrhinum
asarina* L. (*Scrophulariaceae*) – Or. S. France
et N.-E. Espagne, sur rochers acides ombragés
en montagne, flor. juin-sept. Tiges couchées
att. 30 cm ou plus. Fll. 5 x 6 cm, à poils doux
collants. Fl., 3-3,5 cm de long. Facile à cultiver

en sol sablonneux assez sec, à l'ombre.
R.-10°C, peut-être moins car il survit dehors,
au S. Angleterre, sous abri.

**Mimulus ringens** L. (*Scrophulariaceae*) – Or.
E. Amérique du N., de Nova Scotia vers
Virginie au S. et vers Manitoba, Nebraska
et Texas à l'E., lieux détrempés, bords des cours
d'eau, flor. juin-sept. Tiges dressées att. 1 m,
sur des racines touffues. Fll. sessiles, auriculées
à la base, att. 10 cm de long. Fl. bleu mauve
pâle, rarement blanches, 2,5 cm de long et de
large. Bonne terre gorgée d'eau, soleil ou
mi-ombre. R.-20°C.

**Parahebe perfoliata** (R. Br.) B. G. Briggs syn.
*Veronica perfoliata* R. Br. – Or. S.-E. Australie,
surtout sur le mont Victoria et dans les
Montagnes bleues, flor. au début de l'été.
Base sous-arbustive, tiges traînantes peu
ramifiées att. 75 cm. Fll., 5 cm de large. Fl.,
0,6 cm de large. Situation chaude et abritée
en plein soleil. Plus décoratif quand il pousse
à travers des arbustes bas. R.-10°C.

**Scrophularia auriculata** L. **'Variegata'** syn.
*S. aquatica* auct. (*Scrophulariaceae*) – Or.
presque toute Europe et Afrique du N. jusqu'à
la Crète, dans les endroits humides, génér.
près des ruisseaux et rivières, flor. juin-sept.
Plusieurs tiges à 4 ailes, dressées, att. 1 m.
Fll. simples ou avec 1 ou 2 paires de petits
lobes. Fl., 0,7-0,9 cm de long, brunâtres,
attirant les guêpes. Très belles fll. panachées
dès le printemps et toute la saison.

**Scrophularia sambucifolia** L. – Or.
S. Espagne, C. & S. Portugal et N. Afrique,
lieux humides et rochers à 1 800 m,
flor. avril-juin. Plus. tiges att. 80 cm.
Fll. lyrées, pennatiséquées. Fl., 12-20 mm
de long. Cette espèce possède les plus
grandes fl. de toutes les scrofulaires
européennes, mais n'est guère cultivée.
Devrait réussir dans toute bonne terre.
R.-15°C.

**Synthyris missurica** (Raf.) Penn. syn.
*S. stellata* Penn – Or. O. Amérique du N.
(Idaho, Washington, Orégon, Caroline du N.),
lieux humides dans les montagnes et sur les
contreforts, fl. avr.-juil. Forme des touffes,
tiges att. 60 cm. Limbes des fll. crénelés ou
dentés, 2,5-8 cm de large. Fl. 4-7 mm de long
en infl. lâches, comme en épi, à bractées de
taille variable sous les fll. *S. reniformis* (Dougl.)
Benth. est plus petite, att. 15 cm, à tiges
courbées ne dépassant pas les fll., et pousse
dans les forêts de conifères jusqu'à la baie de
San Francisco. Chez *S. schizantha* Piper,
les tiges att. 30 cm ; on trouve 2 bractées
foliacées et des pétales à bord fimbrié.
On la trouve dans des lieux humides
et ombragées dans l'Etat de Washington
et l'Orégon. *S. pinnatifida* Wats. –
Or. Washington jusqu'en Idaho, Wyoming
et Montana pousse dans les rochers de
montagne. Fll. pennées et tiges att. 20 cm.
Sol humide et situation fraîche ; *S. schizantha*
et *S. reniformis* ayant davantage besoin
d'ombre. R.-20°C.

# VÉRONIQUES

Veronica spicata subsp. incana

Veronica spicata 'Heidikind'

Veronica exaltata

Veronica spicata subsp. spicata

Veronica gentianoides

Veronica filiformis

Veronica austriaca 'Shirley Blue' au Royal Botanic Garden d'Edimbourg

Veronica austriaca 'Crater Lake Blue'

**Veronica austriaca** L. subsp. **teucrium** (L.)
D.A. Webb (*Scrophulariaceae*) – Or. Europe,
Crimée, Caucase, N.-O. Turquie, dans les bois
clairs et les prairies caillouteuses. Fl. avr.-juil.
Nomb. tiges érigées ou se redressant att. 1 m.
Fll. 2-7 cm de long, crénelées ou en dents de
scie, plus ou moins amplexicaules. Fl.,
10-14 mm de large, bleu-vif. Toute bonne
terre au soleil ou à mi-ombre. R.-20°C.
Il existe plusieurs cultivars.
**'Crater Lake Blue'** att. 45 cm, érigé, fl. d'un
bleu lumineux.
**'Shirley Blue'**, plus petite, att. 20 cm, à tiges
d'abord couchées puis se redressant. Il existe
aussi une forme rose.

**Veronica exaltata** Maund. On la dit or. de
Sibérie, flor. dans nos jardins juil.-août.
Plus. tiges érigées att. 1,20 m. Fll., 15 cm de
long. Fl. bleu pâle, 8 mm diam. Toute bonne
terre en plein soleil. R.-20°C.

**Veronica filiformis** J.E. Smith – Or. Caucase,
Crimée, N. Iran et N. Turquie le long des
côtes de la mer Noire, dans les prairies
humides, les lieux herbeux dans la forêt,
le long des ruisseaux et dans les sols travaillés
jusqu'à 2 200 m. Flor. mars-août. Naturalisée
aussi en Europe au bord des cours d'eau, dans
l'herbe rase et les pelouses. Plante traçante
gazonnante, à tiges florales att. 15 cm. Fll. plus
ou moins rondes, 5-13 mm de diam. Fl.,
8-14 mm diam., génér. bleu ciel dans les
formes cultivées, souvent blanches ou bleu
marine dans la nature. Facile dans tout sol
humide. R.-15°C.

**Veronica gentianoides** Vahl – Or. Caucase,
Crimée et N. & C. Turquie, pelouses alpines
et bois clairs à 1 000-3 600 m, flor. mai-août.
Forme des tapis de fll. ressemblant à celles de
la gentiane, 2-6 cm long, à tiges florales
dressées 5-60 cm de haut. Fl., 8-16 mm diam.,
bleu pâle, mais parfois bleu foncé en Turquie,
ou même blanches. Sol humide mais bien
drainé en plein soleil. R.-20°C.

**Veronica spicata** L. subsp. **incana** (L.) Walters
– Or. E. Europe jusqu'en Sibérie et N.-O.
Chine, dans les steppes et les prés secs. Flor.
juin-juil. Plante pubescente argentée à tiges
dressées att. 30 cm. Fl., 4-6 cm de diam.,
bleu vif. Sol bien drainé plutôt sec, en plein
soleil. R.-20°C. On cultive fréquemment des
hybrides entre subsp. *spicata* et subsp. *incana*,
qui allient les longues tiges de *spicata* (surtout
la forme *V. hybrida* L.) et le fllge. gris de subsp.
*incana*. **'Heidikind'** en est un exemple et porte
des fl. rose intense sur des tiges att. 30 cm.
**'Wendy'** est plus grand, à fl. rosées.

**Veronica spicata** L. subsp. *spicata* (y compris
*V. hybrida* L.), – Or. Europe, depuis
l'Angleterre (très rare), jusqu'en Russie,
Sibérie et N.-O. Chine, dans les pâturages
et les collines rocheuses calcaires.
Flor. juin-sept. Tiges érigées att. 60 cm.
Fll. presque sessiles, opposées linéaires
lancéolées à ovales, 2-8 cm de long.
Fl. 4-6 mm de diam. génér. bleu intense.
Sol bien drainé en plein soleil. R.-20°C.

*Veronicastrum sibiricum* aux Wisley Gardens, Surrey

**Veronicastrum sibiricum** (L.) Pennell
(*Scrophulariaceae*) – Or. ensemble du Japon,
Corée, N. Chine, île Sakhaline et E. Sibérie,
dans les lieux herbeux en montagne et en
plaine, flor. juil.-sept. Plusieurs tiges érigées
att. 1,80 m. Fll. en verticilles de 4-6, largement
lancéolées, 10-15 cm de long, jusqu'à 5 cm de
large. Fl. tubuleuses, lobes de la corolle plus
courts que le tube. Bonne terre en plein soleil
ou à mi-ombre. R.-20°C.

**Veronicastrum virginicum** (L.) Farwell syn.
*Veronica virginica* L. – Or. E. Amérique du N.
entre l'Ontario, le Manitoba, le Massachusetts,
l'Alabama et le Texas, dans les prairies, les bois
et les fourrés, flor. juin-sept. Plusieurs tiges
érigées att. 2 m. Fll. en verticilles de 3-9,
lancéolées ou oblongues-lancéolées.
Fl. tubuleuses blanches ou bleues, 4 mm
de long, à lobes courts. Bonne terre humide.
R.-20°C.

*Veronicastrum virginicum*

*Incarvillea emodi* au Pakistan

*Incarvillea mairei* à Inshriach, Aviemore, Ecosse

*Incarvillea mairei* près de Lijiang, Yunnan

*Incarvillea delavayi*

*Niedzwedzkia semiretschenskia* au jardin botanique de Tashkent

**Incarvillea arguta** (Royle) syn. *Amphicome arguta* Royle (*Bignoniaceae*) – Or. Himalaya, du N.-O. Inde au népal, S.-E. Xijiang et S.-O. Chine (Yunnan et Sichuan), dans les vallées sèches, sur pentes rocheuses et falaises, souvent en sol calcaire, à 1 800-3 500 m, flor. mai-août. Nomb. tiges grêles partant d'une base semi-ligneuse. Fll. à 5-9 folioles, foliole terminale 5 cm de long. Fl. 2,5-3,8 cm, rose pâle. Sol très bien drainé ou dans une fissure de mur. R.-15°C et plus en situation très sèche.

**Incarvillea delavayi** Bur. & Franch. (*Bignoniaceae*) – Or. S.-O. Chine (Yunnan), dans l'herbe et les fourrés vers 2 000 m, flor. mai-juil. Racines profondes et charnues. Fll. pennées att. 20 cm de long, disposées en rosette. Tiges att. 60 cm portant quelques grandes fl., 8 cm diam. De culture facile en sol profond, sableux mais riche, en plein soleil. A protéger l'hiver contre les limaces et les grands froids. R.-15°C.

**Incarvillea emodi** (Wallich ex Royle) Chatterjee. – Or. Afghanistan jusqu'à l'O. Népal, sur falaises et rochers à 600-2 500 m, flor. mars-avril. Souches ligneuses. Fll. pennées, 9-11 folioles 1-4 cm long, ovales, radicales pour la plupart. Tiges florales att. 50 cm, non ramifiées, portant une grappe latérale de fl., 3,5-5,8 cm de long. Capsule fine att. 18 cm de long. Situation sèche, contre un mur ou sur une côtière. R.-15°C. Photo prise au N. Pakistan par Andrew Paterson.

**Incarvillea mairei** (Léveillé) Grierson – Or. Himalaya, de l'O. Népal jusqu'au Xijiang et S.-O. Chine (Yunnan) ; pentes cailouteuses, souvent calcaires et vallées sèches, flor. mai-juin. Racine charnue et profonde, rosette de fll. pennées, à grande foliole terminale. Fl., 4-6 cm de long, souvent acaules en s'épanouissant et tige s'allongeant jusqu'à 50 cm à la formation des fruits. Parmi les clones cultivés : 'Frank Ludlow', à grandes fl. rose cramoisi intense, or. Bhoutan, et des formes roses à fl. plus pâles, telle que 'Bee

Ourisia 'Loch Ewe'

Ourisia coccinea aux pépinières Washfiels, Surrey

Pink'. Sol sablonneux très bien drainé en plein soleil. Protéger contre les limaces. R.-20°C.

**Niedzwedzkia semiretschenskia** B. Fedtsch. syn. *Incarvillea semiretschenskia* (B. Fed.) Grierson (*Biguoniaceae*) – Or. Asie C. sur coteaux secs et rocheux, flor. mai-juin. Nomb. tiges raides érigées att. 45 cm partant d'une base semi-ligneuse. Fll. profondément découpées à lobes linéaires. Fl., 6 cm de long, 4 cm de large. Fruits, 5 cm de long à 6 ailes ondulées. Sol sec très bien drainé, en situation chaude en plein soleil. R.-15°C.

**Ourisia coccinea** Pers. (*Scrophulariaceae*) – Or. S. Chili, dans les vallées de montagne, flor. juin dans nos jardins. Rhizomes charnus traçants, forme des tapis de fll. ovales grossièrement dentées, à limbes 5 cm de long. Tiges florales att. 18 cm. Fl., 3 cm de long. Plante élégante pour sol tourbeux frais et humide à mi-ombre. R.-15°C et plus avec une ouverture de neige.

**Ourisia 'Loch Ewe'** – Hybride de O. *macrophylla* et O. *coccinea*, formant des tapis de fll. fortement crénelées et des verticilles de 2-4 fl. sur des tiges dressées att. 30 cm. Sol humide et tourbeux à mi-ombre. R.-20°C. ou moins sous la neige.

**Ourisia macrophylla** Hooker – Or. Nouvelle-Zélande, Ile du Nord, Mt Egemont et du Cap Est vers le S., jusqu'à 1 500 m, dans les endroits ombragés humides, flor. oct.-janv., juin dans nos jardins. Rhizomes rampants formant des tapis de fll. épaisses, ovales, légèrement crénelées. Pédicelles glanduleux. Fl., 1,2-1,8 cm de large, en 3-7 verticilles, tiges dressées att. 60 cm O. *macrocarpa* Hook. fil., de l'Ile du Sud, a des fl. moins nombreuses, plus grandes, att. 2,5 cm de large ; pédicelles plus longs et glabres, lobes des calices plus larges, fll. att. 15 cm de long. Lieux humides (et bords des cours d'eau) dans les fourrés et les herbages. Sol tourbeux, humide, à mi-ombre et en situation fraîche pour les deux espèces. R.-20°C.

Ourisia macrophylla à Inshriach, Aviemore, Ecosse

Incarvillea arguta près de Dali, Yunnan

# ASTERS

Aster falconeri à Gadsar, Cachemire

Aster tongolensis

Celmisia spectabilis

Bellis sylvestris, S. Espagne

Celmisia coriacea

**Anthemis cretica** L. subsp. *cupaniana*
(Nyman) Trehane, syn. *A. cupaniana* Tod. ex
Nyman (*Compositae*) – Or. Sicile, sur les
falaises, dans les rocailles, flor. avr.-juin. Plante
sous-arbustive à la base, aux tiges dressées att.
60 cm. Fll. presque glabres ou blanches et
soyeuses chez les clones couramment cultivés,
pennatiséquées en fins segments. Fl. att. 6 cm
de large, avec un disque hémisphérique-
conique. *A. cupaniana* est inclus désormais
dans *A. cretica*, esp. très variable comportant
5 subsp. en Europe et 11 en Turquie.
Bonne marguerite hâtive, pour situation
chaude, sèche et ensoleillée. R.-10°C.

**Aster falconeri** (C.B. Clarke) Hutch.
(*Compositae*) – Or. Himalaya, de N. Pakistan
à O. Népal, dans les prairies alpines
à 3 000-4 200 m, flor. juin-août. Rosettes
peu nombreuses de fll. de base oblongues-
lancéolées, att. 15 cm de long; hampes florales
dressées, densément feuillues, att. 15-35 cm.
Fl. solitaires att. 8 cm de large, aux rayons
blancs à la base, avec un apex trilobé. Sol
humide, bien drainé en plein soleil. R.-15°C.

**Aster tongolensis** Franch. – Or. O. Chine,
sur prairies alpines caillouteuses à 3 500 m,
flor. juin. S'étale en tapis de fll. vert foncé
poilues; nombreuses hampes florales, presque
sans fll. att. 45 cm. Fl., 6 cm de large. Il existe
maintenant de nombreux clones nommés de
cette esp., comme 'Napsbury' et 'Lavender
Star'. Sol bien drainé en plein soleil. R.-20°C.
*Aster forrestii* Stapf. est très semblable, mais ses
fll. de base sont plus larges et ses tiges plus
feuillues.

**Bellis sylvestris** Cyr. **Pâquerette d'automne**
(*Compositae*) – Or. S. Europe, depuis Espagne
et France jusqu'en Bulgarie, Turquie méd. et
Afrique du N.; dans l'herbe et les fossés
humides en hiver et au printemps, flor.
oct.-mars. Rosettes de fll. att. 18 cm de long,
2,5 cm de large, à 3 nervures; hampes florales
10-45 cm. Fl., 2-4 cm de large, souvent
rosâtres. Diffère de notre pâquerette commune
*B. perennis* par ses fl. plus grandes et ses fll.
à trois nervures. Toute bonne terre. R.-10°C.
Flor. hivernale.

**B. perennis** L. **Pâquerette** – Cultivée depuis
longtemps et familière « mauvaise herbe »
de nos pelouses. De grandes formes, teintées de
rose, à fl. doubles, sont souvent cultivées
comme annuelles, bien qu'elles soient très
vivaces et fort jolies dans l'herbe folle.
R.-20°C.

**Celmisia coriacea** (Forster fil.) Hooker fil.
(*Compositae*) – Or. Nouvelle-Zélande, sur
toute l'Ile du Sud, dans les herbages et le
« tussock » alpins et subalpins, flor. déc.-fév.,
ou mai-juin dans nos jardins. Fll. en rosettes
solitaires ou groupes lâches, 20-60 cm de long,
soyeuses et argentées dessus et dessous.
Hampes florales att. 60 cm. Fl., 5-12 cm
de large. Sol tourbeux, sablonneux, humide
mais bien drainé; plein soleil mais en
situation fraîche. Ces pâquerettes alpines
néo-zélandaises sont faciles à cultiver en
climat frais comme celui de l'Ecosse, où
*C. coriacea* se remarque souvent dans les
jardins, mais souffrent de la chaleur de nos
étés. R.-15°C.

*Erigeron karvinskianus*

**Celmisia spectabilis** Hooker fil. – Or.
Nouvelle-Zélande, Ile du Sud, du mont
Kikurangi vers le S., dans les herbages et les
touffes herbeuses du « tussock » alpins et
subalpins, flor. déc.-fév. Rosettes solitaires ou
groupes lâches de fll. très coriaces, souvent
vert brillant dessus ou poilues, densément
laineuses dessous, att. 15 cm de long, 5 cm de
large. Fl. att. 5 cm de large, plus petites que
*C. coriacea*. Sol bien drainé mais tourbeux,
sablonneux ; plein soleil en situation fraîche.
R.-15°C.

**Corethrogyne californica** DC. (*Compositae*) –
Or. Californie, de San Francisco à
Monterey, (var. *obovata* (Benth) Kuntze,
vers Orégon au N.), sur les pentes herbeuses
près de la côte, souvent sur la serpentine,
flor. avr.-juil. Se répand par ses racines ;
tiges feuillues décombantes att. 40 cm,
ligneuses à la base. Fll., 2-4 cm de long,
linéaires ou oblancéolées, grisâtres et poilues.
Fl. mauves à rosâtres, à 30-40 rayons, att. 3 cm
de large. Situation sèche en plein soleil.
R.-5°C.

**Erigeron karvinskianus** DC. syn.
*E. mucronatus* DC. – Or. Mexique,
souvent naturalisé au S. Europe, sur des
rochers, dans les fissures des murs,
fleurissant tout l'été. Forme des touffes légères
de tiges minces att. 50 cm, sur une souche
lignifiée. Fl. rosâtres, 2 cm de large. Jolie
plante pour emplacements chauds et secs,
qui se ressème librement sur les vieux murs.
R.-10°C, mais repousse de semis si les parents
sont tués par le froid.

**Leucanthemum vulgare** L. syn.
*Chrysanthemum leucanthemum* L. **Grande
marguerite** – Or. presque toute l'Europe sauf
Açores, Baléares, Crète et Spitzberg,
et N. Turquie, jusqu'à la Chine, naturalisé en
Amérique du N. Dans les champs de foin,
les vieux herbages, au bord des routes,
flor. avr.-juin. Se propage par la souche ;
hampes florales dressées att. 1 m, génér. 40 cm.
Fl. solitaires, 2,5-5 cm de large. Toute terre en
plein soleil. R.-20°C. Très bonne plante pour
l'herbe haute, après la flor. des jonquilles,
à ne pas mépriser en plate-bande de vivaces,
comme version plus hâtive et plus raffinée
de *L.* × *superbum*.

*Erigeron karvinskianus* sur les murs du jardin de Flore, Villa Torrigiani, près de Lucques, Italie

*Leucanthemum vulgare* avec *Phaiophelps nigricans* (p. 417), à Symnel Cottage, Kent

*Anthemis cretica* subsp. *cupaniana*

*Corethrogyne californica*

Convallaria majalis
(grande forme)

Convallaria majalis
'Prolificans'

Convallaria majalis
var. *rosea*

'Fortin's Giant'

Speirantha
convallarioides

Maianthemum
bifolium

Smilacina stellata

Réduction à 50 %, échantillons des Wisley Gardens, 15 mai

Convallaria majalis

Smilacina stellata en Californie

Smilacina purpurea à Kew

Convallaria majalis var. rosea

Smilacina racemosa, aux Wisley Gardens

**Convallaria majalis** L. **Muguet de mai**
(*Liliaceae-Convallariaceae*) – Or. Europe,
depuis N. Angleterre jusqu'au Caucase
et N.-E. Turquie, à l'E. jusqu'au Japon,
et Amérique du N., Appalaches en Virginie,
Carolines du N. et du S., dans les bois,
les fourrés, sur les dalles calcaires et les prairies
en montagne, flor. mai-juin. En tapis s'étalant
par des rhizomes traçants au ras du sol, sous les
fll. Tiges à 1-4 fll., 3-20 cm de long, 0,5-10 cm
de large. Infl. sortant des gaines inférieures
de la tige, att. 20 cm de hauteur, avec 5-13 fl.
parfumées. On trouve plusieurs esp. sauvages
et d'autres variantes en culture. Ci-contre,
var. **rosea** Reichb., répandue dans une partie
des C. et E. Europe, à petites fl. blanc rosé ;
**'Prolificans'**, nombreuses petites fl. sur une
infl. ramifiée et **'Fortin's Giant'**, un clone de
grande taille. On cultive aussi des clones à fl.
doubles blanches et roses et un clone à fll.
striées de blanc, **'Variegata'**.

**Maianthemum bifolium** (L.)F.W. Schmidt
(*Liliaceae-Convallariaceae*) – Or. Europe,
de l'Angleterre et de la Norvège jusqu'au
N. Japon, génér. dans les forêts de conifères
sur sols acides, flor. avr.-juil. selon latitude
et longitude. S'étale en tapis par ses rhizomes
souterrains traçants. Hampes florales poilues
au sommet, 5-25 cm de haut, génér. 15 cm,
génér. à 2 fll. cordiformes. Pétales, 2-3 mm.
Baies rouges. Plante fine, mais envahissante,
utile comme couvre-sol dans les endroits frais
et ombragés. M. *canadense* Desf., de l'E.
Amérique du N., diffère par ses fll. plus
étroites, à pétioles plus courts, moins
cordiformes et ses tiges souvent glabres.

**Smilacina racemosa** (L.) Desf. syn.
*Maianthemum racemosum* (L.) Link.
(*Liliaceae-Convallariaceae*) – Or. Amérique du
N., de la Colombie-Britannique à Nova
Scotia, Géorgie et Missouri, avec var.
*amplexicaulis* (Nutt.) Wats. en Californie

jusqu'aux Rocheuses. Dans les bois humides de
conifères et de feuillus, flor. mars-juil. selon
latitude et altitude. Plante à rhizomes touffus,
formant des touffes denses de tiges att.
30-90 cm. Fll. pubescentes dessous, à base
ronde ou embrassant la tige chez var.
*amplexicaulis*. Pétales, 1-2 mm de long.
Baies rouges, tachetées de violet.

**Smilacina stellata** (L.) Desf. syn.
*Maianthemum stellatum* (L.) Link.
(*Liliaceae-Convallariaceae*) – Or. Californie,
vers Colombie-Britannique au N. et vers
Terre-Neuve, Virginie et Kansas à l'E. ;
endroits humides dans les bois et les fourrés,
flor. avr.-juin. Plante à rhizomes traçants,
formant de vastes colonies. Tiges, 30-60 cm
de haut. Racèmes lâches de 3-15 fl. ;
pétales, 5-7 mm de long. Baies violet
rougeâtre, devenant noires. *Smilacina trifolia*
Desf. d'Amérique du N. et Sibérie, n'a génér.
que 3 fll. ovales étroites et des baies rouge
foncé. Facile à cultiver en terreau de fll.
R.-25°C.

**Smilacina purpurea** Wallich
(*Liliaceae-Convallariaceae*) – Or. Himalaya,
de N.-O. Inde à S.-O. Chine, dans les forêts
à 2 400-4 200 m, flor. avr.-juin. Rhizomes
traçants. Tiges, 20-40 cm, à 3-9 fll. Fl. en épis
étroits, parfois ramifiés à la base, génér. violacé
foncé, parfois blanches. Facile à cultiver en
situation humide et ombragée, et terreau de fll.
R.-15°C.

**Speirantha convallarioides** Baker syn.
S. *gardenii* Baillon (*Liliaceae-Convallariaceae*) –
Or. S.-E. Chine, dans le Jiangxi (Kiangsi),
dans les bois, flor. avr.-mai. Plante à rhizomes
épais se propageant par stolons.
Fll. persistantes att. 15 cm de long. Hampes
florales att. 15 cm. Fl. parfumées ; pétales,
4-6 mm de long. Terre humifère à l'ombre.
R.-10°C.

Smilacina racemosa en fruits

Polygonatum odoratum
'Flore Pleno'

Polygonatum odoratum

Disporum sessile 'Variegatum'

Polygonatum falcatum
'Pumilum'

Polygonatum
multiflorum

Polygonatum falcatum
'Variegatum'

Polygonatum humile

Polygonatum × hybridum

Réduction à 30 %, échantillons des Kew et Wisley Gardens, 14 mai

*Disporopsis pernyi* (Hua) Diels syn. *Polygonatum syntonema* Hort. (*Liliaceae-Convallariaceae*) – Or. Chine, Yunnan, Guangxi et Guizhou, dans les forêts à 1 800-2 500 m, flor. juin. Plante à feuillage persistant, formant des colonies denses, tiges raides att. 20 cm, rhizomes à courte propagation. Fl. solitaires ou par paires, aux pétales divergents. Terre humifère, ombre ou mi-ombre. R.-10°C.

*Disporum sessile* (Thunb.) D. Don (*Liliaceae-Convallariaceae*) – Or. tout le Japon et île de Sakhaline, dans les bois sur les collines, flor. avr.-mai. Forme des colonies par ses rhizomes souterrains traçants. Tiges, 30-60 cm. Fl. 1-3, blanc verdâtre, 3 cm de long. Baies bleu noir. 'Variegatum', clone aux fll. striées de blanc (photo), très cultivé dans les jardins ; belle plante fine, facile à cultiver en sol frais, riche en terreau de fll., à l'ombre.

*Polygonatum biflorum* (Walt.) Ell. (*Liliaceae-Convallariaceae*) – Or. Amérique du N., de New Brunswick au Michigan, vers Tennessee, O. Virginie et Floride, dans les bois de feuillus et les fourrés, flor. avr.-juil. Tiges att. 90 cm. Fll., 5-10 cm de long, pubescentes, surtout aux nervures du dessous. Fl. verdâtres, génér. par paires, 0,8-1,2 cm de long. Filaments papilleux. Présente génér. dans les endroits plutôt secs dans les bois. *P. canaliculatum* Pursh. (syn. *P. commutatum* (Schult.) Dietr.), génér. dans les lieux humides, att. 2,5 m de hauteur, est parfois considéré comme la même esp. que *P. biflorum*.

*Polygonatum stewartianum* (Diels) *curvistylum* (Hua) – Or. Chine, Sichuan et Yunnan, endroits pierreux dans les fourrés sur calcaire à 3 000 m, flor. juin. Rhizomes à courte progression. Tiges violet foncé att. 80 cm. Fl. rose mauve, pourpres à l'intérieur, plus étroites à la gorge.

*Polygonatum falcatum* A. Gray – Or. presque tout Japon et Corée, dans les bois sur les collines, flor. mai–juin. Rhizomes courts, traçants, la plante formant des touffes de tiges, 50-90 cm de haut. Fll., 8-20 cm de long. 1,8-2,5 cm de large, génér. rugueuses au niveau des nervures dessous. Fl., 1,1-2,2 cm, en groupes de 2-5. Petites baies, 3-4 mm diam. 'Variegatum' est le clone le plus cultivé, belle plante à tiges rougeâtres et fll. marginées de blanc. *P.* 'Pumilum' (photo), est une petite f. de *P. falcatum*.

*Polygonatum humile* Fisch. – Or. N. Chine (Heilongjiang), E. Sibérie, Corée et Japon, dans les prés et les bois clairs à basse altitude, flor. juin-juil. Rhizomes fins, traçants, donnant des colonies de tiges anguleuses, dressées, de 15-30 cm ; fll., 4-7 cm de long, aux nervures poilues au revers. Fl. solitaires ou par paires. Plante génér. naine aux tiges dressées. R.-20°C.

*Polygonatum × hybridum* Brugger – Hybride de *P. multiflorum* et *P. odoratum*, répandu dans les jardins et parfois naturalisé au N. et O. Europe. Rhizomes robustes, à progression courte. Tiges att. 90 cm, à peine anguleuses. Fll. glabres dessous, att. 20 x 8 cm ; fl. presque toutes en groupes de 4 à l'aisselle de chaque fll. sauf des 2-3 supérieures. Filaments papilleux.

*Polygonatum odoratum* (Furse & Synge 435) à Kew

*Polygonatum severtzovii* près de Tachkent

*Polygonatum biflorum* dans le New Jersey

Produit rarement plus d'1 ou 2 baies. Facile à cultiver et élégant, avec ses tiges arquées.

*Polygonatum multiflorum* (L.) All. **Sceau de Salomon** – Or. Europe, de O. Angleterre vers Turquie, Russie d'Europe et O. Sibérie, dans les bois, génér. sur calcaire, flor. mai-juin. Se propage par ses robustes rhizomes courts ; tiges, 30-90 cm, non anguleuses. Fll., 5-15 cm, glabres dessous. Fl., 0,9-2 cm de long, en groupes de 2-6.

*Polygonatum odoratum* (Miller) Druce (*Liliaceae-Convallariaceae*) **Sceau de Salomon** – Or. presque toute l'Europe, incluant N. Angleterre, jusqu'au Caucase, N. Iran, Sibérie et Japon, dans les bois, génér. sur le calcaire, flor. avr.-juin. Se propage en colonies par ses rhizomes traçants. Tiges, 30-90 cm, anguleuses, fll., 23-15 cm ; fl. solitaires ou groupées par 2-4. **'Flore Pleno'** a de belles fl. doubles. R.-25°C.

*Polygonatum severtzovii* Regel – Or. C. Asie, Tien Shan, Pamir Alaï, dans les fourrés, flor. avr.-juin. Rhizomes à courte progression. Tiges, 20-100 cm. Fll. en verticilles, les supérieures à bouts recourbés. Fl., 1,5-2 cm de long. Baies rouges devenant violettes. *P. verticillatum* (L.) All., or. Europe et N. Turquie jusqu'à O. Sibérie et Himalaya, est semblable, mais à fl., 0,8-1 cm de long, et fll. non recourbées au bout. *P. sibiricum* Delaroche, de N. Chine, Mongolie et E. Sibérie, a des tiges att. 3 m, escaladant les broussailles, et des groupes de fl. att. 30.

*Disporopsis pernyi* à Harry Hay's, Surrey

*Polygonatum curvistylum* à Harry's Hay

Habitat des *Iris japonica* dans les collines basses proches de Baoxing, Sichuan, O. Chine

*Iris japonica* (f. sombre)

*Iris japonica* (f. blanche)

*Iris lazica*, or. des côtes de la mer Noire, près de Of, Turquie

**Iris confusa** Sealy (s. *Lophiris* [Evansia]) – Or. O. Chine, Yunnan et O. Sichuan, sur pentes rocheuses et broussailleuses raides, flor. mai. Ressemble à *I. japonica*, mais l'éventail des fll. est porté par une tige raide, semblable à un bambou, att. 60 cm. Fll., 5 cm de large. Fl., 4-5 cm de large, génér. blanches, tachetées de jaune et de violet. Situation abritée et chaude à mi-ombre ; R.-5°C, ne réussit bien dehors qu'en climat suffisamment chaud. Brian Mathew recommande de le planter en pot et de le rentrer en hiver.

**Iris cristata** Solander (s. *Lophiris*) – Or. Maryland vers S. Ohio et Indiana, vers Géorgie, Tennessee et Missouri, dans les Appalaches et monts Ozark, dans les bois humides de chênes et près des cours d'eau, flor. avr.-mai. Rhizomes rampants au ras du sol, se ramifiant abondamment jusqu'à former un tapis rayonnant. Tiges, fl. incluses, att. 7 cm. Fll. douces, glabres, vert vif, 10-20 cm de haut. Fl., 3-4 cm de large, génér. bleutées, rarement roses ou blanches. Facile à cultiver en sol humifère à mi-ombre ; à protéger souvent des limaces ; diviser et replanter fréquemment, tous les deux ans, pour qu'il prospère. R.-20°C.

**Iris lacustris** Nutt. Plante encore plus naine des rives des lacs Huron, Michigan et Supérieur ; ses tubes floraux sont plus courts que les bractées.

**Iris japonica** Thunb. (s. *Lophiris*) – Or. Japon (sauf Hokkaido) et Chine jusqu'au Sichuan à l'O., sur pentes herbeuses et rocheuses, dans les bois, sur les collines, parmi les rochers au bord de l'eau, flor. avr.-mai. Rhizomes au ras du sol prenant racine par intervalles. Fll. vert brillant, persistantes, 30-80 cm de long, 2,5-5 cm de large, en larges éventails ; tiges ramifiées 30-80 cm ; fl. blanches, bleu pâle à moyen ou mauves, 5-6 cm de large, s'ouvrant les unes après les autres. La var. **'Ledger's Variety'**, triploïde, semble la plus cultivée en Europe. **'Capri form'** aux crêtes marquées d'orange pâle, peut-être d'origine hybride, est assez stérile. La robuste **'Born Graceful'**, obtenue en 1966, est un hybride des deux précédentes, aux tiges att. 120 cm et fl. larges de 6-7,5 cm. La f. à fl. plus sombres (voir photo) poussait dans l'O. Sichuan, à Baoxing, où l'esp. est très répandue, offrant toute une palette de nuances. Facile à cultiver, en situation abritée et chaude ; soleil ou mi-ombre. Les fl. peuvent être abîmées par les gelées tardives printanières ; ne fleurit pas après un hiver exceptionnellement froid.

**Iris lazica** Albov (s. *Unguiculares*) – Or. N.-E. Turquie et Géorgie, de Giresun vers l'E., sur des talus sablonneux à l'ombre, sous les fougères ou dans les fourrés, du niveau de la mer jusqu'à 250 m, flor. fév.-avr. Touffes à extension lente. Fll. persistantes, vert foncé, 15-32 cm de long, 0,8-1,5 cm de large. Fl. bleu violacé foncé, att. 8 cm de large, par 2-4 sur une infl. à courtes ramifications de 5 cm de long, et bractées imbriquées spatuliformes. Capsules sur pédicelles de 6 cm. Situation chaude, soleil ou mi-ombre, sol bien drainé mais humifère. Proche de *I. unguicularis*, mais provenant d'une région très chaude, humide et nuageuse en été. R.-15°C., fll. tuées à -10°C.

# IRIS

Iris unguicularis 'Walter Butt' aux pépinières Washfield

Iris tectorum dans le Sichuan

Iris unguicularis (f. algérienne)

Iris unguicularis (f. blanche)

Iris tectorum

Iris unguicularis subsp. carica var. angustifolia, or. de Grèce

Iris cristata en Virginie

Iris confusa

**Iris tectorum** Maxim. (s. *Lophiris*) – Or. Birmanie, S.-O. et C. Chine, naturalisé au Japon, bien qu'il y soit couramment cultivé, sur les toits de chaume, les vieux murs, les pentes rocheuses à l'ombre, dans les fourrés, flor. mai. Tiges att. 50 cm, génér. 30 cm, peu ramifiées, avec 2-3 fl. par ramification. Fll. semi-persistantes, 30-60 cm de long, 2,5-5 cm de large. Fl., 8-10 cm de large, bleu violacé ou blanches. Bien que rarement cultivé en Europe, *I. tectorum* n'est pas difficile ; il ne pousse et ne fleurit cependant pas aussi bien que dans son habitat d'origine, aux hivers froids et secs, aux étés chauds et humides et aux sols parfaitement drainés ; un sol humifère et aéré en situation chaude à mi-ombre lui conviendrait le mieux.

**Iris unguicularis** Poiret syn. *I. stylosa* Desf., *I. cretensis* Janka – Or. Algérie, Tunisie, S. et O. Turquie et O. Syrie, Grèce et Crète, dans les rocailles et les bois, génér. de pins, jusqu'à 1 000 m, flor. mars-avr., souvent dès déc. en culture. En touffes denses. Fll. vert gris, att. 75 cm de long et 1,8 cm de large chez la subsp. algérienne, 0,7 cm chez la subsp. grecque. Fl. mauve bleuté pâle ou soutenu, rarement blanches, att. 8 cm de long, sessiles, sur un tube 9-28 cm de long. Capsules cachées parmi les fll. La subsp. crétoise, syn. *cretensis*, est très naine, à fll. de moins de 3 mm de large et souvent moins de 15 cm de long : fl. mauve pâle, à segments étroits. On trouve des f. à fll. étroites dans le Péloponnèse et sur la côte S. de la Turquie, comme subsp. *carica*

(W. Schultz) Davis & Jary, mais à fl. plus grandes. On cultive génér. les plantes d'Afrique du N., qui ont les fl. les plus grandes. Faciles à cultiver en situation sèche et ensoleillée ; demandent chaleur et sol riche et bien drainé pour fleurir abondamment. R.-15°C.

**'Mary Barnard'**, beau bleu violacé foncé, réputé or. d'Algérie, de la même couleur que les iris du Péloponnèse. Très florifère.

**'Walter Butt'** Grandes fl. d'un superbe bleu lavande pâle. Très florifère. On cultive aussi des f. blanches, mais la plus répandue a des pétales étroits ; elle est toujours infectée par des virus.

Iris scariosa près de Karamay, N.-O. Chine

Iris scariosa

**Iris aphylla** L. (s. *Iris* -pogon) – Or. C. et E. Europe, de S.-E. France à S. Pologne et N. Caucase, sur pentes rocheuses, flor. mai. Fll. caduques ; tiges, 15-30 cm ; fll. att. 2 cm de large. Hampes florales ramifiées à partir du milieu ou dessous, souvent près de la base. 1-5 fl., pourpres ou violettes, 6-7 cm de large. Bractées vertes. La photo montre une f. située à l'extrême O. de l'aire de cette plante, dans les Alpes Maritimes, où elle a été nommée **I. perrieri** Simonet ex P. Fournier.

**Iris attica** Boiss. & Held. syn. *I. pumila* subsp. *attica* (Boiss. & Held.) Hayek – Or. S. Yougoslavie, Grèce et N.-O. Turquie, dans les rochers génér. calcaires, flor. avr.-mai. Fll. caduques en hiver, formant de petits tapis s'étalant ; tiges très courtes, 5-10 cm de hauteur avec les fl. Fll. recourbées, 4-7 mm de large. Fl. solitaires, 3,5-4,5 cm de large, de couleur variant du pourpre au jaune et au rougeâtre avec divers bicolores, même à l'intérieur d'une colonie (photo). Facile à cultiver sous châssis, mais pas très rustique au N. de l'Europe.

**Iris lutescens** Lam. syn. *I. chamaeiris* Bertol. – Or. N.-E. Espagne, S. France et Italie, sur collines dénudées rocheuses ou sablonneuses, souvent sur granite, dans des bois de pins clairs, flor. mars-avr. Plante persistante, en tapis denses. Tiges, 5-20 cm ; fll. 0,5-2,5 cm de large. 1 à 2 fl. par tige, 6-7 cm de large, aux pétales un peu plus grands que les sépales, jaunes, violet foncé ou bicolores, à barbes jaunes. Facile à cultiver sous châssis ou en sol bien drainé, situation chaude et abritée. R.-15°C. La photo a été prise au S.-O. de la France, à l'O. de St-Tropez.

Iris lutescens, S. France près de Saint-Tropez

**Iris pseudopumila** Tineo – Or. S.-E. Italie, O. Yougoslavie et Sicile, sur des collines rocheuses et dans les fourrés secs, flor. mars-avr. Plante persistante, en petits tapis. Tiges, 3 cm, att. 25 cm avec les fl. Fll., 1-1,5 cm de large, un peu courbées. Fl. jaunes, rose pourpré, blanches ou bicolores, 6-8 cm de large. Barbes blanches touchées de jaune. De préférence en châssis ou en situation très abritée au soleil. R.-10°C.

**Iris scariosa** Willd. ex Link – Or. Asie, de Oural vers Tien Shan au N.-O. Chine, sur des collines rocailleuses ou steppes, parfois en milieu semi-désertique ou salin, jusqu'à

Iris attica, Parnassos Oros, Grèce

# IRIS

*Iris subbiflora*

3 000 m, flor. mai-juin. Plante à fll. caduques, en tapis denses. Tiges, 5-30 cm; fll. grisâtres, courbées, 1-2,5 cm de large. Tiges portant 2 fl., larges de 4-5 cm, génér. bleutées ou violacées, plus rarement blanches ou jaunes, aux bractées lâches, de texture assez fine. Au N.-O. Chine, les fl. sont toujours violacées et la plante, très naine; elle est plus haute et pleine de sève sur les collines rocailleuses avec pivoines (p. 96), tulipes et fritillaires. Barbes blanches. Prob. facile à cultiver en sol sec, humide au printemps. Devrait bien tolérer le froid sec.

**Iris schachtii** Markgraf – Or. C. Turquie, surtout sur le plateau d'Anatolie, sur les collines rocailleuses et dans la steppe, jusqu'à 1 800 m, flor. mai. Plante à fll. caduques, en petites touffes. Hauteur 10-30 cm, tiges génér. ramifiées; fll. att. 1,5 cm de large. 1 à 3 fl., 5-6 cm de large, génér. jaunâtres, bien que souvent violettes, aux bractées vertes teintées de violet, aux bords transparents. Barbes jaunes. Cette esp. nécessite une bonne terre en plein soleil et la sécheresse estivale.

**Iris subbiflora** Brot. syn. I. *lutescens* subsp. *subbiflora* (Brot.) Webb & Chater – Or. C. & N.-E. Portugal et S.-O. Espagne, avec un site près de Antequera, sur les collines rocailleuses dans les fourrés clairs, souvent sur le calcaire, flor. avr. Plante à fll. persistantes, en touffes denses. Tiges, 20-40 cm. Fll. dressées, 0,5-2,5 cm de large. Fl., 7-8 cm de large, génér. violettes. Barbes blanches ou violettes. Fleurit bien au N. de l'Europe en sol sablonneux bien drainé. R.-15°C.

**Iris taochia** Woron. ex Grossh. – Or. N.-E. Turquie, dans les éboulis rocheux à 1 500-1 700 m, flor. mai-juin. En touffes denses de fll. caduques. Tiges, 25-35 cm, ramifiées 1-2 fois. Fll. dressées, 1,5-2,5 cm de large. Fl., 5-7 cm de large, violettes, jaunes ou rouge brunâtre dans une même population. Barbes jaunâtres ou blanches, touchées de jaune. Cultiver sous châssis au N. de l'Europe; peut rester dehors en climat plus chaud et sec. R.-20°C. Cette esp. semble limitée aux environs de Tortum.

**Iris hybride** – Vieille var., prob. un hybride de I. *lutescens* et I. *germanica*, et un précurseur des iris à barbes intermédiaires. Tiges à 1 ou 2 fl., génér. fin avr., pétales plus grands que les sépales, qui sont assez recourbés.

*Iris*, hybride sans nom

*Iris aphylla* (*I. perrieri*)

*Iris taochia*, or. région de Tortum

*Iris schachtii* près de Malatya, C. Turquie

*Iris pseudopumila* près de Brindisi

*Iris taochia* près de Tortum, N.-E. Turquie

*Iris albertii* près de Medeo, Alma Ata

*Iris pallida* à Sellindge, Kent

**Iris albertii** Regel – Or. C. Asie, Tien Shan et Pamir Alaï, à 1 700-2 000 m, sur les collines rocheuses et dans les steppes herbacées montagneuses, flor. mai. En touffes qui se propagent. Tiges att. 1 m en culture, 70 cm dans la nature, se ramifiant en fourche large. Fll., 2-3 cm de large ; bractées vertes à bords papyracés. Barbes blanches touchées de jaune. Fl. bleu violacé, 6-8 cm de large. Facile à cultiver, surtout en châssis contre l'humidité hivernale, nécessitant le plein soleil pour bien fleurir. Les tiges fourchues sont typiques.

**Iris albicans** Lange – Or. Arabie Saoudite et Yemen, dans les rocailles sèches jusqu'à 2 200 m, flor. fév.-mai. Rapporté du sud par les Arabes et planté dans leurs cimetières, on le trouve maintenant à l'état plus ou moins sauvage, souvent encore dans les cimetières abandonnés, sur une grande partie du pourtour de la Méd., notamment en Turquie, S. Espagne et Crète. Forme des touffes se propageant. Tiges, 30-60 cm avec, au plus, 1 ramification très courte et génér. 2 fl. terminales. Fll. bleutées, à bouts incurvés. Larges bractées obtuses, vertes ou violacées dessous, à bords papyracés. Fl. génér. blanches, parfois bleu pâle, délicatement parfumées. Facile à cultiver en plein soleil et sol sec, bien drainé. Source : S. Arabie, John Marr 147. *I.* 'Florentina' (voir p. 196) diffère par ses bractées entièrement papyracées lors de la flor., les tiges de ses ramifications latérales, et ses fl. légèrement teintées de bleu.

**Iris imbricata** Lindl. – Or. Azerbaïdjan soviétique et N. Iran, monts Talysh et Elbrouz, sur les prairies montagneuses, les éboulis et les rocailles humides à 1 400-3 000 m, flor. mai-juin. Forme des touffes denses. Tiges ramifiées, 30-60 cm, à 2-3 fl. Fll. plates, dressées, vert gris, 2-3 cm de large. Bractées renflées, vert pâle, transparentes aux extrémités. Barbes jaune foncé. Fl. jaunâtre pâle, 7-9 cm de large. Magnifique photo de cette esp. dans le livre de Brian Mathew *The Iris*, avec des pavots d'orient écarlates dans les prairies du haut Elbrouz.

**Iris germanica** L. 'Nepalensis' syn. '**Purple King**', '**Atropurpurea**' – Un des nombreux clones nommés de *I. germanica*. Remarquable par ses fl. entièrement violettes, les poils de la barbe blancs à l'apex, touchés de jaune vers la base des segments. Intr. de Katmandou au XIXᵉ siècle. Flor. hâtive dans les jardins.

**Iris pallida** Lam. subsp. *pallida* (s. *Iris*-pogon) **Iris de Florence** – Or. O. Yougoslavie, sur collines rocheuses calcaires et dans les gorges descendant vers l'Adriatique, flor. mai. En touffes qui se propagent. Tiges très ramifiées att. 1,2 m. Fll. très bleutées, 1-4 cm de large, att. 60 cm de hauteur. Bractées entièrement argentées et papyracées. Fl. 3-6, bleu lilacé pâle, 9-11 cm de large. Facile à cultiver en terre ordinaire au soleil, et très florifère. Belle par ses fl., mais aussi par ses fll. qui restent saines tout l'été. Source : S. Yougoslavie près de Titograd (Podgorica).

**I. pallida 'Variegata'** Excellente plante de jardin, décorative par ses fll. panachées quand la flor. est terminée ; il y en aurait 2 f., 'Argentea', à bandes blanches, et 'Aurea' à bandes dorées. En fait, on ne distingue qu'une f. jaune blanchâtre. Subsp. *cengialtii* (Ambr.) Foster, or. N. Italie, tiges att. 45 cm seulement, bractées plus brunes et fll. plus vertes. Fl. violet plus foncé à barbes touchées de blanc ou d'orange. Photographies de Brian Mathews.

**Iris purpureobractea** Mathew & T. Baytop – Or. N.-O. et C. Turquie, surtout mont Honaz Da., dans les rocailles, les forêts de cèdres ou de pins à 60-1 600 m, flor. avr.-mai. Pousse en touffes. Tiges, 20-50 cm. Fll., 1,5-2,5 cm de large. Bractées violacées. Fl. jaune pâle veinées de brun verdâtre ou bleu pâle veinées de bleu plus foncé, 10-12 cm de hauteur totale. Sol bien drainé en plein soleil. R.-15°C.

**Iris variegata** L. – Or. C. et E. Europe, de S. Allemagne et Autriche vers O. Ukraine, S. Yougoslavie et Bulgarie, dans les bois clairs, les fourrés, les rocailles, flor. mai-juin. Forme des touffes denses. Tiges, 15-40 cm, ramifiées près du sommet. Fll. vert foncé, att. 30 cm de hauteur et 3 cm de large, très nervurées. Bractées vertes ou violacées. Fl. 3-6, larges de 5-7 cm, à pétales jaune pâle et sépales presque horizontaux rayés de rouge ou de violet. Barbes jaunes. Facile à cultiver en terre ordinaire, supporte mieux l'ombre que la plupart des esp. de ce groupe. Parent de nombreux iris bicolores à barbes.

*Iris pallida* subsp. *cengialtii*

*Iris pallida* 'Variegata'

*Iris purpureobractea* chez Brian Mathew

*Iris albicans*, or. d'Arabie, à Kew

*Iris germanica* 'Nepalensis'

*Iris imbricata*, à Kew

*Iris variegata*

Iris 'Broomyard'

'Summer Nights'

'Sarah Taylor'

'Saltwood'

'Darkover'

'Sunny Smile'

'Truly'

'Bibury'

'Low'

'Double lament'

'Royal Emblem'

Réduction à 50 %, échantillons des Wisley Gardens, 14 mai

Iris 'Smartipants'

Iris 'Arctic Fancy'

Iris 'Partridge'

Iris 'Double Lament'

Iris 'Bibury'

**'Arctic Fancy'** (intermédiaire, à barbes) – Enregistré par A. Brown 1964. Parents : 'Dale Dennis' × 'Rococo'. Plicata, pétales blancs, piqués de violet : sépales blancs, piqués de violet ; barbes violet pâle à bouts violets. Hauteur 50 cm. Flor. hâtive.

**'Bibury'** (nain, à barbes) – Enregistré par J.D. Taylor 1975. Parents : 'Saltwood' × jeune plant. Pétales blancs ; sépales blancs à centres jaune pâle ; barbes orangées. Hauteur 30 cm. Flor. hâtive.

**'Broomyard'** (nain, à barbes) – Enregistré par J.D. Taylor 1979. Parents : 'Saltwood' × jeune plant. Pétales gris bleu ; sépales de même couleur striés de marron à centres jaunes ; barbes dorées. Hauteur 28 cm. Flor. hâtive.

**'Darkover'** (nain, à barbes) – Enregistré par N.K. Stopes 1983. Parents : 74/73 (35/71 m ('Blueberry Muffin' × 36/69 m) × 'Gingerman') × inconnu. Marron foncé uni à barbes bleutées. Hauteur 25 cm. Flor. hâtive.

**'Double Lament'** (nain, à barbes) – Enregistré par J.D. Taylor 1969. Parents : ('Green Spot' × *pumila*) × 'Velvet Caper'. Violet uni

plus sombre au centre des sépales ; barbes pâles touchées d'orange. Hauteur 30 cm. Mi-saison.

**'Low'** (nain, à barbes) – Enregistré par A. Brown 1969. Parents : (issu du même semis que 'Sunny Heart' et 'Cartwheel') × 'Lilli-Var'. Pétales jaune de chrome vif ; sépales rouge sang de bœuf sombre à bord jaune de chrome de 4 mm ; solide et doux ; barbes orange vif. Hauteur 30 cm. Flor. hâtive.

**'Partridge'** (intermédiaire, à barbes) – Enregistré par J.D. Taylor 1973. Parents : jeune plant C43 × ('Staten Island' × 'Dandy'). Pétales dorés ; sépales marron. Hauteur 60 cm. Flor. tardive.

**'Royal Emblem'** (nain, à barbes) – Enregistré par L.W. Brummitt 1978. Parents : 'Blueberry Muffin' × 'Purple Landscape'. Pétales rouge violacé, sépales rouge violacé velouté ; barbes violet plus soutenu. Hauteur 30 cm. Flor. hâtive ou mi-saison.

**'Saltwood'** (nain, à barbes) – Enregistré par J.D. Taylor 1971. Parents : 'Sunny Heart' × jeune plant Taylor J42/1. Pétales citron ; sépales jaunes bordés de jaune citron. Hauteur 33 cm. Flor. hâtive.

**'Sarah Taylor'** (nain, à barbes) – Enregistré par J.D. Taylor 1979. Parents : Jones M212/3 × 'Stockholm'. Pétales crème ; sépales jaune primevère pâle ; barbes bleues. Hauteur 30 cm. Flor. hâtive.

**'Smarty Pants'** (massif bas, à barbes) – Enregistré par A. White. Parents : 'Sans Souci' × inconnu. Tons rougeâtres. Mi-saison.

**'Summer Nights'** (nain, à barbes) – Enregistré par L. Boushay 1979. Parents : ('Honey Talk' × 'Grace Note') × 'Stockholm'. Mariage de bleu violet sur fond olive, bleu plus soutenu à la base ; barbes de même couleur. Hauteur 29 cm. Flor. hâtive ou mi-saison.

**'Sunny Smile'** (nain, à barbes) – Enregistré par N.K. Scopes 1977. Parents : ('Eye Shadow' × 'Lenna M.') × 'Sapphire Heart'. Pétales jaune doré pâle ; sépales légèrement plus soutenus ; barbes blanches. Hauteur 30 cm. Flor. hâtive.

**'Truly'** (nain, à barbes) – Enregistré par B. Warburton 1977. Parents : 'Daughter' × 'Dear Love'. Bleu très pâle uni à veines plus sombres ; barbes blanc crème. Hauteur 30 cm. Flor. hâtive.

# IRIS

'Happy Mood'

'Devilry'

'Anne Elizabeth'

'Amphora'

'Sky Caper'

'Downland'

'Austrian Sky'

'Little Suki'

'Langport Carnival'

*Iris germanica* (p. 196)

Réduction à 66 %, échantillons des Wisley Gardens, 14 mai

# IRIS

Grands Iris des jardins ou Iris à barbes.

'Small Wonder'

'Owlet'

'Jeremy Brian'

**'Amphora'** (nain, à barbes) – Enregistré par J.D. Taylor 1972. Parents : 'Sunny Heart' × jeune plant 242. Pétales blancs ; sépales blancs tachés de jaune clair ; barbes jaunes. Hauteur 28 cm. Flor. début à mi-saison.

**'Anne Elizabeth'** (nain, à barbes) – Enregistré par J.D. Taylor 1973. Parents : 'Circlette' × 'Plicatree'. Plicata blanc à bords et veines bleu violet ; barbes blanches. Hauteur 28 cm. Flor. début à mi-saison.

**'Austrian Sky'** (nain, à barbes) – Enregistré par G.W. Darby 1957. Parents : (jeune plant × 'Welch') × 'Blue Ensign'. Bleu uni, zones plus foncées et veines très foncées sur les sépales, pétales bleu ciel. Hauteur 30 cm. Mi-saison.

**'Devilry'** (nain, à barbes) – Enregistré par J.D. Taylor 1969. Parents : jeune plant E96/10 × 'Lemanis'. Violet brun uni à barbes brunes. Hauteur 33 cm. Mi-saison.

**'Downland'** (intermédiaire) – Enregistré par R. Usher 1969. Parents : 'Little Rosy Wings'

× 'Captain Gallant'. Pétales rouge prune ; sépales rouge bordeaux, à bords rouge prune ; barbes bronze. Hauteur 48 cm. Mi-saison.

**'Happy Mood'** (intermédiaire, à barbes) – Enregistré par A. Brown 1967. Parents : 'Knotty Pine' × 'Rococo'. Pétales blancs teintés de bleu pâle ; sépales blancs avec une bande bleue ; barbes ivoire, teintées de jaune orchidée. Hauteur 56 cm. Flor. hâtive.

**'Jeremy Brian'** (nain, à barbes) – Enregistré par B. Price 1975. Parents : 'Blue Denim' × 'Sparkling Champagne'. Bleu argenté pâle uni ; barbes teintées de jaune. Hauteur 25 cm. Flor. début à mi-saison.

**'Langport Carnival'** (intermédiaire, à barbes) – Intr. par Kelway & Son avant 1940 ; parents inconnus. Violet fumé à grandes marques brunes sur les sépales ; barbes violettes touchées d'orange. Hauteur 56 cm. Flor. hâtive.

**'Little Suki'** (nain, à barbes) – Enregistré par N.K. Scopes 1970. Parents : 'Robert Melrose'

× 'Velvet Capers'. Pétales crème fumé ombrés de violet à la base ; sépales plus fumés. Hauteur 30 cm. Flor. hâtive.

**'Little Vanessa'** (nain, à barbes) – Enregistré par J.D. Taylor 1968. Parents : (jeune plant de Langdale × jeune plant) × 'Red Dandy'. Pétales magenta ; sépales magenta, à barbes blanches. Hauteur 30 cm. Mi-saison.

**'Owlet'** (nain, à barbes) – Enregistré par J.D. Taylor 1976. Parents : 'Jane Taylor' × jeune plant. Pétales lavande ; sépales lavande à marques plus foncées. Hauteur 35 cm. Flor. hâtive.

**'Sky Caper'** (nain, à barbes) – Enregistré par Warburton 1962. Parents : 'Fairy Flax' × AM-5 (*pumila* bleu). Uni bleu violacé pâle, barbes blanches. Hauteur 15 cm. Flor. hâtive.

**'Small Wonder'** (semi-nain, à barbes) – Enregistré par G. Douglas 1953. Parents : 'Helen McGregor' × *pumila* bleu. Uni bleu mauve moyen ; barbes jaunes. Hauteur 28 cm. Flor. hâtive à mi-saison.

# IRIS

'Green Spot'

'Canary Bird'  'Langport Wren'  'Langport Honey'

'Amethyst Flame'

'Florentine'  'Langport Chief'

'Langport Finch'  'Langport Chapter'

'Blue Pansy'

Iris germanica 'Nepalensis'

Iris germanica

Réduction à 20 %, échantillons de Eccleston Square, 20 mai

'Amethyst Flame'

Iris germanica

**Iris germanica** L. – D'origine inconnue, prob. hybride, peut-être or. E. méd. Vieille plante bien connue et abondamment cultivée dans nos jardins, également pour le parfum que l'on extrait de ses rhizomes. Souvent naturalisée dans des zones sèches et rocailleuses. Hampes florales robustes et bien ramifiées, 40-90 cm, ramifications att. 5 cm. Fll. droites, 30-70 cm x 2-3,5 cm un peu bleutées. Fl. à pétales violet lavande 5,5-9 cm x 4-6 cm; sépales violet velouté foncé, marqués de blanc à leur naissance, 5,5-9 x 4-6 cm; barbes blanches ou blanchâtres. Excellente plante qui fleurit bien en jardins de ville secs, sous ombrage partiel saisonnier en mars-mai. Parfumée.

**Iris germanica 'Florentina'** syn. *Iris florentina* auct, vix L. – Fl. blanches parfumées, nuancées de bleu très pâle, marquées à la base des segments, avec barbes jaunes. Bractées presque entièrement brunes et papyracées lors de la flor. Considéré maintenant comme une f. de *I. germanica*. Cultivé en Italie pour son parfum, surtout près de Florence. Flor. hâtive; facile à cultiver en toute terre et en plein soleil. Il faut faire sécher les racines pour qu'elles exhalent leur parfum « de violette ».

**Iris germanica 'Nepalensis'** syn. *I. germanica* **'Atropurpurea'** – Ancienne var. qui colonise les vieux jardins et s'est naturalisée; segments violet pourpré foncé, barbes blanches. Parfumé. (voir aussi p. 190).

**'Amethyst Flame'** (grand, à barbes) – Enregistré par B.R. Schreiner 1957. Parents :

'Crispette' × ('Lavandesque' × 'Pathfinder'). Uni violet améthyste; barbes jaunâtre pâle. Hauteur 97 cm. Mi-saison.

**'Blue Pansy'** (grand, à barbes) – Enregistré par Kelway & Son 1966. Parents : 'Black hills' × 'Knight Valiant'. Bleu violet foncé uni à barbes dorées. Hauteur 1,2 m. Mi-saison.

**'Canary Bird'** (grand, à barbes) – Kelway & Son 1957. Issu de 'Berkeley Gold'. Jaune citron. Hauteur 97 cm. Flor. début à mi-saison.

**'Green Spot'** (intermédiaire, à barbes) – Enregistré par P.H.R. Cook 1951. Parents : jeune plant × *pumila* jaune. Uni blanchâtre taché de vert sur les sépales; marques et barbes jaunes. Hauteur 25 cm. Très hâtif.

# IRIS

Iris dans le jardin de Claude Monet à Giverny, fin mai

**'Langport Chapter'** (intermédiaire, à barbes) –
Bleu moyen marqué de violet ; barbes
violacées. Hauteur 45 cm. Flor. hâtive.

**'Langport Chief'** (intermédiaire, à barbes) –
Intr. par Kelway & Son avant 1940. Parents
inconnus. Bleu violet, marques plus sombres
sur les sépales ; barbes dorées aux extrémités.
Hauteur 40 cm. Flor. hâtive.

**'Langport Finch'** (intermédiaire, à barbes) –
Intr. par Kelway & Son avant 1940. Bleu clair
uni, veines sombres sur les sépales ; barbes
blanchâtres touchées de jaune. Hauteur 45 cm.
Flor. hâtive.

**'Langport Honey'** (intermédiaire, à barbes) –
Intr. par Kelway & Son avant 1940. Parents
inconnus. Jaune orangé fortement marqué de
brun violacé sur les sépales ; barbes dorées.
Hauteur 66 cm. Flor. hâtive.

**'Langport Wren'** (intermédiaire, à barbes) –
Intr. par Kelway & Son avant 1940. Parents
inconnus. Brun magenta foncé, veines noires
sur les sépales et les pétales ; barbes jaunes.
Hauteur 66 cm. Flor. hâtive.

**'Plicata'** – Ressemble beaucoup à *I. pallida*
(p. 190), mais c'est une f. semi-albinos,
aux veines et pourtours des segments colorés
de violet. Barbes jaunes.

**'White May'** (intermédiaire, à barbes) – Intr.
par P.B.J. Murrell 1939. Parents : 'Orange
Queen' × 'Senlac'. Pétales blanc pur. Flor.
hâtive.

*Iris* 'Plicata' à Myddelton House

*Iris* 'White May'

'Brown Trout'

'Spring Festival'

'Big Day'

'Dante'

'Headlines'

'Helen McGregor'

'Gold Flake'

'Golden
Planet'

'Argus Pheasant'

Réduction à 50 %, échantillons de Eccleston Square, 6 juin

# IRIS

'**Argus Pheasant**' (grand, à barbes) – Enregistré par N. de Forest 1947. Parents : 'Casa Morena' × 'Tobacco Road'. Brun doré uni ; barbes jaune foncé. Hauteur 1 m. Mi-saison.

'**Big Day**' (grand, à barbes) – Intr. par Kelway & Son avant 1940. Parents inconnus. Bleu moyen, sépales marqués de blanc à la base ; barbes blanches. Hauteur 90 cm. Mi-saison.

'**Brown Trout**' (grand, à barbes) – Enregistré par Kelway & Son 1959. Parents : 'Magic Carpet' × 'Ranger'. Pétales cuivrés ; sépales rouge foncé. Hauteur 90 cm. Mi-saison.

'**Bruno**' (grand, à barbes) – Intr. par A.J. Biss 1922. Parents : 'Dominian' × inconnu. Bicolore jaune sombre. Parfum de raisin. Hauteur dépassant 80 cm. Mi-saison à tardif.

'**Dante**' (grand, à barbes) – Enregistré par R. Kelway 1958. Parents : 'Mexico' × inconnu. Pétales bronze doré ; sépales rouge sang à bords dorés. Hauteur 80 cm. Mi-saison.

'**Gold Flake**' (grand, à barbes) – Enregistré par O.D.N. et P.B.J. Murrell 1933. Parents : 'W.R. Dykes' × inconnu. Segments ondulés jaune bronze doré taché de crème, veines bronze sur les sépales. Hauteur 1 m. Mi-saison.

'**Golden Planet**' (grand, à barbes) – Enregistré par Kelway & Son 1956. Parents : 'Desert Song' × inconnu. Jaune uni ; barbes jaunes. Hauteur 90 cm. Flor. début à mi-saison.

'**Gracious Living**' (grand, à barbes) – Enregistré par L.W. Brummitt 1966. Parents : 'Melodrama' × 'Mary Randall'. Pétales crème ombrés de lilas à la base. Hauteur 90 cm.

'**Headlines**' (grand, à barbes) – Enregistré par L. Brummitt 1953. Parents : 'Extravaganza' × 'Louise Blake'. Pétales blanc pur ; sépales veloutés, violet foncé ; barbes jaunes. Hauteur 90 cm. Tardif.

'**Helen McGregor**' (grand, à barbes) – Enregistré par N. Graves 1943. Parents : 'Purissima' × 'Cloud Castle'. Bleu pâle éclatant ; barbes blanchâtres. Hauteur 1 m. Mi-saison.

'**Lady Mohr**' (grand, à barbes – Arilbred) – Enregistré par Salbach 1943. Parents : (jeune plant × 'William Mohr') × Ib-MAC. Pétales violet pâle striés de pourpre ; sépales crème striés de pourpre ; barbes brunes. Hauteur 90 cm. Mi-saison.

'**Muriel Neville**' (grand, à barbes) – Enregistré par H. Fothergill 1963. Parents : ('Queechee' × 'Great Day') × ('Sequatchie' × 'Blood Cornelian') × ('Mexican Magic' × 'Benton Mocha') × 'Ebony Echo'. Cramoisi. Hauteur 1,10 m. Mi-saison.

'**Orange Dawn**' (grand, à barbes) – Enregistré par S. Linnegar pour A. Howe 1981. Parents : 'May Melody' × inconnu. Pétales orange chamoisé. Hauteur 1 m. Mi-saison à tardif.

'**Spring Festival**' (grand, à barbes) – Enregistré par D. Hall. Parents : jeune plant × 'Mary Hall'. Pétales rose pâle ; sépales rose moyen ; barbes rouges. Hauteur 95 cm. Mi-saison.

'**Staten Island**' (grand, à barbes) – Enregistré par K.D. Smith 1947. Parents : 'The Red Admiral' × 'City of Lincoln'. Jaune teinté de rose. Hauteur 1 m. Mi-saison.

'**Wheatear**' (grand, à barbes) – Enregistré par B.L.C. Dodsworth 1984. Parents : 'Ultrapoise' × 'Radiant Light'. Ondulé abricot uni à barbes mandarine. Hauteur 1 m. Tardif.

*Iris* 'Lady Mohr'

*Iris* 'Wheatear'

*Iris* 'Muriel Neville'

*Iris* 'Staten Island'

*Iris* 'Bruno'

*Iris* 'Gracious Living'

*Iris* 'Orange Dawn'

'Passport'

'Out Yonder'

'Derwentwater'

'Lady Ilse'

'Fantasy Fair'

'Valimar'

'San Leandro'

'Mary Frances'

'Lovely Letty'

Réduction à 30 %, échantillons de Claire Austin, Albrighton, 20 juin

**'Actress'** (grand, à barbes, remontant) –
Enregistré par K. Keppel 1975. Parents : 'Ford
Wish' × 69-41c : (('Marquesan Skies'
× 'Babbling Brook') × 'Touche'). Violet glycine
uni. Hauteur 90 cm. Début à mi-saison,
remontant.

**'Arcady'** (grand, à barbes) – Enregistré par
H. Fothergill 1959. Parents : 'Jane Phillips'
× 'Pegasus'. Pétales bleu pâle ; sépales bleu
pâle ; barbes blanches touchées de jaune pâle.
Hauteur 1,2 m. Mi-saison à tardif.

**'Babbling Brook'** (grand, à barbes) –
Enregistré par Keppel 1965. Parents : 'Galilée'
× 'Symphony'. Bleu clair uni ; barbes blanches
touchées de jaune. Ondulé. Hauteur 1 m.
Mi-saison.

**'Blue Rythm'** (grand, à barbes) – Intr. par
C.G. Whiting 1945. Parents : 'Annabel'
× 'Blue Zenith'. Bleu moyen uni. Hauteur 1 m.
parfum citronné. Mi-saison.

**'Blue Sapphire'** (grand, à barbes) – Enregistré
par B. Schreiner 1953. Parents : 'Snow Flurry'
× 'Chivalry'. Bleu argenté uni très clair ; barbes
blanches. Hauteur 1 m. Flor. hâtive.

**'Derwentwater'** (grand, à barbes) – Enregistré
par H.J. Randall 1953. Parents : 'Helen
McGregor' × 'Cahokia'. Uni bleu pâle délicat ;
barbes blanc crème. Hauteur 90 cm. Mi-saison.

**'Fantasy Fair'** (grand, à barbes) – Enregistré
par J. Nelson 1977. Parents : ('Flame and
Sand' × 'Pink Taffeta') × 'Buffy'. Ondulé et très
dentelé, rose orchidée fumé. Hauteur 90 cm.
Mi-saison.

**'Gilston Gwyneth'** (grand, à barbes) –
Enregistré par H. Fletcher 1963. Parents :
'Pegasus' × ('Cascadian' × 'Keene Valley').
Pétales bleu moyen, ondulés ; sépales bleu plus
clair. Hauteur 90 cm. Mi-saison.

**'Jane Phillips'** (grand, à barbes) – Enregistré
par N. Graves 1946. Parents : 'Helen
McGregor × ('Pale Moonlight' × 'Great
Lakes'). Beau bleu uni ; barbes blanches.
Hauteur 1 m. Mi-saison.

**'Lady Ilse'** (grand, à barbes) – Enregistré par
K. Smith 1950. Parents : 'Jane Phillips'
× 'Keene Valley'. Bleu violet doux uni un peu
jaunâtre. Hauteur 1 m. Mi-saison tardive.

**'Lovely Letty'** (grand, à barbes) – Enregistré
par D. Hall 1960. Parents inconnus.
Bleu violet pâle uni à barbes mandarine.
Hauteur 80 cm. Mi-saison.

**'Mary Frances'** (grand, à barbes) – Enregistré
par L. Gaulter 1971. Parents : 'Town and
Country' × ('Mary Phillips × 'Sterling Silver').
Ondulé, bleu orchidée clair uni. Hauteur 1 m.
Mi-saison.

**'Out Yonder'** (grand, à barbes) – Enregistré
par G. Wickersham 1969. Parents inconnus.
Pétales bleu très pâle à veines plus sombres ;
sépales violet indigo ; barbes blanches ou un
rien jaunâtres. Hauteur 90 cm. Mi-saison.

**'Passport'** (intermédiaire, à barbes) –

Enregistré par J. Ghio 1970. Parents : inconnu
× 'Oracle'. Légèrement ondulé, blanc uni
nuancé de bleu violet ; barbes blanches.
Hauteur 60 cm. Hâtif.

**'San Leandro'** (grand, à barbes) – Enregistré
par L. Gaulter 1968. Parents : ((('Fuchsia'
× 'Party Dress') × ('Frost and Flame' × jeune
plant)) × ('Arctic Flame' × jeune plant))
× 'Rippling Waters'. Violet clair uni ; barbes
mandarine. Hauteur 90 cm. Mi-saison.

**'Valimar'** (grand, à barbes) – Enregistré par
J.R. Hamblen 1956. Parents : ('Helen
McGregor' × 'Radiation') × 'Palomino'.
Ondulé, pétales violet rosé. Hauteur 90 cm.
Mi-saison à tardif.

*Iris* 'Blue Rythm'

*Iris* 'Jane Phillips'

Iris 'Blue Sapphire'

*Iris* 'Actress'

*Iris* 'Gilston Gwyneth'

*Iris* 'Babbling Brook'

*Iris* 'Arcady'

# IRIS

Aperçu des collections d'iris des jardins de Myddelton House, Middlesex

**'Annabel Jane'** (grand, à barbes) – Enregistré par B. Dodsworth 1973. Parents : 'Sterling Silver' × 'Champagne Music'. Pétales lilas pâle. Hauteur 1,2 m. Mi-saison.

**'Black Swan'** (grand, à barbes) – Enregistré par Fay 1960. Parents : 'Sable Night' × 53x68. Noir rougeâtre uni ; barbes brunes. Hauteur 90 cm. Mi-saison.

**'Brummit's Mauve'** (grand, à barbes) – Son enregistrement n'a pas été retrouvé ; prob. par L. Brummit. Parents inconnus. Violet brun uni, bords bruns. Hauteur 1 m. Tardif.

**'Deep Pacific'** (grand, à barbes) – Enregistré par E. Burger 1975. Parents : 'Cup Race' × 'Royal Touch'. Bleu marine uni, barbes bleu moyen. Hauteur 70 cm. Mi-saison à tardif.

**'Los Angeles'** (grand, à barbes) – Il fut enregistré soit par W.J. Rudill 1926, soit par S.B. Mitchell 1927. Uni, bleu violet soutenu marqué de violet brunâtre. Hauteur 80 cm. Mi-saison.

**'Magic Man'** (grand, à barbes) – Enregistré par B. Blyth 1979. Parents : (('Fanfare Orchid' × ('Arctic Flame' × 'Morning Breeze')) × 'Latin Tempo') × 'Cabaret Royale'. Pétales bleu clair à zone plus foncée autour de la nervure centrale. Hauteur 1 m. Mi-saison à tardif.

**'Night Raider'** (grands, à barbes) – Enregistré par C. Burrell 1976. Parents : ('Licorice Stick' × 'Rawlins' 68-17) × (('Dark Fury' × ('Black Hills' × 'Velvet Dusk')). Noir bleuté velouté uni, les barbes de même. Hauteur 90 cm. Début à mi-saison.

**'Nineveh'** (grand, à barbes) – Enregistré par Keppel 1965. Parents : 'Bang' × 'Capitola'. Pétales violacés teintés de brun à la base. Hauteur 80 cm. Hâtif.

**'Raspberry Ripples'** (grand, à barbes) – Intr. par O.D. Niswonger 1967. Parents : ('Pink Fulfilment' × 'Orchid Jewel') × 'Rippling Waters'. Segments frisés, violet rosé sombre, unis, barbes orange brun. Hauteur 90 cm. Mi-saison.

**'Royal Ruffles'** (grand, à barbes) – Enregistré par E. Purviance 1962. Parents : 'Black Forest' × 'Chivalry'. Bleu marine uni à barbes bleues. Hauteur 75 cm. Début à mi-saison.

**'Royal Touch'** (grand, à barbes) – Enregistré par Schreiner's 1966. Parents : ((J219-A ('Blue Ensign' × ('The Admiral' × 'Great Lakes')) × 'Randolph' ('Pierre Menard' × ('Distance' × 'Sylvia Murray')). Marine foncé, bleu violet uni ; barbes bleu marine. Haut. 90 cm. Tardif.

**'Sable'** (grand, à barbes) – Enregistré par P.H. Cook 1938. Parents : ((('Innocenza' × 'Blue Boy') × 'Cinnebar') × (('Cinnebar' × ('Innocenza' × 'Blue Boy')) × 'Cinnebar')) × ('Seminole' × 'Cinnebar')). Pétales bleu violet foncé. Hauteur 85 cm. Mi-saison.

**'Sign of Leo'** (grand, à barbes, remontant) – Enregistré par L. Zurbrigg 1976. Parents : 'Jet Black' × 'Lovely Again'. Pétales violet tirant un peu sur le rouge. Hauteur 90 cm. Hâtif, remontant à la fin de l'été.

*Iris* 'Sign of Leo'

*Iris* 'Night Raider'

*Iris* 'Royal Touch'

*Iris* 'Magic Man'

'Nineveh'

'Raspberry Ripples'

'Los Angeles'

'Brummit's Mauve'

'Deep Pacific'

'Royal Ruffles'

Réduction à 30 %, échantillons de Claire Austin, 12 juin

*Iris* 'Black Swan'

*Iris* 'Sable'

*Iris* 'Annabel Jane'

# IRIS

Champs d'Iris à Claire Austin, Albrighton

'Joyce Terry'

'Star Shine'

'Golden Encore'

'Debby Rairdon'

'Lime Crystal'

'Grace Abounding'

**'Aunt Martha'** (pour massifs, à barbes) –
Enregistré par J. Allen 1970. Parents : ('Snow
Goddess' × 'Limelight') × 'Yellow Dresden'.
Pétales très ondulés jaune pâle uni avec une
zone blanche autour des barbes jaune pâle.
Hauteur 60 cm. Mi-saison.

**'Debby Rairdon'** (grand, à barbes) –
Enregistré par Kuntz 1964. Parents non
inscrits. Pétales jaune sourd avec du blanc
au revers ; sépales blanc perle, blancs au revers,
jaunâtres sur les côtés ; barbes dorées. Hauteur
90 cm. Mi-saison à tardif.

**'Frost and Flame'** (grand, à barbes) –
Enregistré par D. Hall 1956. Parents inconnus.
Blanc uni marqué de pourpre et de jaune ;
barbes rouges. Hauteur 90 cm. Hâtif.

**'Gala Crown'** (grand, à barbes) – Enregistré
par P.E. Corey 1958. Parents : (('Bureau
× jeune plant) × 'Anthea') × 'Pink Tea'.
Couleur melon pâle nuancée de rose ; barbes
orange. Hauteur 90 cm. Mi-saison.

**'Gold Alps'** (grand, à barbes) – Enregistré par
L. Brummitt 1952. Parents : 'Admiration'
× jeune plant. Pétales blanc crème à veines
jaune pâle ; sépales jaune d'or assez foncé,
veines plus sombres à la base ; barbes jaune
d'or. Hauteur 90 cm. Mi-saison.

**'Golden Encore'** (grand, à barbes, remontant)
– Enregistré par F. Jones 1972. Parents :
(('Happy Birthday' × 'Fall Primrose') × 'Fall
Primrose') × 'Renaissance'. Jaune vif uni,

'Spirit of Memphis'

'Lemon Brocade'

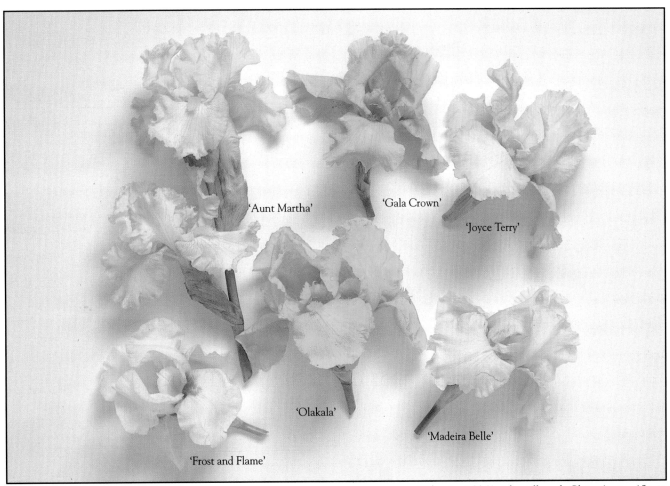

'Aunt Martha'    'Gala Crown'

'Joyce Terry'

'Olakala'

'Madeira Belle'

'Frost and Flame'

Réduction à 30 %, échantillons de Claire Austin, 15 juin

'Pale Primrose'

'Gold Alps'

sépales marqués de blanc ; barbes dorées. Hauteur 90 cm. Hâtif, remontant en fin d'été.

**'Grace Abounding'** (grand, à barbes) – Pauline M. McCormick pour H. Fothergill 1976. ('Cream Crest' × descendant de 'Gilded Minaret') × jeune plant. Jaune citron uni, légèrement ondulé. Hauteur 1 m. Mi-saison.

**'Joyce Terry'** (grand, à barbes) – Enregistré par T. Muhlestein 1974. 'Charmaine' × 'Launching Pad'. Légèrement ondulé, pétales jaunes, plus pâles au centre ; barbes jaune plus foncé encore. Hauteur 1 m. Mi-saison à tardif.

**'Lemon Brocade'** (grand, à barbes) – N. Rudolph 1973. Parents : 'Cream Taffeta'

× 67-54. Ondulé, jaune citron uni marqué de vert blanchâtre sur les sépales. Hauteur 90 cm. Mi-saison.

**'Lime Crystal'** (grand, à barbes) – B. Blyth 1975. Parents : 'Apropos' × 'Twist and Shout'. Pétales jaune citron ; barbes jaunes. Hauteur 90 cm. Mi-saison à tardif.

**'Madeira Belle'** (grand, à barbes) – Enregistrement non retrouvé. Ondulé, blanc uni, pétales à peine ombrés de violet. Haut. 80 cm. Tardif.

**'Ola Kala'** (grand, à barbes) – Enregistré par J.N. Sass 1942. Parents : ('Prairie Sunset' × inconnu) × ('Golden Age' × inconnu). Riche jaune soutenu. Hauteur 90 cm. Tardif.

**'Pale Primrose'** (grand, à barbes) – N. Whiting 1946. 'Happy Days' × 'Midwest Gem'. Jaune pâle uni avec une petite tache blanche ; barbes jaune d'or. Hauteur 80 cm. Tardif.

**'Spirit of Memphis'** (grand, à barbes, remontant) – Enregistré par L. Zurbrigg 1976. Parents : ('Miss Illini' × 'Grand Baroque') × 'Halloween Party'. Jaune moyen uni, ondulé et très dentelé ; barbes jaunes. Hauteur 90 cm. Mi-saison, remontant à la fin de l'été.

**'Star Shine'** (grand, à barbes) – Enregistré par N. Wills 1947. Parents : ('Hermitage' × 'Hernani') × 'Song of Gold'. Pétales jaune pâle. Hauteur 90 cm. Mi-saison à tardif.

'Jungle Shadow'

'Little Sheba'

'Autumn Leaves'

'Flareup'

'Strawberry Sundae'

'Carnaby'

'Olympic Torch'

'Firecracker'

'Etched Apricot'

Réduction à 30 %, échantillons de Claire Austin, 12 juin

**'Autumn Leaves'** (grand, à barbes) –
Enregistré par K. Keppel 1972. Parents :
'Vaudeville' × 'Radiant Apogee'. Tons bruns
mélangés sur les pétales ; barbes jaune orangé.
Hauteur 90 cm. Mi-saison.

**'Carnaby'** (grand, à barbes) – Enregistré par
Schreiner's 1973. Parents : 'Wine and Roses'
× Y 1307-A : (R 118-BX 'Rippling Waters').
Pétales ondulés rose vineux clair ; barbes
orange. Hauteur 90 cm. Mi-saison à tardif.

**'Chartreuse Ruffles'** (grand, à barbes) –
Enregistré par N. Rudolph 1975. Parents :
(jeune plant × Blocher 233) × 'Louise Watts'.
Ondulé, pétales rose lilas très clair ombrés de
chartreuse sur les bords ; barbes touchées de
jaune. Hauteur 90 cm. Mi-saison.

**'Député Nomblot'** (grand, à barbes) –
Enregistré par Cayeaux et Le Clerc 1929.
Parents non inscrits. Pétales roses ;
barbes jaune d'or. Hauteur 75 cm. Tardif.

**'Etched Apricot'** (grand, à barbes) – J. Gibson
1967. 'Henna Stitches' × 'Wild Ginger'.
Ondulés, pétales abricot brunâtre ;
barbes dorées. Hauteur 80 cm. Mi-saison.

**'Firecracker'** (grand, à barbes) – Hall 1942.
('Morning Splendour' × 'Legend')
× ('Dauntless' × 'Rameses'). Pétales brun rouge
sur fond jaune ; barbes or foncé. Hauteur
75 cm. Début à mi-saison.

**'Flareup'** (grand, à barbes) – J. Ghio 1977.
Plant issu du même semis que 'Coffee House'
× (('Ponderosa' × 'Travel On') × 'Ponderosa').
Ondulé, pétales brun jaunâtre ; barbes brun
jaunâtre. Hauteur 1 m. Mi-saison.

**'Jungle Shadows'** (intermédiaire, à barbes) –
Enregistré par E. Sass et H. Graham 1959.
'Black Delight' × jeune plant 54-95. Riche
mélange de bruns dorés ; barbes orange doré.
Hauteur 70 cm. Mi-saison.

**'Lady River'** (grand, à barbes) Kelway 1966.
'Melody Fair' × 'Party Ruffles'. Rose abricoté
uni, ondulé, veines violet bronze à la base des
sépales ; barbes rouge orangé. Hauteur 75 cm.
Mi-saison.

**'Little Sheba'** (grand, à barbes) – T.M. Abell.
'Saffron Charm' × 'Arabi Pasha'. Petites fl.
couleur blanc d'huitre à veines vert jaune.
Hauteur 75 cm. Mi-saison.

**'Olympic Torch'** – R. Schreiner 1956.
'Inca Chief' × (Sch. 49-46 × 'Watchfire').
Bronze doré clair uni ; barbes jaune bronze.
Hauteur 1 m. Mi-saison.

**'Saber Dance'** (grand, à barbes) – Enregistré
par O. Brown 1970. Parents : ('Grandiflora'
× (jeune plant rose × plant issu du même semis
que 'Gypsy Lullaby')) × plant issu du même
semis que 'Barcelona'. Pétales touchés de bleu
ciel passant couleur chair aux bords ; sépales
champagne lavés de rose lavande, foncé sur les
côtés. Hauteur 1 m. Mi-saison.

**'Strawberry Sundae'** (grand, à barbes) –
Enregistré par H. Schmelzer 1977. Parents :
('Harem Silk' × 'Wine and Roses') × 'Wine

*Iris* 'Député Nomblot' à Myddelton House

*Iris* 'Saber Dance'

*Iris* 'Chartreuse Ruffles'

*Iris* 'Witch of Endor'

*Iris* 'Lady River'

and Roses'. Pétales ondulés couleur crème ;
sépales framboise vineux, bords crème ;
barbes rouges. Hauteur 80 cm. Mi-saison.

**'Wild Ginger'** (grand, à barbes) – Enregistré
par J. Gibson 1960. Parents : 'Tohdoh'
× 'Floradora Flounce'. Plicata, pétales couleur
orchidée mêlée d'ambre brûlé. Hauteur 90 cm.
Début à mi-saison.

**'Witch of Endor'** (grand, à barbes, remontant)
– B. Miller 1977. 'Rainbow Promised'
× 'Cayenne Capers'. Noir cramoisi uni avec,
à la base des sépalès, une zone blanche veinée
de cramoisi foncé ; barbes dorées, ondulées.
Hauteur 1 m. Début à mi-saison, remontant
en fin d'été.

*Iris* 'Wild Ginger'

# IRIS

Iris barbus dans le jardin de Eccleston Square, Londres

'Stepping Out'

'Lovely Again'

**'Flaming Sword'** ou **'Flammenschwert'** (grand, à barbes) – Enregistré par Goos et Kœnemann 1920. Parents non inscrits. Pétales jaunes ; sépales brun violacé foncé fortement veinés de blanc ; barbes jaunes. Hauteur 80 cm. Mi-saison.

**'Lovely again'** (grand, à barbes, remontant) – Enregistré par R.G. Smith 1963. Parents non inscrits. Bleu lavande uni à barbes jaunes. Hauteur 80 cm. Mi-saison, remontant en fin d'été.

**'Mary Vernon'** (grand, à barbes) – Enregistré par N. McKee 1941. Parents : (N° 3814 ✕ 'Janet Butler') ✕ 'Chosen'. Pétales d'un beau jaune ; sépales brun rouge à bords jaune crème, striés à la base ; barbes jaunes. Hauteur 75 cm. Mi-saison.

**'Melbreak'** (grand, à barbes) – Enregistré par H.J. Randall 1957. Parents : ('Chérie' ✕ 'Angela Borgia') ✕ 'Mary Randall'. Ondulé ; pétales rose violacé à veines plus foncées teintés d'orange plus clair à la base des sépales ; barbes mandarine. Hauteur 1 m. Mi-saison à tardif.

**'Sea Venture'** (grand, à barbes) – Enregistré par Bennett Jones 1971. Parents : 'Avis' ✕ 'Eternal Love'. Ondulé ; pétales bleu pâle teintés de bleu marine sombre à leur base ; sépales bleu pâle ; barbes jaunes. Hauteur 90 cm. Mi-saison.

**'Needlecraft'** (grand, à barbes) – Enregistré par L. Zurbrigg 1976. Parents : ('Ribbon Round' ✕ R.G. Smith E5AR) ✕ 'Cross Stitch'. Plicata sur fond blanc. Hauteur 90 cm. Mi-saison.

**'Stepping Out'** (grand, à barbes) – Enregistré par Schreiner's 1964. Parents inconnus. Plicata à grandes zones blanches avec des bordures violet bleu sombre nettement dessinées. Hauteur 1 m. Mi-saison à tardif.

**'Sultry Sky'** (pour massifs, à barbes) – Enregistré par L.W. Neel 1952. Parents : 'Fair Elaine' ✕ 'Wabash'. Pétales crème rosé, teintés de jaune à la base ; sépales à fond paille et centre brun violacé ; barbes jaunes. Hauteur 1 m. Mi-saison.

**'Wabash'** (grand, à barbes) – Enregistré par E.B. Williamson 1936. Parents : 'Dorothy Dietz' ✕ 'Cantabile'. Bicolore, pétales blancs ; sépales violet velouté veinés de blanc à la base ; barbes jaune vif. Hauteur 90 cm. Mi-saison.

**'Whoop'em Up'** (grand, à barbes) – Enregistré par D. Brady 1973. Parents : ('Bang' ✕ 'Plunder') ✕ 'Extravaganza'. Pétales jaune d'or ; sépales marron, couleur or jaune au revers et en mince bordure sur l'endroit ; barbes jaunes. Hauteur 70 cm. Mi-saison.

'Needlecraft'

'Mary Vernon'

'Whoop'em Up'

'Sultry Sky'

'Wabash'

'Flaming Sword'

'Melbreak'

'Sea Venture'

'Tyrian Robe'

'Rose Violet'

'Royal Trumpeter'

'Foggy Dew'

'My Smoky'

'Royal Oak'

'Gracchus'

'Superstition'

'Frontier Marshall'

'Ultrapoise'

Réduction 30 %, échantillons récoltés le 4 juin

# IRIS

**'Blue Duchess'** syn. 'Crystal Blue' (grand, à barbes) – Enregistré par Kelway & Son 1966. Parents : 'Jane Phillips' × 'Blue Cameo'. Bleu clair uni. Hauteur 1 m.

**'Blue Eyed Brunette'** (grand, à barbes) – Enregistré par C. C. Hall. Parents : 'Quechee' × 'Carnton'. Pétales brun cigare ; sépales bruns tachés de bleu. Hauteur 90 cm.

**'Dancer's Veil'** (grand, à barbes) – Enregistré par P. Hutchinson 1959. Parents : (semis de plicata × 'Dancing Waters') × 'Rosy Veil'. Plicata à fond blanc bordé de violet bleu. Hauteur 90 cm. Mi-saison à tardif.

**'Dovedale'** (grand, à barbes) – Enregistré 1980 par B.L.C. Dodsworth. Parents : 'Raspberry Ripples' × 'San Leandro'. Lilas rosé moyen uni. Hauteur 80 cm. Tardif.

**'Dusky Dancer'** (grand, à barbes) – Enregistré par Watt Foulger 1952. Parents : 'Dark Fury' × 'Black Swan'. Violet noir uni très foncé, ondulé ; barbes noirâtres. Hauteur 90 cm. Mi-saison à tardif.

**'Foggy Dew'** (grand, à barbes) – Enregistré par Keppel 1968. Parents : 'Siva Siva' × 'Diplomacy'. Plicata aux pétales pastel lavés de crème grisé et de lavande. Hauteur 1 m. Mi-saison.

**'Frontier Marshall'** (grand, à barbes) – Enregistré par Schreiner's 1964. Parents : ('Trim' × 'Tall Chief') × 'Gypsy Jewels'. Couleur laque cramoisie unie ; barbes touchées de bronze. Hauteur 90 cm. Début à mi-saison.

**'Gracchus'** (grand, à barbes) – Intr. par T.S. Ware 1884. Parents inconnus : prob. un hybride de *I. variegata*. Pétales jaune clair ; sépales fortement striés de rougeâtre. Hauteur 75 cm.

**'My Honeycomb'** (grand, à barbes) – Enregistré par J. M. Gibson 1958. Parents : semis de 'Taholah'. Pétales brun clair ; barbes jaunes. Hauteur 90 cm. Mi-saison.

**'My Smoky'** (grand, à barbes) – Enregistré par Kelway & Son 1956. Parent : semis de 'Magic Carpet'. Plicata brun rosé teinté de jaune. Hauteur 90 cm. Mi-saison.

**'Rose Violet'** (grand, à barbes) – Intr. par J.H. Kirkland 1939. Parents non inscrits. Rouge uni. Mi-saison.

**'Royal Oak'** (grand, à barbes) – Enregistré par C.C. Hall 1962. Parents : 'Queechee' × 'Carnton'. Pétales brun cigare. Hauteur 80 cm. Mi-saison.

**'Royal Trumpeter'** (grand, à barbes) – Enregistré par C. Reynolds 1969. Parents : (59-27 ('Savage' × Ib-Mac) × 'Red Slippers') × L.P. 65-03 ('Barbizon' × 'Fire Ruby'). Rouge uni ; barbes rouge brun. Hauteur 75 cm. Tardif.

**'Superstition'** (grand, à barbes) – Enregistré par Schreiner's 1977. Parents : (v435-1 × 1560-15) × 'Navy Strut'. Uni à reflets d'ébène. Hauteur 90 cm. Mi-saison.

**'Tyrian Robe'** (grand, à barbes) – Enregistré par C.C. Hall 1968. Parents : 'Redbourne' × semis V178. Violet pourpré uni. Hauteur 90 cm. Mi-saison.

**'Ultrapoise'** (grand, à barbes, plicata) – Enregistré par Noyd 1961. Parents : (C. 'Honeyflow' × 'Tobacco Road') × 'Cliffdell') × (('Salmon Shell' × 'Hall 44-09) × 'Pink Formal') × 'Garden Gold'. Jaune paille uni à reflets roses sur les pétales ; barbes mandarine. Hauteur 90 cm. Mi-saison.

Iris 'Gracchus'

Iris 'Blue Duchess'

Iris 'Dovedale'

Iris 'Blue Eyed Brunette'

Iris 'Dancer's Veil'

Iris 'Dusky Dancer'

Iris 'My Honeycombe'

# IRIS

Aperçu de la collection d'iris des jardins de Myddelton House, Middlesex

'Emerald Fountain'

'I Do'

'Dream Lover'

**'Bewick Swan'** (grand, à barbes) – Enregistré par B.L.C. Dodsworth 1990. Parents : 'Crystal Blaze' × 'Rippling Waters'. Blanc uni marqué de jaune. Hauteur 1 m. Mi-saison.

**'Brother Carl'** (grand, à barbes, remontant) – Int. par L.A. Zurbrigg 1983. Parents : 'Sister Helen' × 'I Do'. Blanc uni, sépales délicatement veinés ; barbes blanches touchées de jaune. Hauteur 80 cm. Mi-saison.

**'Cliffs of Dover'** (grand, à barbes) – Enregistré par O.W. Fay 1952. Parents : 'New Snow' × 'Cahokia'. Blanc pur uni ; barbes jaunes. Hauteur 90 cm. Mi-saison.

**'Christmas Angel'** (grand, à barbes) – Enregistré par R. De Forest 1959. Parents : 'Frances Kent' × 'Paradise Pink'. Blanc uni taché de jaune vif. Hauteur 1 m. Mi-saison.

**'Cups Race'** (grand, à barbes) – Enregistré par Buttrick 1962. Parents : ('Bluebird Blue' × 'South Pacific') × 'Concord Town'. Blanc uni, ondulé, teinté de mauve et de jaunâtre. Hauteur 90 cm. Mi-saison à tardif.

**'Dream Lover'** (grand, à barbes) – Enregistré par E. Tams 1970. Parents : 'Miss Indiana' × ('Melodrama' × 'Rippling Waters'). Ondulé. Pétales blanc bleuté. Hauteur 91-97 cm. Mi-saison à tardif.

**'Emerald Fountain'** (grand, à barbes) – Enregistré par D. Brown 1960. Parents : 'Blue Sapphire' × ('Hit Parade' × 'Pink Formal') × ('Mary Randall' × 'Limelight')). Pétales ondulés blanc verdâtre uranium infusé de bleu. Hauteur 1 m. Mi-saison à tardif.

**'English Cottage'** (grand, à barbes, remontant) – Enregistré par L. Zurbrigg 1976. Parents :

(('Crinkled Ivory' × 'Autumn Sensation') × 'Grand Baroque') × 'Cross Stitch'. Pétales blancs bordés de violet très pâle. Hauteur 90 cm. Hâtif, remontant en fin d'été.

**'Gudrun'** (grand, à barbes) – Enregistré par Mrs W.R. Dykes 1930. Parents inconnus. Blanc uni aux sépales veinés de jaune ; barbes jaune orangé. Hauteur 1 m. Mi-saison.

**'I Do'** (grand, à barbes, remontant) – Enregistré par L. Zurbrigg 1973. Parents : 'Grand Baroque' × 'Amy'. Pétales blancs avec des reflets violets et jaune vert, verdâtres au centre. Hauteur 80 cm. Début à mi-saison, remontant en fin d'été.

**'Vanity'** (pour massifs, à barbes) – Enregistré par B.Y. Morrison 1928. Parents non inscrits. Tons rose pâle ; sépales plus clairs ; barbes rouges. Hauteur 95 cm. Mi-saison.

'Gudrun'

'Christmas Angel'

'Cliffs of Dover'

'English Cottage'

'Cups Race'

'Brother Carl'

'Vanity'

'Bewick Swan'

Réduction à 50 %, iris des Wisley Gardens, 21 mai

'Banbury Welcome'

'Pacific Moon'

'Banbury Beauty'

'Banbury Gem'

'Banbury Fair'

'Phillida'

'Lavender Royal'

'Banbury Velvet'

**Iris douglasiana** Herbert (s. *Californicae*) – Or. côte pacifique, de S. Californie à Orégon, sur des prairies en pente, flor. mars-mai. Forme des touffes peu serrées. Fll. persistantes, vert foncé, nervurées, att. 2 cm de large. Tiges att. 80 cm, avec génér. 1-4 rameaux latéraux, et 1-3 fll. La couleur des fl. varie de crème pâle à bleuté ou pourpre rougeâtre foncé. Tubes floraux, 1,5-2,8 de long ; sépales oblancéolés à obovales, 5-8,7 cm de long ; pétales oblancéolés, 4-7 cm de long, att. 1,8 cm de large. Styles, 1-2 cm de long, grossièrement dentés. Capsules à section triangulaire aiguë. C'est le plus grand des iris de la côte pacifique et le plus répandu ; facile à cultiver en sol tourbeux, sablonneux, plutôt humide. R.-15°C.

**Iris tenuissima** Dykes (s. *Californicae*) – Or. N. Californie, de Butte à Siskiyou et Humboldt Counties, dans les clairières des bois secs de chênes, pins ou conifères mixtes, souvent au bord des routes, flor. avr.-juin. Fins rhizomes ; fll., 0,6 cm de large, souvent rougeâtres à la base, att. 40 cm de long. Hampes florales att. 20 cm, portant génér. 2 fl. Fl. génér. crème pâle, à veines pourprées ou brunâtres, moins nervées chez var. *purdyiformis* R.C. Foster, prob. la plante de la photo ci-contre. Sépales, 4,7-7,5 cm, 1,1-1,8 cm de large, ovales étroits. Pétales, 4,4-6,4 cm de long, 0,6-1,4 cm de large. Tubes des périanthes minces à la base, larges vers le haut. Styles à crêtes recourbées, 1,1-2,3 cm de long. Sol bien drainé, sec en été ; mi-ombre. R.-15°C.

**Iris innominata** Henderson (s. *Californicae*) – Or. N.-O. Californie (Del Monte County) et S.-O. Orégon, sur les collines ensoleillées ou à mi-ombre, dans les forêts mixtes, sur les versants intérieurs des chaînes côtières, flor. mai-juin. Forme des touffes peu serrées. Fll. vert foncé brillant, plus pâles dessous, 1-4 mm de large. Tiges att. 20 cm de hauteur, à 2-4 fll. Bractées opposées, presque égales, scarieuses au bord, entourant 2 fl. Couleur des fl. variant du jaune au bleu pâle ou violacé foncé. Tubes floraux, 1,5-3 cm de long ; sépales, 5-8 cm de long ; pétales oblancéolés, 4,5-7 cm de long ; styles à crêtes dentées, 0,9-1,4 cm de long, un peu carrées. Ces esp. d'iris, variables et souvent hybridées dans la nature, sont difficiles à identifier. Toutes sont faciles à cultiver en sol sablonneux, bien drainé, de préférence acide ; soleil ou ombre légère.

**Iris purdyi** Eastw. (s. *Californicae*) – Or. N.-O. Californie, dans les forêts de séquoias et mixtes le long des chaînes côtières, dans les bois clairs et le long des routes, flor. mai-juin. Touffes lâches. Fll. persistantes, vert foncé dessus, grisâtres dessous, att. 0,8 cm de large. Tiges att. 35 cm, non ramifiées, avec plusieurs courtes fll. imbriquées. Bractées opposées, renflées, entourant 2 fl. variant du jaune crème au bleu pâle, diversement veinées. Tubes floraux, 2,8-4,8 cm de long ; sépales oblancéolés, 5,5-8,4 cm de long ; pétales, 5-7 cm x 0,9-2 cm ; styles pourvus de crêtes ovales étroites, 0,9-2,1 cm de long. Facile

*Iris tenuissima* près du mont Shasta

*Iris* 'Restless Native'

Iris près du mont Shasta, Californie

Iris purdyi

Iris 'Purple Dream'

Iris 'Banbury Beauty'

à cultiver en sol sablonneux bien drainé, plutôt sec, à mi-ombre.

**Iris de la côte pacifique** – Ce groupe est issu d'hybrides des iris *Californicae* ; tous se ressemblent, sauf pour la couleur des fl. qui varie de violet foncé et jaune à crème, brun, rose et blanc. Ils forment des touffes qui s'étalent, à fll. génér. persistantes att. 20 cm, et très nombreuses fl. sur des hampes, 30-50 cm. Sol sablonneux, bien drainé, acide, fertile ; situation chaude, abritée ; soleil ou mi-ombre. R.-15°C pour la plupart. Nécessitent une protection contre les très grands froids en climat continental.

**Banbury Beauty** (Côte pacifique) – Enregistré par M. Brummitt 1960. Parents : *douglasiana* 'Amaguita' × (innominata × semis de *douglasiana*). Lavande clair marqué de violet sur les sépales. Hauteur 50 cm.

**Banbury Fair** (Côte pacifique) – Obtenu par M. Brummitt 1967.

**Banbury Gem** (Côte pacifique) – Obtenu par M. Brummitt 1974.

**Banbury Velvet** (Côte pacifique) – Enregistré par M. Brummitt 1969. Parents : jeune plant × jeune plant. Pétales violets ; sépales violet foncé, veloutés. Hauteur 30 cm. Mi-saison.

**Banbury Welcome** (Côte pacifique) – Enregistré par M. Brummitt 1964. Parents : *douglasiana* 'Amaguita' × 'Lenz'. Framboise foncé, gorge jaune et chamois. Hauteur 50 cm.

**Lavender Royal** (Côté pacifique) – Enregistré par M. Brummitt en 1982.

**Pacific Moon** (Côte pacifique) – Enregistré par B. Hager 1973. Parents : 'Ojai' × 'Grubstake'. Couleur crème à stries lavande pâle, plus foncées sur les sépales. Hauteur 40 cm. Hâtif.

**Phillida** (Côte pacifique) – Obtenu par N. Scopes 1985.

**Purple Dream** (Côte pacifique) – Origines non répertoriées.

**Restless Native** (Côte pacifique) – Ce cv., photographié ici en fév. dans les jardins botaniques de Santa Barbara, semble fleurir perpétuellement, longtemps avant les autres hybrides.

Iris innominata (forme jaune)

Iris douglasiana à Salt Point, Californie

Iris innominata (forme bleu pâle)

Iris 'Lavender Royal'

# IRIS

*Iris kernerana* (B. Mathew 9001) à Kew

*Iris masia* près de Gaziantep, S.-E. Turquie

*Iris masia*

**Iris fœtidissima** L. (s. *Fœtidissimae*) **Iris gigot** –
Or. S. Angleterre jusqu'aux Açores, Espagne,
Portugal, Afrique du N. et Canaries, jusqu'en
Italie et Sicile, dans les bois clairs, les fourrés,
sur les talus ensoleillés, surtout sur la craie
et le calcaire, flor. mai-juil. Tiges, 30-90 cm.
Fll. persistantes, brillantes, à odeur fétide.
Fl. génér. violacées, mais des f. jaunes sont
fréquentes surtout en culture. Cet iris est
surtout décoratif par la beauté de ses graines
orange rouge qui restent attachées aux capsules
entrouvertes jusqu'au milieu de l'hiver,
tentation décevante pour les oiseaux car elles
ne sont pas comestibles, tout comme celles du
houx. Il existe une f. à graines blanches,
prob. très belle, mais rare ; on parle aussi d'une
f. à graines jaunes, et il existe une f. à fll.

striées de blanc. Les fll. persistantes ne sont pas
très rustiques ; les vents glacés les tuent vers
-15°C.

**Iris halophila** Pallas (s. *Spuriae*) syn. *I. spuria*
subsp. *halophila* (Pall.) Mathew & Wendelbo. –
Or. S. Roumanie et E. Ukraine jusqu'à
O. Sibérie, N.-O. Chine et N. Caucase,
dans les zones détrempées des steppes et près
des rivières, souvent en sols salins, flor. juin.
Tiges, 40-90 cm. Fll., 0,7-1,2 cm de large.
Fl. larges de 6-7 cm, jaune pâle à soutenu ;
prob. un des spurias les plus rustiques, facile
à cultiver en sol humide et lourd en plein
soleil. R.-25°C.

**Iris kernerana** Aschers. & Sint. ex Baker
(s. *Spuriae*) – Or. N. Turquie, de Bohu jusqu'à
Erzurum, Kaz Da. et Ankara, dans les prairies
sèches, les fourrés de chênes et les forêts de
pins claires à 300-2 300 m, flor. mai-juil.
Tiges, 20-45 cm, att. rarement 50 cm. Fll.,
2-4 mm de large, att. rarement 1 cm. Fl.,
7-10 cm de large. Bractées à larges bords
transparents, scarieuses après l'anthèse.
Facile à cultiver au soleil, en bonne terre bien
drainée. Esp. souvent confondue avec
*I. halophila* Pallas (voir ce mot), aux fll. plus
larges, 0,7-1,2 cm, et aux bractées non
scarieuses. Lors de la flor., les tubes de
*I. kernerana* dépassent le spathe d'au moins
2 cm, mais le spathe s'étend presque jusqu'à
la base des segments chez *I. halophila*.

**Iris masia** Stapf ex Foster syn. *I. grant-duffii*
Baker subsp. *masia* (Stapf) Dykes (s. *Syriacae*)
– Or. S.-E. Turquie, de Gaziantep à Diyabakir,
N. Syrie et Irak, dans les champs et la steppe
rocheuse basaltique, surtout sur le mont Masia
(aujourd'hui Karaça Da.), jusqu'à 1 050 m,
flor. avr.-mai. En touffes aux rhizomes pourvus
de fibres acérées presque épineuses. Tiges att.
35-70 cm. Fll. résistantes, 3-6 mm de large.
Fl. toujours violacées. On a parfois confondu
cette esp. avec *I. grant-duffii*, aux fl. jaune
verdâtre, qui pousse près de la côte méd. en
Israël et en Syrie, en sols détrempés ou
marécageux. R.-15°C.

**Iris milesii** Foster (s. *Lophiris* ['evansia']) – Or.
Himalaya, du Cachemire à l'Uttar Pradesh
(O. du Népal), dans les forêts de conifères à
1 600-2 700 m, flor. juin. Tiges ramifiées,
30-100 cm. Rhizomes verts, courts pour un
'evansia'. Fll. vert pâle, 30-60 cm de long,
4-7 cm de large, aux éventails stériles en été.
Fl., 6-8 cm de large. Très belle plante que l'on
voit rarement, bien qu'elle ne semble pas
difficile au soleil, en sol sablonneux et
tourbeux. R.-15°C, peut-être moins pour de
courtes périodes.

**Iris sintenisii** Janka (s. *Spuriae*) – Or. S.-E.
Europe, de S. Italie et Yougoslavie à Grèce et
N.-O. Turquie jusqu'à Kutahya à l'E., dans
l'herbe et les fourrés, jusqu'à 1 350 m en
Turquie, flor. juin-juil. Tiges, 8-25 cm.
Fll. persistantes, vert foncé, coriaces, 1-5 mm
de large, att. 50 cm. Fl., 5-6 cm de large,
non parfumées. Facile à cultiver à mi-ombre,
mais peut disparaître si on le néglige. R.-15°C.
Subsp. *bradzae* (Prodan) D.A. Webb & Chater,
pousse en sols salins détrempés aux N. et E.
Roumanie et Moldavie ; fll. étroites,
1,5-3,5 mm de large, et spathes renflés.

*Iris fœtidissima* (forme jaunâtre)

*Iris milesii* à Kew

Graines d'*Iris fœtidissima* en hiver

*Iris sintenisii* près de Bolu, N.-O. Turquie

*Iris halophila* dans la steppe près de Stavropol, S. Russie

Iris setosa
(forme blanche)

Iris chrysographes

Iris setosa

Iris
chrysographes
'Black Knight'

Iris pseudacorus
(forme pâle)

Iris graminea

Iris versicolor

Réduction à 50 %, échantillons de chez Beth Chatto, Unusual Plants, 9 juin

# IRIS

**Iris chrysographes** Voir p. 220.

**Iris 'Gerald Darby'** – Forme de *I. versicolor*,
(voir ci-dessous), obtenue dans les années 60 ;
fll. violettes à la base, 2 cm de large ;
les fl. violet bleuté ont une belle forme. Facile
à cultiver au bord d'une mare peu profonde
ou en terre très humide, flor. début de l'été.

**Iris graminea** L. var. *pseudocyperus* (Schur)
Beck (s. *Spuriae*) – Or. S. Europe, de France
et N.-E. Espagne jusqu'en Pologne, Bulgarie et
N. Caucase, dans l'herbe des fourrés et des bois
clairs, flor. mai-juin. Var. *pseudocyperus*,
plus grand, à fl. non parfumées, serait or. de l'E.
Europe, mais Brian Mathew en a signalé une
var. similaire en Espagne. Tiges, 20-40 cm ; fll.,
35-100 cm de long, att. 1,5 cm de large. Les fl.
de la var. type, larges de 7-8 cm, auraient une
odeur de prune ; facile à cultiver en sol
humeux à mi-ombre. Plante plus grande, à fll.
plus douces, que *I. sintenisii* (p. 217). R.-20°C.

**Iris hexagona** Walt. (s. *Hexagonae*) – Or.
S. Caroline et Géorgie jusqu'en Floride
et au Texas, dans les marécages, flor. mars-mai.
Tiges, 30-90 cm. Fll., 1,2-3 cm de large,
vert vif ; fl. larges de 10-12 cm, violet taché
de jaune sur les sépales. Facile à cultiver en sol
gorgé d'eau ; photographié ici dans la rocaille
de Kew près d'un ruisseau. R.-15°C.

**Iris pseudacorus** (forme pâle) voir p. 229.

**Iris setosa** Pall. ex Link (s. *Tripetalae*) – Or.
Terre-Neuve, jusqu'à l'Ontario et au Maine,
et de l'Alaska vers E. Sibérie, N.-E. Chine et
Japon (Hokkaido et Honshu), dans les prairies
tourbeuses détrempées, parfois dans les
marécages saumâtres au N. Japon, près des
rivières, dans les bois clairs, flor. juin-août.
On a décrit de nombreuses var.,
toutes reconnaissables à leurs très petits
sépales hérissés. Une magnifique f. blanche est
souvent cultivée. Subsp. *hondoensis* Honda, att.
75 cm, à fl. violettes, est une des plus grandes.
Tiges, 15-90 cm ; fll. larges de 1-2,5 cm. Fl.,
6-9 cm de large. Capsules renflées, rondes
à l'apex. Facile à cultiver en sol humide près
de l'eau ou en massifs, en sol tourbeux riche.
D'après mon expérience, une terre acide n'est
pas indispensable pour la f. du N. Hokkaido.
R.-25°C.

**Iris setosa** Pall. ex Link subsp. **canadensis**
(M. Foster) Hulten syn. *I. hookeri* Penny –
C'est la subsp. d'Amérique du N.-E.,
de Terre-Neuve et du Labrador au Québec,
à l'Ontario et au Maine, dans l'herbe et les
rochers sur la côte, flor. juin-août. Tiges génér.
courtes, mais att. 60 cm, non ramifiées,
à 1-2 fl. Pétales bleutés. Plante souvent assez
petite, facile à cultiver en sol humide.

**Iris versicolor** L. syn. *I. virginica* L.
(s. *Laevigatae*) – Or. Terre-Neuve, du Manitoba
vers Floride et Arkansas, naturalisé en Europe,
par ex. sur l'Ullswater et dans le Pertshire,
dans les marécages, les prairies détrempées,
les fourrés, près des lacs et rivières, flor. mai-
juil. Tiges, 20-80 cm ; fll., 1-2,5 cm de large ;
fl., 6-8 cm de large, génér. violet bleuté, mais
violet rougeâtre chez var. *kermesina*. Facile à
cultiver en sol détrempé près de l'eau, ou en
plate-bande de terre riche et humide. R.-25°C.

*Iris setosa* chez Beth Chatto

*Iris setosa* subsp. *canadensis*

*Iris hexagona* aux Kew Gardens

*Iris* 'Gerald Derby'

Iris en mélange près de l'eau

*Iris chrysographes*, au Royal Botanic Garden, Edimbourg

*Iris chrysographes* 'Black form'

*Iris delavayi* dans le jardin de rocaille de Kew

*Iris* aff. *delavayi* SBEC 1063

*Iris* 'Holden Clough'

Hybride de *Iris forrestii*

# IRIS

**Iris chrysographes** Dykes (s. *Sibiricae*) – Or.
N.-E. Birmanie, Yunnan et Sichuan,
dans les prairies détrempées et les marécages,
à 1 300-4 500 m, flor. juin-sept. Forme des
touffes qui s'étalent. Fll., 35-45 cm, aussi
longues que les tiges, et 1-1,5 cm de large.
Tiges non ramifiées portant 2 fl. violet
rougeâtre à presque noires, génér. veinées de
jaunâtre sur les sépales. Pétales obliques et non
dressés. Facile à cultiver en sol riche, humide
et tourbeux ; plein soleil ou mi-ombre.
R.-15°C. Ci-contre, **'Black Form'**, peut-être le
même que 'Black Knight', et 'Black Velvet',
et une f. d'un riche violet. Toutes les f. sombres
sont particulièrement belles en contre-jour
devant le soleil du matin (voir aussi p. 218).

**Iris clarkei** Baker ex Hook. fil. (s. *Sibiricae*) –
Or. E. Népal, Sikkim, Bhoutan, S.-E. Xizang
(Tibet) et Manipur, dans l'herbe humide sur
les collines, dans les marécages, parfois en
lisière de forêts de *Rhododendron* et *Abies*,
souvent en grandes quantités, à 2 500-4 300 m,
flor. mai-juil. Forme des touffes lâches. Tiges,
30-60 cm, parfois ramifiées 1 ou 2 fois, avec
génér. 2 fl. par branche. Fll., 1,3-2 cm de large.
Fl. att. 7,5 cm de large, violet bleuté à bleu
foncé ou violet rougeâtre. Pétales horizontaux,
donnant à la fl. un aspect aplati. Les sépales
portent une tache pâle passant du jaune au
blanc. Belle plante, rarement cultivée, parfois
confondue avec des f. naines de *I. setosa*
(voir ce mot). Sol humide et tourbeux ;
soleil ou ombre légère. R.-15°C.

**Iris delavayi** Micheli (s. *Sibiricae*) – Or. O.
Yunnan et S.-O. Sichuan, dans les prairies
humides à 3 000-4 000 m, flor. juil.-août (juin
au N. de l'Europe). Forme de grandes touffes.
Fll. att. 90 cm, plus courtes que les tiges qui
att. 1,50 m et sont ramifiées 1 ou 2 fois ; 2 fl.
par branche, bleu violacé clair à foncé,
avec une grande tache blanche sur les sépales.
Pétales obliques, non dressés. Plante élégante,
avec ses grandes tiges qui dominent les fll.,
et facile à cultiver en sol gorgé d'eau. R.-15°C.

**Iris forrestii** Dykes (s. *Sibiricae*) – Or. O.
Yunnan, N.-E. Birmanie et S. Sichuan, dans
les prairies alpines à 2 900-4 300 m, flor. juin.
Forme des touffes denses, aux tiges génér. 35-
40 cm. Fll. plus courtes que les hampes florales,
brillantes d'un côté, grisâtres de l'autre. Tiges
portant 2 fl., 5-6 cm de large, jaunes striées de
violet brunâtre. Pétales érigés, puis recourbés
(photo). Courts pédicelles de moins de 7,5 cm
lors de la fructification, alors qu'ils dépassent
10 cm chez *I. wilsonii*, l'autre esp. à fl. jaunes
de ce groupe. Facile à cultiver en sol humide et
tourbeux. Cette esp. s'hybride dans les jardins
avec d'autres esp. à fl. violettes de la même
section, donnant des fl. brunâtres ou verdâtres
diversement tachées de jaune et de violet.

**Iris wilsonii** C.H. Wright – Or. O. Chine, dans
l'O. Hubei, O. Yunnan et prob. aussi Sichuan
et Shensi, près des cours d'eau et dans les prairies détrempées à 2 300-4 000 m, flor. juil.
Forme des touffes denses. Fll., 60-75 cm, vert
grisâtre, souvent un peu avachies. Tiges un peu
plus longues que les fll., att. 80 cm, non ramifiées, avec 2 fl. jaunes, larges de 6-8 cm. Pétales
obliques. Sépales jaune clair, veinés et tachetés
de brun ou de violet. Facile à cultiver en sol
tourbeux humide ou près de l'eau. R.-15°C.

*Iris wilsonii* à Crathes Castle

*Iris clarkei* Chamberlain 1631

*Iris* 'Charm of Finches'

*Iris* 'Splash Down'

**Iris 'Charm of Finches'** – Obtenu par
Hansford Morris.

**Iris 'Holden Clough'** – Hybride spontané de
*I. chrysographes* et *I. pseudacorus*, découvert par
hasard dans un semis de *I. chrysographes*,
aux pépinières Holden Clough, dans le
Yorkshire, en Angleterre (année 60).
Cette parenté inhabituelle est attestée par le
nombre de chromosomes de la plante. Fll. de
70 cm, génér. plus longues que les hampes
florales. Pousse bien en toute bonne terre
ordinaire, et près de l'eau. Flor. juin.

**Iris 'Splash Down'** – Obtenu par Hansford
en 1972. Tiges de 120 cm. Parents : *I. sibirica*
×*I. bulleyana*.

*Iris forrestii*

'Perry's Blue'

'Royal Blue'

*Iris sibirica* 'Alba'

'Cambridge'

'Savoir Faire'

'Perry's Blue'

'Ego'

'Sky Wings'

Réduction à 50 %, échantillons des Unusual Plants de Beth Chatto, 9 juin

# IRIS

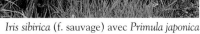

Iris sibirica (f. sauvage) avec Primula japonica

Iris sibirica 'Silver Edge'

Iris sibirica 'Alba' chez Beth Chatto

Iris sibirica, comme une f. blanche de 'Flight of Butterflies'

Iris sibirica 'Ewen'

Iris sibirica 'Ruffled Velvet'

Iris sibirica 'Caesar'

**Iris sibirica** L. (s. *Sibiricae*) – Or. Europe, depuis O. France (une seule localisation) et Suisse, jusqu'en Russie, Yougoslavie et Bulgarie, N. Turquie et Caucase, jusqu'au lac Baïkal, dans les prairies détrempées, les marécages à roseaux près des lacs, au bord des cours d'eau, flor. mai-juin. Forme des touffes denses de fll. étroites et dressées. Tiges, 50-120 cm. Fll. att. 80 cm sur 1 cm de large. Fl. par 1-3, att. 9 cm de hauteur, violet bleuté, rarement blanches (f. *alba*). Facile à cultiver en sol humide près de l'eau ou dans un massif en terre riche ne se desséchant pas l'été. R.-20°C.

Cultivars de *Iris sibirica*

**'Caesar'**, enregistré par F. Cleveland Morgan en 1930.

**'Cambridge'**, enregistré par M. Brummitt 1964.

**'Ego'**, enregistré par McGarvey 1965.

**'Ewen'**, enregistré par C. McEwen 1970.

**'Flight of Butterflies'**, enregistré par J. Witt (1972), à petites fl. bleues comme celles de la f. blanche (photo).

**'Perry's Blue'**, obtenu par A. Perry.

**'Royal Blue'**, enregistré par Taylor 1932.

**'Ruffled Velvet'**, enregistré par C. McEwen 1973.

**'Savoir Faire'**, enregistré par S. Du Bose 1974.

**'Silver Edge'**, enregistré par C. McEwen 1973.

**'Sky Wings'**, enregistré par W. Peck 1971.

*Iris orientalis* 'Shelford Giant'

*Iris crocea* à Sissinghurst Castle, Kent

*Iris orientalis*

*Iris spuria* (f. sauvage anglaise)

*Iris xanthospuria* (Rix 1306) de Kalkan

*Iris spuria* 'A. W. Tait'

*Iris spuria* subsp. *musulmanica* au Jardin botanique d'Erevan, Arménie

**Iris crocea** Jacq., syn. *I. aurea* Lindl.
(s. *Spuriae*) – Origines incertaines ; génér. près
des cimetières dans la vallée du Cachemire
à 1 600-2 000 m, flor. juin. Tiges att. 1,50 m,
ou 2 m dans les jardins. Fll. larges de 1,5-2 cm.
Ressemble à un *I. orientalis* jaune, à fl. plus
larges, 12-18 cm. Facile à cultiver en bonne
terre riche et en plein soleil. R.-20°C.

**Iris lactea** Pallas (s. *Ensatae*) – Or. C. Asie,
du Kazakhstan à la Corée, N. et O. Chine,
Mongolie, jusque dans E. Himalaya, de
l'Afghanistan, au N. Inde et Xizang, sur les
talus au bord des rivières et des routes,
entre les champs irrigués, sur les berges
sablonneuses des lacs et des lits de rivières
desséchés, à 800-3 700 m, flor. entre mai et
juil. selon l'altitude. En touffes denses. Fll. vert
grisâtre, att. 6 mm de large, plutôt raides.
Tiges, 15-30 cm, à 1-2 fl., génér. bleuâtre pâle,
parfois blanches, parfumées, larges de 4-6 cm.
Cette esp. assez modeste peut se montrer
exceptionnellement rustique ; facile à cultiver
dans les climats aux étés chauds, en sol humide
et sableux.

**Iris missouriensis** Nutt. (s. *Longipetalae*) –
Or. O. Amérique du N., du Mexique à la
Colombie-Britannique, vers S. Dakota et
Alberta, répandu en Californie intérieure,
surtout versant E. Sierra Nevada. Dans des
prairies détrempées, les marécages, les bois de
pins ou près des cours d'eau, jusqu'à 3 000 m,
flor. mai-juil. selon l'altitude, dans des zones
détrempées jusqu'à l'époque de flor., mais
souvent sèches par la suite. En colonies denses,
souvent très étendues. Fll. vert gris, 3-6 mm de
large. Tiges, 20-50 cm, ramifiées, fl. bleuâtre
pâle ou blanchâtres, solitaires ou par paires ;
bractées sur les carènes, transparentes,
papyracées, verdâtres à la base. Sépales att.
6 cm de long, 2 cm de large ; pétales, 1 cm de
large. Facile à cultiver en situation ensoleillée
restant humide au printemps.

**Iris orientalis** Miller syn. *I. ochroleuca* L.,
(s. *Spuriae*) *I. spuria* L. subsp. *ochroleuca* (L.)
Dykes – Or. N.-E. Grèce, O. Turquie, Lesbos
et Samos, dans les prairies humides, jusqu'à
1 400 m, flor. mai-juin. Tiges, 50-100 cm.
Fll. de la base larges de 1-2 cm. Fl., 8-10 cm
de large.
**'Shelford Giant'**, très grand clone, or. région
d'Ephèse, aux tiges att. 2 m. Facile à cultiver
en terre chaude et lourde, mais pas toujours
très florifère dans nos jardins. Comme tous les
iris *spuria*, il met des années à refleurir
abondamment après avoir été déplacé.

**Iris spuria** L. subsp. *spuria* – Or. Europe,
depuis l'Angleterre, jusqu'au S. Suède,
Hongrie et Tchécoslovaquie, dans les prairies
détrempées, flor. juin-juil. Tiges, 30-80 ;
fl., 6-8 cm de large, les sépales composés d'un
labelle court contracté en onglet plus allongé.
**'A.W. Tait'** est une belle f., plus florifère dans
les jardins que la plupart, et facile à cultiver en
toute terre ordinaire.

**Iris spuria** L. subsp. *musulmanica* (Fomin)
Takht. – Or. N. et N.-O. Iran, S. Transcaucasie
et Turquie jusqu'à Kayseri à l'O., dans les
prairies·humides, souvent en sol salin, souvent
en immenses colonies, à 800-1 900 m, flor.
mai-juil. Tiges, 50-100 cm. Fll., 8-17 cm de

Iris missouriensis, en Californie du N.-E., dans un marécage

Iris missouriensis

Iris missouriensis

large. Fl., 10 cm de large, génér. bleutées,
mais des fl. blanches apparaissent souvent
parmi les bleues ; onglets des sépales de même
longueur ou un peu plus longs que les labelles.
Facile à cultiver en terre chaude et riche,
mais souvent gâché par les limaces, et moins
robuste que *I. orientalis* ou *I. xanthospuria*.

**Iris xanthospuria** B. Mathew & T. Baytop,
syn. **'Turkey Yellow'** – Or. S.-O. Turquie,
près de la côte à l'E. de Mugla, dans les champs
marécageux, les plantations d'*Eucalyptus*,
près des cours d'eau éventuellement à sec en
été, flor. avr.-mai. Tiges att. 1 m, ou même 2 m
dans les jardins. Fll., 1,5-2 cm de large.
Fl., 9-11 cm de large. Facile à cultiver en
bonne terre lourde, en plein soleil. R.-15°C.

Iris lactea

# IRIS

Iris 'Cambridge Blue' à Hidcote Manor, Gloucestershire

Iris 'Custom Design'

Iris monnieri

**Iris monnieri** DC. – Brian Mathew le considère maintenant comme un ancien hybride de *I. orientalis* et *I. xanthospuria*, intr. en France où il fut nommé **Iris de Rhodes**, lorsque Redouté le peignit au début du XIXᵉ s. A part ses fl. jaune citron pâle, il est semblable à *I. orientalis*. Iris 'Ochracea', hybride de *I. orientalis* et *I. crocea*, a des fl. jaune plus foncé et de grandes tiges att. 1,5 m.

**Cultivars de *Iris spuria*** – Ces cv. sont tous des plantes vigoureuses et dressées, att. 2 m de hauteur ; flor. surtout en juin. Ils exigent, pour bien fleurir, une bonne terre riche et humide en plein soleil, et réussissent mieux en climat continental aux étés chauds. Ils mettent un ou deux ans à s'établir après la plantation avant de fleurir abondamment, et se montrent ensuite bien vivaces. Populaires aux Etats-Unis, à l'intérieur des terres, du fait de leur rusticité et de leur tolérance à la chaleur et aux sols salins ou alcalins. La plupart des hybrides modernes ont été obtenus en Amérique, où l'on améliore continuellement la gamme des coloris et les formes des fl. Les esp. dont ces hybrides sont issus ont été décrites à la page précédente. De nombreux cv. nouveaux ont été nommés, avec notamment des bicolores, et des fl. aux tons bruns et violet rouge. 'Adobe Sunset', 'Imperial Bronze', 'Red Clover' et 'Cherokee Chief' donnent une idée des hybrides les plus récents. La plupart des photos ont été prises aux Wisley Gardens, où l'on peut les voir plantés en banc d'essai.

**'Cambridge Blue'**, intr. par Barr and Sons en 1924. L'hybride d'origine entre *I. monnieri* et *I. spuria*, 'Monspur', fut obtenu par Sir Michael Forster ; de ce croisement, Thomas Barr obtint 'Cambridge Blue', 'Premier' et 'A.J. Balfour'.

**'Clarke Cosgrove'**, obtenu par B. Hager aux Etats-Unis en 1974.

**'Custom Design'**, obtenu par B. Hager.

**'Dawn Candle'**, obtenu par Ferguson en 1965.

**'Media Luz'**, obtenu par B. Hager en 1967.

**'Norton Sunlight'**

**'Protégé'**, obtenu par B. Hager en 1966.

*Iris* 'Cambridge Blue'

*Iris* 'Clarke Cosgrove'

*Iris* 'Dawn Candle'

*Iris* 'Norton Sunlight'

*Iris* 'Media Luz' en banc d'essai à Wisley

*Iris* 'Protégé'

# IRIS

*Iris* 'Sano-no-Yuki'

*Iris* 'Shihainami'

*Iris ensata* 'Rose Queen' chez Beth Chatto

*Iris* 'Mandarin'

*Iris* 'Haro-no-umi'

*Iris* 'Nari-hera'

*Iris pseudacorus* à Gibbon's Brook, Sellindge, Kent

*Iris laevigata*

**Iris ensata** Thunb. syn. *I. kaempferi* Siebold
(s. *Laevigatae*) – Or. N.-E. Asie, Japon, Corée,
N.-E. Chine et E. Sibérie, dans les marécages,
les fossés, les herbes détrempées, flor. juin-juil.
Forme des touffes denses de fll. étroites,
dressées, att. 60 cm, 1,2 cm de large, à nervure
centrale saillante. Hampes florales, 40-80 cm,
peu ramifiées. Fl. violettes, 10 cm de large,
à petits pétales érigés. R.-20°C. Pour sol
détrempé ou dans l'eau peu profonde,
s'asséchant un peu en hiver si possible.
La f. sauvage est parfois nommée var. *spontanea*
(Mak.) Nakai ; la plante de la photo, aux fl.
typiques violet rougeâtre, fut récoltée par
Brian Halliwell (BH 407 X). Des f. à fl. plus
bleues ont été photographiées dans la nature
par Roy Lancaster, au N. de la Chine.

**Iris 'Kaempferi'** – **Iris japonais** – Ce sont les
cv. à grandes fl. de *I. ensata*, dont certains
peut-être croisés avec *I. laevigata*, la plupart
obtenus au Japon. Ils ont en génér. des fl. plus
grandes et aplaties, dont souvent tous les
segments, intérieurs comme extérieurs,
sont arrondis et ondulés. La couleur la plus
répandue est le bleu mauve, mais on trouve
aussi des roses, un presque cramoisi, du blanc
et un jaune pâle, 'Aichi-no-Kagayaki',
hybride de *I. pseudacorus*, assez peu vigoureux,
à fll. dorées au printemps. Tous demandent un
sol tourbeux et humide, avec les rhizomes de
préférence au-dessus du niveau de l'eau,
mais les racines plongeant dans la terre gorgée
d'eau. Flor. au milieu de l'été. Parmi les cv.
couramment cultivés en Europe, citons :

**'Rose Queen'**, rose pâle, semblable à la
f. sauvage par sa taille et sa forme.

**'Mandarin'**, violet rosé.

**'Sano-no-Yuki'**, double blanc.

**'Nari-hera'**, bleu violacé foncé, double.

**'Shihainami'**, violet foncé, double.

**'Haro-no-umi'**, violet rouge à bordure pâle.

**Iris laevigata** Fischer (s. *Lævigatae*) –
Or. Japon, Corée, N. Chine et Sibérie,
depuis le lac Baïkal et l'Altaï vers l'E.,
dans les marécages, près des lacs et des rivières,
flor. mai-juil., génér. avant *I. ensata*.
En touffes lâches, aux rhizomes assez rampants.
Fll., 40-60 cm de long, att. 4 cm de large,
sans nervure saillante. Tiges, 30-70 cm,
génér. à 3 fl., larges de 8-10 cm, bleuâtres,
rarement blanches. Facile à cultiver en sol
détrempé ou en eau peu profonde.
Le clone le plus répandu dans les jardins
(photo) refleurit souvent à l'automne ;
il existe aussi une f. à fll. panachées
spectaculaires. R.-20°C.

**Iris pseudacorus** L. (s. *Lævigatae*) **Iris des
Marais** – Or. Europe, depuis îles Féroé,
Irlande et Ecosse jusqu'en Afrique du N.,
et vers O. Sibérie, Caucase, Turquie,
Iran et Syrie, naturalisé en Amérique du N. ;
dans les prés détrempés et les marécages,
près des lacs et rivières, flor. avril-août.
Tiges att. 150 cm. Fll. larges de 1,5-3 cm.
Fl., 7-10 cm de large. Chez une f. jaune pâle
et chez var. *bastardii*, les fl. n'ont pas de
marques brunâtres. Cette esp. a été croisée
avec *I. chrysographes* pour donner **'Holden
Clough'** (voir p. 221), et avec *I. ensata*
(voir ci-dessus). Il existe aussi une f.
à fll. panachées, *I. pseudacorus* 'Variegata',
à fll. jaunes au centre, bordées de vert pâle
quand elles apparaissent. Par la suite, toute la
fll. devient verdâtre pâle. On cultive aussi une
f. à fl. doubles.

*Iris ensata* (f. sauvage)

# Glossaire

* mot dont la définition figure dans ce glossaire.

**Acuminé.** Dont le sommet s'effile graduellement pour se terminer en pointe.

**Aigu.** Très pointu, avec un angle inférieur à 90°.

**Aisselle.** Angle entre le pétiole et la tige.

**Amplexicaule.** Feuille dont la base embrasse la tige.

**Anthère.** Partie de l'*étamine qui contient le pollen.

**Anthèse.** Moment de l'ouverture des fleurs.

**Bractées.** Feuilles modifiées qui accompagnent les fleurs.

**Bractéole.** Petite *bractée.

**Bulbille.** Petit bulbe produit par certaines plantes à la place des graines.

**Calice.** Enveloppe extérieure de la fleur, généralement verte.

**Capsule.** Fruit sec contenant des graines.

**Carpelle.** Partie de la fleur qui produit les graines.

**Cilié.** Bordé ou garni de poils, comme des cils.

**Claviforme.** En forme de massue, c'est à dire étroit à la base, renflé au sommet.

**Clône.** Reproduction à l'identique d'une plante par voie végétative.

**Cordiforme.** En forme de cœur, avec des lobes arrondis à la base.

**Corolle.** Ensemble des pièces internes d'une fleur, comprenant les pétales. La corolle est dite gamopétale lorsque les pétales sont soudés en un tube.

**Crénelé.** Se dit d'une feuille dotée de dents larges et arrondies.

**Cultivar.** *Variété cultivée, que l'on écrit entre des apostrophes, par exemple 'Loddon Pink'.

**Décombant.** Qui retombe à terre par son propre poids.

**Denté.** Doté de dents aiguës, régulières.

**Diploïde.** Comportant deux fois le nombre de base des chromosomes.

**Espèce.** Groupe d'individus ayant des caractéristiques communes, le différenciant des autres groupes. C'est l'unité de base dans la classification des plantes. S'abrège en **sp.**

**Etamine.** Organe mâle de la fleur, portant le pollen, généralement constituée d'une *anthère et d'un *filament.

**Exsert.** Qui fait saillie, généralement le *style ou les *étamines de la fleur.

**Filet.** Partie de l'*étamine qui supporte l'*anthère.

**Flexueux.** Se dit généralement d'une tige qui est arquée plusieurs fois, suivant une ligne ondulée.

**Folioles.** Parties d'une feuille composée.

**Forme.** Variante mineure, plus proche de l'espèce de base qu'une *variété. S'abrège en **f.**

**Genre.** Groupe d'*espèces, comme l'*Iris* ou la *Paeonia*.

**Glabre.** Dépourvu de poils ou de glandes.

**Glanduleux.** Doté de glandes, généralement pédonculées, comme les poils dont l'apex est renflé et collant.

**Glauque.** D'un vert-bleuâtre. Se dit surtout des feuilles.

**Globuleux.** Plus ou moins sphérique.

**Grappe.** *Inflorescence dont les fleurs viennent sur une tige centrale, les plus âgées étant à la base.

**Hasté.** Qui comporte un apex large mais pointu et deux lobes divergents à la base.

**Hybride.** Résultat du croisement de deux espèces.

**Incisé.** A bord profondément découpé.

**Inflorescence.** Arrangement des fleurs sur le pédoncule floral.

**Lacinié.** Profondément et irrégulièrement denté et divisé en lobes étroits.

**Lancéolé.** En forme de fer de lance, plus large à la base, avec une pointe effilée.

**Linéaire.** Long et étroit, avec des côtés parallèles.

**Lyré.** Se dit d'une feuille large, dont l'apex est pointu et les lobes sont plus petits à la base.

**Monocarpique.** Plante qui meurt après avoir fleuri et fructifié.

**Nectaire.** Partie de la fleur qui produit le nectar.

**Oblancéolé.** En forme de fer de lance, mais à partie supérieure plus large.

**Obtus.** A sommet plus ou moins arrondi, avec un angle supérieur à 90°.

**Ombrelle.** *Inflorescence en parasol; les tiges florales partent d'un même point et rayonnent de sorte que les fleurs se trouvent sur un même plan.

**Ondulé.** Se dit généralement du bord d'une feuille qui est marqué de sinuosités arrondies.

**Orbiculaire.** Presque rond.

**Oviforme.** Presque arrondi, mais avec un apex pointu, plus large que lancéolé.

**Palmé.** A lobes ou folioles étalés comme les doigts d'une main.

**Panicule.** *Grappe ramifiée.

**Pédicelle.** Support d'une fleur.

**Pédoncule.** Portion de tige d'une *inflorescence.

**Pelté.** Se dit d'une feuille en forme de bouclier, avec un pétiole au centre.

**Pétale.** Pièce généralement colorée de la fleur.

**Pennatifide.** Se dit d'une feuille découpée des deux côtés d'un axe comme une feuille *pennée, mais à découpures moins profondes.

**Pennée.** Se dit d'une feuille dont les folioles sont disposées de chaque côté d'un axe central.

**Pubérulent.** Revêtu d'un duvet fin, peu abondant.

**Pubescent.** Couvert de poils fins, beaucoup plus denses que dans le cas précédent (*pubérulent).

**Rhizome.** Tige souterraine modifiée, souvent renflée et charnue.

**Rosette.** Arrangement des feuilles en anneau, autour du collet.

**Sépales.** Parties ou divisions du calice.

**Serrulé.** Finement denté en scie.

**Sessile.** Dépourvu de support (pétiole, pédoncule ...).

**Souche.** Partie de la plante d'où naissent les racines et les tiges.

**Subespèce.** Division d'une espèce; entre plusieurs sous-espèces, les différences sont infimes ou négligeables. Elles diffèrent généralement par leur écologie ou leur origine géographique.

**Spatulé.** Allongé puis terminé par un apex large et arrondi.

**Staminode.** *Etamine stérile, souvent un *filet aplati.

**Stigmate.** Partie collante de la fleur qui reçoit le pollen.

**Stolon.** Tige traçante et radicante, généralement souterraine, qui produit de nouvelles plantes.

**Style.** Partie de la fleur qui porte le *stigmate.

**Subcordiforme.** Presque cordiforme à la base.

**Suborbiculaire.** Presque arrondi, mais souvent légèrement étroit.

**Tétraploïde.** Comportant quatre fois le nombre de base de chromosmes.

**Triploïde.** Comportant trois fois le nombre de base des chromosomes. De telles plantes sont généralement stériles, mais ont une végétation vigoureuse et forment de bonnes plantes de jardin.

**Tronqué.** Dont l'extrémité est coupée brutalement, comme si elle était brisée à angles droits.

**Variété.** Groupe de plantes au sein d'une même *espèce, différant généralement par un ou deux caractères mineurs. Le terme *cultivar se réfère généralement aux variations naturelles, sélectionnées par l'homme, ou à des variétés choisies. S'abrège en **var.**

# Index

# INDEX

# INDEX

# INDEX

# INDEX

# INDEX

239

# INDEX